Die
Erforschung des Sachverhalts strafbarer Handlungen.

Ein Leitfaden für Beamte des Polizei- und Sicherheitsdienstes des Deutschen Reichs

von

Dr. Hans Groß,
o. ö. Professor des Strafrechts an der Deutschen Universität Prag.

2. Auflage.

München 1902.
J. Schweitzer Verlag (Arthur Sellier).

Einleitung.

Das vorliegende Buch soll einen Leitfaden für den ersten Angriff bei Erhebungen von strafbaren Handlungen bilden. Es ist nicht ein Auszug aus meinem „Handbuch für Untersuchungsrichter als System der Kriminalistik" (Graz, Leuschner & Lubensky, drei Auflagen) sondern eine Bearbeitung desselben für andere Zwecke. Es soll in erster Linie für Gendarmen, Polizeileute, Landjäger 2c. bestimmt sein und nicht die eigentliche Kriminalistik darstellen, sondern nur das Notwendigste enthalten, was praktisch bei der Erhebung des Thatbestandes in Anwendung kommen muß. Es wurde daher aus dem genannten Handbuche alles Theoretische, Historische und auf die weitere Entwicklung Bedachtnehmende fortgelassen; ebenso die verschiedenen praktischen Fälle und Beispiele, alles schwierige und alles, was eigentliche Aufgabe des Richters und Staatsanwalts ist. Das Uebrige wurde für den besonderen Zweck umgearbeitet, und möglichst kurz und einfach gebracht, zumeist anders, leicht zu finden, angeordnet. Hiedurch kann das Buch aber auch von richterlichen und staatsanwaltschaftlichen Beamten dann verwendet werden, wenn nur praktische Hilfe gewünscht wird und vielleicht erst später an der Hand des größeren, genannten Werkes eingehende Studien gemacht werden sollen.

Ein bloßes Nachschlagebuch ist das vorliegende aber auch nicht geworden. Wer bloß die Bedeutung einzelner Worte und lediglich Hinweis auf das im besonderen Falle Maßgebende verlangt, der bediene sich meiner, lexikalisch angeordneten, ganz kurzen „Encyklopädie der Kriminalistik" (Leipzig, F. C. W. Vogel 1900), wer sich aber genauer unterrichten will, der findet das Gewünschte im oben genannten „Handbuch für Untersuchungsrichter".

Allgemeiner Teil.

I. Abschnitt.

Von dem Vernehmenden.

1. Allgemeines.

Wer sich dem Berufe eines Kriminalisten, gleichviel in welcher Stellung und in welchem Range, widmen will, der muß sich vor allem darüber klar sein, daß dieser Stand mehr wie viele andere, besondere Begabung und besonderes Interesse, unendlich viel Mühe und Aufopferung, volles Aufgehen im Berufe und beständiges, unermüdliches Lernen, endlich eisernen Willen und eiserne Gesundheit verlangt. Wer das Alles nicht hat und thun will, der wende sich anderer Thätigkeit zu, denn hier wird er nicht nur nichts leisten, sondern auch ein unglücklicher Mensch werden.

Ein besonderes Verhältnis ergibt sich hier zu den Kenntnissen, die ein Kriminalist braucht: einerseits muß man von ihm verlangen, daß er in seinem Berufe vollkommen aufgeht, sich nur um ihn und um sonst gar nichts kümmert, andererseits braucht er aber so viele der verschiedensten Kenntnisse aus allen Zweigen des Lebens, daß man wieder sagen kann: er muß sich um alles kümmern, für alles interessieren, überall lernen. Alles, was ein Kriminalist in seinem Leben gelernt hat, kann er einmal, wahrscheinlich oft, im Dienste brauchen, und alles, was er versäumt hat, zu lernen, wird er mindestens einmal im Dienste hart entbehren. Dabei sind die Dinge, die man braucht, nicht allzu schwer zu erwerben, es handelt sich weniger um Wissenschaften, als um Dinge des alltäglichen Lebens, die man entweder blos dadurch kennen lernt, daß man aufmerkt, die Augen öffnet und nachdenkt, oder daß man diese Kenntnisse von Leuten erwirbt, die sie gerade haben, und mit denen uns das Leben gerade zusammenführt. Irgend etwas weiß jeder Mensch, und von dem, was ein Mensch besser weiß als der andere, redet er immer am liebsten; wir müssen aber oft mit Leuten beisammen sein: auf der Straße, auf der Bahn, in Gesellschaft, im Gasthaus, diese Zeit ist ohnehin für Vernünftiges verloren, und wenn man dann den anderen auf seine Sachen bringt und ihn davon erzählen läßt, so erfährt man immer etwas, was unsereins später brauchen kann.

Ob es ein Bauer oder ein Gelehrter, ein Schornsteinfeger oder ein Beamter ist, das thut nichts zur Sache, irgend etwas wird er wissen. Besser, als dummes Zeug reden, ist immer: den anderen von dem reden lassen, was er gerade versteht.

Diese Art, sich belehren zu lassen, wende man vornehmlich auf Dienst- oder Spaziergängen an: einmal sieht man sich die Einrichtung einer Mühle, eines Eisenhammers, eines Sägewerkes, einer Fabrik an, das andere mal schaut man dem Bauer, dem Handwerker, meinetwegen dem Scheerenschleifer auf der Straße zu und läßt sich die Dinge erklären; ich stehe gut dafür: jede dieser Kenntnisse, die man so erwirbt, ist einmal im Dienste zu brauchen. —

Eine besondere Anwendung hat dies, sich stets zu unterrichten, namentlich in Bezug auf das Gebiet, in dem einer jeweilig zu arbeiten hat. Allerdings haben wir da überall vortreffliche Karten: aber einerseits ändert sich's im Revier ununterbrochen, und die Karten werden nicht alle Jahre neu gemacht, andererseits sieht auch die beste Karte anders aus, als die Natur selbst — in beiden Richtungen hilft aber ein genaues Ansehen immer nur, wenn man es mit einer bestimmten Absicht thut, wenn man alles im Gelände zu dem besonderen Zwecke beschaut, es sich für Straffälle zurecht zu legen und es sich in diesem Sinne zu merken. Man gehe also stets mit der Karte in der Hand und zeichne alles ein, was neu ist: Gebäude, Straßen und Wege entstehen, Wasserläufe werden verlegt, Wälder gerodet, Sümpfe ausgetrocknet, Brücken und Stege gebaut ꝛc., kurz: nach einer veralteten Karte ist manches möglich oder unmöglich, was in Wirklichkeit unmöglich oder möglich ist. Ebenso wichtig ist es, daß man recht oft die Sachlage auf der Karte mit der in Wirklichkeit vergleicht, auch wenn alles stimmt. Sagen wir, es seien auf den Karten Höhenzüge eingezeichnet, von denen man sich, ohne sie in Natur gesehen zu haben, auch nach der Karte eine bestimmte Vorstellung macht: über ihre Höhe, ihre Neigungen, Bestockung, ihr gegenseitiges Verhältnis zu einander ꝛc. In natura sieht das in der Regel ganz anders aus, man hat durch die Karte, ohne deren Schuld, eine falsche Vorstellung erhalten; vergleicht man aber beides eindringlich miteinander, so bessert man diese aus und behält das Richtige für immer. Hört man dann später von irgend einer Strafthat, die sich da und dort zugetragen hat, so besieht man sich den fraglichen Ort auf seiner Karte und stellt sich sicher alles sofort richtig vor. Manche Maßnahmen, Verfügungen und Einteilungen, die oft gleich geschehen müssen, hängen aber bezüglich ihrer Richtigkeit oder Unzweckmäßigkeit allein davon ab, ob man sich die Sachlage der Wirklichkeit entsprechend hat vorstellen können. —

Eine weitere wichtige Aufgabe, die uns bei solchen Gängen im eigenen Revier zufällt, besteht darin, die Leute kennen zu lernen. Nicht darum handelt es sich, die gesamte Bevölkerung anzusehen und sich mit ihren guten und bösen Eigenschaften vertraut zu machen — das muß die Arbeit an sich nach und nach bewerkstelligen — die Hauptsache besteht darin, daß man sucht, jene Leute kennen zu lernen, die Einem im

Dienste helfen und Unterstützung gewähren können. Diese teilen sich in zwei Gruppen: Vertrauensmänner und Leute mit besonderen Kenntnissen. Unter ersteren versteht man natürlich nicht Zuträger und Spione, sondern ehrenhafte, gescheidte und erfahrene Leute, an die man sich in wichtigen Fällen um Auskünfte und Beurteilungen wenden kann. Es ist leider kein Naturgesetz, daß der Bürgermeister immer der Gescheidteste und Verläßlichste in der Gemeinde ist, und deshalb muß man wissen, wer er ist, an wen man sich wenden kann, wenn man in Not ist. Hat man sich diesfalls zur rechten Zeit richtig vergewissert, so werden zahlreiche Mißgriffe verhindert und mancher Erfolg wird zu verzeichnen sein, dessen man sich ohne fremde Hilfe nicht hätte rühmen können. —

Die andere Gruppe betrifft solche Leute, die besondere Kenntnisse oder andere Hilfsmittel besitzen, mit denen sie im bestimmten Falle wichtige Unterstützung gewähren würden; diese Leute können aber nur in Verwendung gebracht werden, wenn man schon eher von ihnen und ihren Kenntnissen weiß — im letzten Augenblick Herumsuchen und Herumfragen führt nicht zum Ziele. Der eine ist ein geschickter und denkender Jäger, der nicht bloß bei Fragen von Wilddiebstahl, sondern auch beim Verfolgen von Fuß- und Blutspuren helfen kann; der zweite ist Amateurphotograph, der vielleicht gerne bereit ist, in einem wichtigen Falle eine unersetzliche Photographie des Thatortes ꝛc. anzufertigen; der dritte hat weite Reisen gemacht, lernte verschiedene Dialekte und kann aushelfen, wenn es sich darum handelt, festzustellen, ob ein Verhafteter wirklich den Dialekt jener Gegend spricht, aus der er zu stammen behauptet; der vierte, fünfte, sechste, siebente hat besondere Pferdekenntnisse, ein gutes Mikroskop, einen vortrefflichen Spürhund, ein scharfes Fernrohr. Weiß man das alles im voraus, bittet man vielleicht schon im voraus um gelegentliche Hilfe, so findet man sie meistens auch, wenn man sie braucht. —

2. Die Auffassung des Falles.

Es ist nicht zu viel gesagt, wenn behauptet wird, daß sehr oft das Schicksal einer Untersuchung davon abhängt, wie der Fall zuerst aufgefaßt wurde, ob das richtig oder falsch geschehen ist. Das ist im gewöhnlichen Leben so, in Strafsachen auch und sogar unser Bauer weiß und berücksichtigt es, indem nach einer Rauferei, einem Eigentumsstreite ꝛc. jede der beiden Parteien der anderen mit der Anzeige bei der Behörde zuvorzukommen sucht. Die Leute wissen recht gut, daß man hier meistens von der ersten Auffassung des Falles, die der Anzeiger hervorzurufen verstand, nicht mehr recht los zu kommen vermag. Dies allein zeigt schon, wie gefährlich die sogen. vorgefaßte Meinung gerade in unseren Arbeiten ist, aber sie wird nicht bloß von den Beteiligten, Schuldigen, sondern auch durch viele, oft ganz unscheinbare Kleinigkeiten hervorgerufen. Schon das eigene Vorstellen ist namentlich bei wichtigen und aufregenden Fällen und bei lebhaften Leuten sehr gefährlich. Nehmen wir an, es wird ein größeres Verbrechen angezeigt, welches sich in einiger Entfernung zugetragen hat. Begreiflicherweise denkt man auf dem Wege zum Thatorte nichts anderes, als „an den Fall“ — hiebei ist es unmöglich, sich mit der Sache zu beschäftigen, ohne sich den vermeintlichen Hergang in irgend einer Art vorzustellen, ihn an bestimmte Oertlichkeiten und Personen zu knüpfen. Erfährt man dann, wie es gewesen ist, oder gewesen sein soll, so wird die Vorstellung allerdings korrigiert, sie tritt aber doch in ihrer alten Form häufig wieder störend zu Tage.

Nicht nur die früheren Auffassungen wirken jedoch mit, sondern auch während der Arbeit kommt manches zum Vorschein, was eigentlich mit der Sache nichts zu thun hat, aber doch auf dieselbe einwirkt. Eine Aeußerung, bestimmte Gesichtszüge, zufällige Erinnerungen und ähnliche Dinge wirken da oft kräftig mit; glücklicherweise empfindet man solche Nebenwirkungen und kann sie daher leicht ausschalten, wenn man sich immer fragt, ob man sich die Sache auch ohne dieselben so vorstellen würde. —

Will man ganz richtig vorgehen, so darf man vom Anfange an, sich nichts anderes von der Sache denken, als: „Es soll dies und jenes geschehen sein.“ Jede andere Möglichkeit muß man so lange offen lassen, bis man sich vom Gegenteile überzeugt hat. Ist man einmal an der Arbeit, so hüte man sich davor, sofort einen endgiltigen Plan zu entwerfen. Thut man das zu früh, so hält man häufig eigensinnig an demselben fest, obwohl sich alles so geändert hat, daß man diesen Plan schon längst hätte aufgeben sollen. Damit ist aber nicht gesagt, daß man sich nicht vorläufige Einteilungen für die Arbeit machen soll, wobei man immer von dieser Einteilung abgehen kann, wenn man bemerkt, daß sie den Thatsachen nicht mehr entspricht. Als Grundsatz für die ersten Annahmen hat nach alten Erfahrungen zu gelten, daß in der Regel die Einfachste immer die beste ist. Das allzu Merkwürdige, Seltsame und Abenteuerliche kommt nicht oft vor und in der Regel geht auch dieses auf sehr einfache Thatsachen zurück. Mitunter kommt man ganz richtig auf eine recht einfache Annahme, man wagt es aber nicht, ihr zu folgen, weil man glaubt: „So nahe liegend könnte die Sache doch nicht sein.“ Hiebei vergißt man, daß auch Verbrecher, und gerade die schlauesten und geriebensten, beinahe immer jene, „eine große Dummheit“ begehen, von welcher so oft gesprochen wird. In der Aufregung, Eile, Sicherheit und bei falschem Kombinieren pflegt der Verbrecher regelmäßig etwas zu vergessen, zu übersehen oder zu thun, was er im gewöhnlichen Leben gewiß unterlassen hätte. Ueberblickt man dann das Vorliegende, so glaubt man an diese unbegreifliche Dummheit nicht und gelangt so zu unbrauchbaren und falschen Annahmen. —

Die zweite Frage ist dann die: wann man sich einen festen Plan machen soll. Die Beantwortung dieser Frage muß dem einzelnen Falle überlassen bleiben, allgemein kann man nur sagen, es hat dann zu geschehen, wenn man nach dem gesammelten Materiale wenigstens über den Hergang eine nach menschlichem Ermessen sichere Vorstellung erlangt hat. Dann wird der ganze Plan sorgfältig ausgearbeitet und nach diesem zielbewußt vorgegangen. Daß derselbe geändert werden muß, wenn sich die grundlegenden Thatsachen verschoben haben, ist selbstverständlich, namentlich ist aber Eines festzuhalten. Bei den meisten Plänen wird man bedingsweise zusammenstellen, d. h. man wird sich sagen: „wenn sich die Thatsachen A, B, C feststellen lassen, so ist dies und jenes anzunehmen, und dann so und so weiter fortzufahren." Im Verlaufe der Arbeit lassen sich aber die Thatsachen A, B, C nicht feststellen, man hat vergessen, daß diese aber Bedingungen waren und arbeitet so fort, als ob A, B, C sicher geworden wären. Dieser Fehler tritt in unzähligen Straffachen zu Tage und ist die Ursache eben so vieler bedauerlicher Fehlgriffe. —

Besonders wichtig ist die Frage der Auffassung in jenen Fällen, in welchen man zwar noch nicht weiß, wie die Sache gewesen ist, in welchen man aber den bestimmten Eindruck hat: „so wie die Sache aussieht, ist sie sicher nicht gewesen"; dies kommt namentlich bei den häufigen fingierten Verbrechen vor. Solche sind hauptsächlich Diebstahl und Raub, wenn eine begangene Unterschlagung, drohende Zahlungsunfähigkeit und ähnliches maskiert werden soll; Brandlegung zur Verdeckung von Assekuranzbetrug; Notzucht um eine Schwangerschaft als unverschuldet hinzustellen; Körperbeschädigung um für einen schon längst bestehenden Schaden einen anderen verantwortlich und zahlungspflichtig zu machen (besonders Gesichts- und Gehörsleiden, Verrenkungen, Leibschaden u. s. w.). In allen solchen Fällen, in welchen man ja doch nicht sicher sein kann, daß die eigene Auffassung die richtige ist, in welchen also Erhebungen in zwei oder mehreren Richtungen notwendig werden, ist es dringend notwendig, daß nicht Ein Mann alle Erhebungen fortführt, sondern daß die Arbeit verteilt und jede Möglichkeit durch einen anderen weiter verfolgt wird. Sagen wir, es habe ein Brand stattgefunden, und man sei zu vier verschiedenen Möglichkeiten gelangt: Es kann A der böswillige Brandstifter gewesen sein; es kann B der Schuldige sein; es kann C den Brand durch Unvorsichtigkeit veranlaßt haben, und es kann D, der Eigentümer des abgebrannten Hauses, die That zum Zwecke von Assekuranzbetrug begangen haben. In diesem Falle müssen auch vier verschiedene Leute in der Sache arbeiten, wobei einer den A, der zweite den B, der dritte den C und der vierte den D im Auge behält. Soll das alles derselbe machen, so arbeitet er sich regelmäßig gegen die Hand — für Eine Auffassung wird sich bald eine Voreingenommenheit entwickelt haben, und die anderen kommen zu kurz.

3. Sonstiges.

Im übrigen merke:

1. Auf das allerstrengste hüte man sich vor jeder, auch der geringsten Uebertreibung. Gerade die Besten und Eifrigsten verfallen leicht der Gefahr, daß sie eine Straffache lieber ein bischen groß-

artiger und interessanter, als einfach und langweilig sehen und daher auch so darstellen. Dies liegt in der menschlichen Natur, ist eigentlich ganz verzeihlich, aber für die Sache von größter Gefahr. Abgesehen davon, daß man leicht auf falsche Spur gerät und dann gar nichts herausbringt, kann man auch leicht einen Unschuldigen oder Minderschuldigen wegen einer That verdächtigen, die er gar nicht oder in geringerem Maße begangen hat. Gewissenhafteste Wahrheitsliebe ist also die wichtigste und unerläßlichste Pflicht.

2. Alles was erhoben wird, muß man entweder selbst festgestellt haben, oder, wenn dies nicht möglich war, es als fremde Feststellung angeben. Also: Wenn erklärt wird, die Entfernung betrage 350 Schritte, so ist unbedingt zu verlangen, daß man die Zahl der Schritte selbst gefunden hat, oder ausdrücklich sagt: „Die Entfernung beträgt nach Angabe des X 350 Schritte“. Ebenso darf unter keiner Bedingung das Ergebnis einer Nachschau, einer Erhebung, einer Wahrnehmung angegeben werden, wenn man es nicht selbst untersucht hat, oder wenn man nicht angibt, auf wessen Angabe dies geschehen ist. Ausdrücke wie: „es soll“, „man sagt“, „es wird behauptet“, dürfen unter gar keiner Bedingung vorkommen. In solchen Fällen darf es unbedingt nur heißen: „Der A, der B, der C gibt an“. Selbst Bezeichnungen wie: „die Hausleute, die Nachbarn, die Verwandten 2c. sagen“ dürfen nicht vorkommen, immer und ausnahmslos muß der Name der Auskunftsperson genannt werden.

3. In den Städten lege man für gewisse Beobachtungen Gewicht auf die Aussagen von drei Menschenklassen: Mietkutscher, Eckensteher (Dienstmänner) und Prostituierte. Diese Leute haben in gewisser Richtung Aehnlichkeit miteinander: sie haben bezüglich ihrer Thätigkeit keine bestimmte Zeiteinteilung, haben oft gar nichts zu thun, und können daher beobachten; sie haben untereinander Verbindung und werden in verschiedener Weise von Verbrechern namentlich unmittelbar nach der That verwendet. Diese, also namentlich in der Nähe eines Thatortes, zur Feststellung der Wahrheit heranzuziehen, ist immer zu empfehlen.

4. Nach einem alten Sprichwort steckt hinter jedem Verbrechen ein Weib. Entweder wurde es wegen ihr begangen oder mit ihrer Hilfe oder auf ihr Anraten, oder sie hatte Nutzen gezogen 2c., kurz, wenn die Regel auch nicht ausnahmslos ist, so empfiehlt es sich doch immer in dieser Richtung Nachschau zu pflegen.

5. Hat man namentlich während der ersten Erhebungen irgend jemandem in der Sache einen Auftrag zu geben, so geschehe dies unbedingt schriftlich. Jeder Fetzen Papier mit Bleistift beschrieben genügt; bei mündlichen Aufträgen kommen, namentlich wenn man sich in Eile und Aufregung befindet, Mißverständnisse, Irrungen und Ausreden so häufig vor, daß die schwersten Fehler darauf beruhen. Ist es ausnahmsweise doch unmöglich den Auftrag schriftlich zu geben, so befolge man wenigstens die alte militärische Regel: „Befehl wiederholen“. Hiedurch allein gewinnt man wenigstens

die Sicherheit, daß der Auftrag richtig verstanden wurde, er prägt sich auch durch das Hersagen dem Gedächtnisse des Beauftragten besser ein.

6. Bei wichtigen Fällen vergesse man nicht, daß man möglicherweise für Geschworene arbeitet. Geschworene verstehen aber von der Sache gar nichts, haben keinerlei Uebung in derselben, werden leicht zu Widerspruch gereizt und klammern sich an nebensächliche Einzelheiten. Man arbeitet also für sie nur dann richtig, wenn alles möglichst einfach, übertrieben genau und ohne bestimmte Voraussetzungen aufgestellt wird.

7. Man halte daran fest, daß man sich und anderen Arbeit erspart und die Uebersicht erleichtert, wenn man möglichst früh eine oder mehrere Tabellen im Falle anlegt. Diese können der verschiedensten Art sein und sollen z. B. das Verhalten eines Menschen für einen gewissen Zeitraum, das Weiterkommen eines Gegenstandes von einer Hand in die andere, die Beobachtungen verschiedener Zeugen über denselben oder verschiedene Vorgänge u. s. w. darstellen. Ein Beispiel wird das Ganze zeigen:

2.	Januar:	Verläßt A das Strafhaus.
4.	„	Kommt er mit B zusammen.
5.	„	Uebernachtet er in C.
7.	„	Begegnet er dem D in E.
9.	„	Frägt er in F um Arbeit.
12.	„	Sieht G bei ihm eine silberne Uhr.
13.	„	Wird er von H und J in K gesehen ꝛc. ꝛc.

Solche Tabellen kann man nicht frühzeitig genug anlegen, sie ersparen Arbeit und zeigen bei stetiger Fortführung immer, wo noch Lücken vorhanden sind.

8. Schwer zu befolgen, aber von größter Wichtigkeit, ist die Regel, daß man begangene Fehler so rasch als möglich eingestehen soll. Nirgends kann man so leicht Fehler begehen, als bei unserer Arbeit, nirgends sind sie aber so leicht wieder zu verbessern als hier, natürlich vorausgesetzt, daß sie möglichst früh als solche erkannt werden. Dieser Grundsatz wird heute auch von allen Vorgesetzten eingesehen und so kann man dieses Eingestehen ungescheut vornehmen. Man erwäge, welche schwerwiegenden und nie wieder gut zu machenden Mißgriffe durch das Verschweigen eines begangenen Fehlers entstehen können.

II. Abschnitt.

Von den zu Vernehmenden.

1. Von den Zeugen.

Unser heutiger Strafprozeß beruht noch zum größten Teile auf den Aussagen der Zeugen und so ist das, was sie sagen bezw. was wir aus ihnen heraushören von der größten Wichtigkeit. Wir haben zwei Gefahren: häufig wollen die Zeugen nicht die Wahrheit sagen, noch viel öfter können sie es nicht thun; die letztere Gefahr ist ungleich größer als die erstere.

a) Wenn der Zeuge die Wahrheit nicht sagen kann.

Wer im Dienste richtig arbeiten will, muß auch außerhalb desselben sich für ihn Erfahrungen sammeln; er wird dann wahrnehmen, daß die Leute auch im gewöhnlichen Leben vielfach Unrichtiges behaupten, obwohl sie glauben, Richtiges gesagt zu haben. Man braucht sich nur einmal denselben Vorgang, den mehrere Leute beobachtet haben, von jedem derselben abgesondert erzählen zu lassen, so wird man zur Ueberzeugung kommen, daß jeder von ihnen die Sache anders, mitunter wesentlich anders erzählt. Hiebei muß man immer daran festhalten, daß in der Wiedergabe der meisten Wahrnehmungen ein Schluß steckt, zum mindesten die Voraussetzung: „Wenn ich nicht irre“, „wenn ich richtig gesehen habe“, „wenn keine Verwechslung stattfand“ 2c. Gerade in diesen Schlüssen liegen aber die häufigen Irrtümer und ebenso die Verwechslung zwischen Wahrnehmung und Annahme. Wenn ich z. B. in einer Gegend, sagen wir bei Nacht, eine glänzende Fläche bemerkt habe, so werde ich ohne näherer Prüfung annehmen, daß es ein Wasserspiegel war; diese Annahme kann richtig aber auch falsch sein. Später weiß ich vielleicht nicht mehr, ob ich den Wasserspiegel gesehen oder sein Vorhandensein nur angenommen habe, und erzähle vielleicht im besten Glauben, daß ich eine Pfütze gesehen habe. Hätte ich sie wirklich gesehen, so läge kein Zweifel vor, wenn ich sie aber nur angenommen habe, so liegt ein Schluß vor, der ganz falsch sein kann. Diese Dinge kommen gerade beim Sehen sehr häufig vor: Wir bekommen gewisse Bilder und glauben später, daß wir jede Einzelheit genau angeschaut haben. Beim Kartenspiel z. B. zählt doch kein Mensch den Achter, Neuner, oder Zehner; er bekommt ein gewisses Bild und weiß z. B., daß er einen Achter gesehen hat; er hat die acht Herzen nicht gezählt und schwört doch nötigenfalls, daß er acht Herzen gesehen hat. Dasselbe kommt bei unseren Zeugen alle Tage vor und daher entstehen die unzähligen Fehler, denn die Wahrnehmungen sind zwar nicht so einfach wie bei den acht Herzen, werden aber doch ebenso rasch und sicher wiedergegeben.

Von tausend täglichen Beispielen nur zwei: Wenn einer im Wirtshaus ein Bierglas an den Kopf gekriegt hat, so sagt die Hälfte der Zeugen: „das Glas wurde geworfen“, die andere Hälfte der Zeugen sagt: „das Glas wurde an den Kopf geschlagen“. Gesehen hat es nämlich keiner, weil der Vorgang für menschliche Augen zu rasch vor sich ging, aber während des vorausgegangenen Streites nimmt der eine Zeuge an: „Jetzt wird er werfen“ und der andere Zeuge: „Jetzt wird er schlagen“ — und später glaubt jeder das gesehen zu haben, was er im voraus angenommen hat.

Bei Beschimpfungen werden von verschiedenen Zeugen in der Regel ganz verschiedene Schimpfworte angegeben, weil jeder Zeuge solche Schimpfworte gehört zu haben glaubt, welche er dem Betreffenden als von ihm gebraucht und der Sachlage entsprechend zutraut. Ueberhaupt fassen die Leute Worte und Gespräche im besten Falle nur dem Sinne nach auf, meistens aber in dem Sinne, welchen sie dem Vorgange beilegen, also sehr oft falsch. —

Ebenso große Schwierigkeiten hat es mit dem Gedächtnisse der Menschen. Man versuche einmal, sich denselben Vorgang von jemandem heute, dann nach sechs Wochen und noch einmal nach drei Monaten erzählen zu lassen: Jedesmal ist die Geschichte vollkommen anders und jedesmal schwört der Erzählende auf vollständige Richtigkeit. Hiebei gibt es zwei wichtige Hilfen. Die eine ist die sogenannte Zeugenprüfung, durch welche man sich vergewissert, inwieweit die Wahrnehmung und das Gedächtnis eines Zeugen richtig ist. Die sogenannten Zeugenprüfungen können sehr einfach gemacht werden. Sagt der Zeuge z. B. es seien 500 Schritte gewesen, so läßt man sich von ihm eine Strecke zeigen, die er mit 500 Schritten bezeichnet und mißt dieselbe ab. Ebenso, wenn Zeuge sagt: er habe in der Hand des X zwölf Geldstücke gesehen, so nimmt man eine ähnliche Zahl in die Hand, läßt ihn schätzen und zählt nach. Aehnlich macht man es wenn Zeuge angibt, er habe einen Schrei von rechts gehört, oder es habe etwa zehn Minuten lang gedauert, oder er erkenne jeden wieder, den er einmal gesehen habe. Die Ergebnisse bei solchen Prüfungen sind ebenso überraschend als wichtig.

Die zweite Hilfe sind die sogenannten Gedächtnisunterstützungen, die wieder in zweifacher Art geschehen können. Die eine besteht darin, daß man dem Zeugen durch gleichzeitige Ereignisse „darauf hilft". Dies muß verschieden nach der Verschiedenheit der Leute geschehen und ist namentlich dann wirksam, wenn es sich um Zeitangaben handelt; man kann z. B. dem Landmann dadurch helfen, daß man ihn fragt, welche landwirtschaftliche Arbeiten damals verrichtet wurden ꝛc. Diese Hilfen sind meistens sehr mühsam, geben aber oft die besten Resultate.

Die zweite Art der Hilfen besteht in dem Oertlichen. Man wird die Wahrnehmung machen, daß die meisten Leute zu Hause oder in der Amtsstube durchaus nichts angeben können, führt man sie aber an Ort und Stelle wo sie die Wahrnehmung gemacht haben, so knüpfen sie an die einzelnen Oertlichkeiten sehr leicht an, und erinnern sich nach und nach genau, was sich zugetragen hat, und wo es geschah, ja sie vermögen dann einzelne Ereignisse auch richtig der Zeit nach zusammenzustellen. Allerdings muß bei allen diesen Hilfen sehr darauf geachtet werden, daß man dem Zeugen nichts einredet, sodaß er glaubt, das alles wahrgenommen zu haben, um was man ihn allzu eindringlich gefragt hat.

Nie zu vergessen ist bei allen diesen Dingen namentlich auf dem Lande die Zeitfrage. In der Stadt gehen ja die Uhren ungefähr gleich, auf dem Lande kommen aber sehr wesentliche Unterschiede zum Vorschein, namentlich dann, wenn die Leute zu verschiedenen Pfarreien gehören; der Bauer richtet seine Uhr in der Regel nach der Uhr seiner

Kirche und gehen zwei Kirchenuhren um eine halbe Stunde auseinander, so thun dies auch die Uhren der verschiedenen Pfarrinsassen. Zeitangeben sind daher nur verläßlich, wenn man sie mit der eigenen guten Uhr in der Hand nachgeprüft hat.

Eine besondere Berücksichtigung verdienen noch Zeugenaussagen unter besonderen Umständen, namentlich dann, wenn sich der Zeuge in besonderer Aufregung befunden hat; wer da nachprüft, was Leute, die zur Zeit der Wahrnehmung oder auch der Aussage recht aufgeregt waren, anzugeben vermögen, der wird auf solche Aussagen nur sehr geringen Wert legen: Es kann mitunter gerade das Gegenteil zum Vorschein kommen. Dies ist namentlich deshalb wichtig, weil gerade bei verübten Verbrechen große Aufregung sehr häufig vorkommt; hiebei sehen die Zeugen oft wirklich gar nichts, obwohl sie gerade auf eine z. B. entsetzliche That direkt hingeschaut haben; in solchen Fällen erreicht man durch fortgesetztes Drängen entweder nichts oder man erfährt Falsches. —

Wichtig ist auch die Thatsache, daß Leute mit oft gar nicht besonders schweren Kopfverletzungen ganz unverläßliche Zeugen werden; am besten ist es noch, wenn sie sich an gar nichts erinnern, mitunter geben sie aber mit großer Bestimmtheit ganz falsches an; so behauptete ein am Kopfe schwer verletzter Beraubter, man habe ihm seine eben gekaufte Kuh geraubt, in Wirklichkeit hatte man ihm aber das Geld weggenommen, mit dem er die Kuh kaufen wollte. Ein anderer Verletzter bezeichnete fortgesetzt den Arzt, der ihm die erste Hilfe gebracht hatte, als jenen, der ihm die Verletzung zufügte.

Die größte Verwirrung richten in dieser Weise Leute an, die außer der Kopfverletzung noch einen, wenn auch nicht starken Rausch hatten (Gasthausraufereien, Sturzverletzungen 2c.). Gerade bei diesen Leuten kommt am häufigsten ein Vergessen des Vorausgegangenen vor; wurde er also z. B. um 8 Uhr abends verletzt, so erinnert er sich vielleicht an nichts mehr, was sich seit Mittag zugetragen hat. — Namentlich bei Beschuldigten glaubt man nicht daran und betrachtet es für Verstellung, thatsächlich kommen aber solche Verwischungen aller Erinnerung nicht selten vor. Außerdem sind noch verschiedene Erscheinungen zu berücksichtigen, die bei Zeugenaussagen vorkommen. Häufig kann man sich nicht in die Lage des Zeugen hineindenken, weil der Sachverhalt heute anders ist, als damals, d. h. heute weiß man, daß eine Wahrnehmung sehr wichtig ist, während zur Zeit derselben der Zeuge von dieser Wichtigkeit noch nichts wissen konnte. Sagen wir, ein Zeuge habe einen Mann aus einem Hause treten gesehen, nachdem derselbe in dem Hause einen Mord verübt hat. Selbstverständlich wäre die Aussage dieses Zeugen über die Person jenes Mannes von größter Wichtigkeit, dies konnte der Zeuge aber damals nicht wissen und er hat deshalb den Mann nur flüchtig angesehen. Wir können uns dann aber in die damalige Lage des Zeugen nicht hineindenken und fragen und bohren auf ihn los bis er endlich, um der Quälerei zu entgehen, etwas falsches sagt. —

Mitunter hat man es mit ängstlichen Zeugen zu thun, welche aus lauter Gewissenhaftigkeit sich nichts zu sagen getrauen oder die vielleicht glauben, daß sie selbst verantwortlich gemacht werden sollen. Mit solchen Leuten muß man besonders vorsichtig umgehen, weil sie in ihrer Angst dann oft ohne bösen Willen unrichtiges aussagen. —

Noch gefährlicher sind recht lebhafte, eifrige Leute, die eine starke Einbildungskraft haben; bei ihnen tritt öfters das Bestreben zu tage, sich recht wichtig zu machen und eine Menge gesehen zu haben, ohne daß dies wahr ist. Hat nun der Vernehmende ähnliche Eigenschaften und geht er auf das vom Zeugen gesagte recht lebhaft ein, dann kriecht einer auf dem anderen empor und schließlich kommt eine Aussage zu stande, an der trotz des besten Willens des Zeugen und des Vernehmenden kein Wort wahr ist.

Den Gegensatz bilden die schweigsamen, allzu vorsichtigen Zeugen, die im Anfange von der ganzen Sache absolut nichts wissen. Sie erfordern viel Mühe und Geduld, sind aber, wenn man sie zum Reden bringt, die besten Zeugen. Man muß sie für die Sache interessieren, nicht zu sehr in sie drängen und zuerst nicht von der Sache selbst, sondern von etwas anderem sprechen, was mit derselben nur entfernt zusammenhängt; hiedurch werden sie warm und endlich bringt man doch alles heraus, was man braucht. —

Sehr genau zu unterscheiden sind die Zeugen nach ihrem Alter. Kleine Kinder sind zwar gefährliche Zeugen, weil sie einerseits von den Erwachsenen sehr leicht beeinflußt worden sein können und weil sie andererseits doch alles nur so auffassen, wie es ihrem engen Gesichtskreise entspricht. Kommt man über diese Klippen hinweg, so erhält man häufig die wertvollsten Aussagen.

Bei größeren Kindern ist zwischen Knaben und Mädchen genau zu unterscheiden. Der kluge, wohlgeartete Knabe ist überhaupt der beste Zeuge, den es gibt; er interessiert sich für alles, hat eine gewisse eigensinnige Selbständigkeit des Urteils und legt einen ehrlichen Eifer an den Tag, der guten Sache zu helfen.

Mitunter ist dasselbe beim heranwachsenden Mädchen der Fall; recht häufig interessiert sie sich aber zu sehr für ihre eigene Person, drängt diese in den Vordergrund und übertreibt so weit, daß sie zu wirklichen Erfindungen gelangt; recht lebhafte, früh entwickelte Mädchen im Alter von 12 bis 15 Jahren können nicht vorsichtig genug behandelt werden, sie haben durch ihre Aussagen schon oft heillose Verwirrungen verursacht.

Der erwachsene junge Mann und das gleichalterige Mädchen zeichnen sich dadurch aus, daß sie sich um Dinge, die sie nicht direkt angehen, nicht leicht kümmern; sie wissen also häufig von wichtigen Sachen, die sich neben ihnen ereignet haben, gar nichts. Wissen sie aber etwas, und ist ihre Person davon nicht berührt, so berichten sie in der Regel ehrlich und gut.

Der reife Mann und die reife Frau sind so zu beurteilen, wie sich ihr Wesen entwickelt hat; im allgemeinen kann man sagen, daß die Frau die gewöhnlichen Ereignisse sorgfältiger und richtiger beobachtet, aber ehrlicher ist in der Regel der Mann.

Im Greisenalter kommen beide Geschlechter wieder zusammen, wie sie in der Kindheit waren. Sie beobachten und besprechen die Dinge meistens nach dem Lose, welches ihnen im Leben zu teil geworden ist, häufig aber weiter hinausgehend, als es den Thatsachen entspricht: verbittert oder versöhnend. Nicht zu vergessen ist bei diesen Leuten, daß sie fremden Einflüssen fast ebenso zugänglich sind, wie die Kinder.

b) Wenn der Zeuge die Wahrheit nicht sagen will.

Wenn es auch nicht möglich ist, gegen falsche Aussagen unbedingt abzuhelfen, so gibt es doch verschiedene Mittel, um ihre Gefährlichkeit einzuschränken. Die Hauptsache besteht darin, daß man überhaupt erkennt, der Zeuge wolle lügen; ist man soweit, so ist die Schwierigkeit nicht mehr groß. Man achte vor allem darauf, daß es viel weniger wichtig ist, was ein Zeuge sagt, als wie er es sagt. Natürlich lassen sich da keine allgemeinen Regeln geben, Erfahrung und Aufmerken muß das meiste thun. Man wird bald dahinter kommen, daß ein gewisses zögerndes und tastendes Antworten ebenso bedenklich ist, wie ein all' zu rasches, sichtlich eingelerntes Heruntererzählen. Ebenso sind wieder bestimmte Grenzen zwischen allzu genau wissen und auffallendem Nichtkennen von Umständen, die der Zeuge wahrgenommen haben mußte. Besonders wichtig sind die von ihm gewählten Ausdrücke, mit welchen er Personen oder Vorgänge zu bezeichnen sucht: aus der mehr gehässigen oder beschönigenden Bedeutung eines Wortes wird man bald herausbekommen, ob der Zeuge unbedingt auf Schuld oder Unschuld hinarbeitet. Dies kann auch der ehrliche Zeuge thun, der von dem einen oder anderen überzeugt ist. Aber einerseits muß man auch bei einem solchen voreingenommenen, wenn auch ehrlichen Zeugen auf der Hut sein, andererseits ist der Unterschied zwischen dem absichtlichen Verdächtigen und Beschönigen gegen die ehrliche Ueberzeugung so deutlich, daß man nicht leicht in einem Zweifel bleiben kann.

Hat man einmal Verdacht, dann ist das einzige Hilfsmittel eine besonders genaue und eingehende Vernehmung, eingehender, als es der eigentlichen Sache entsprechen würde. Vor allem wird dies dem falschen Zeugen bedenklich, er wagt weniger und kehrt häufig auf einem Umwege zur Wahrheit zurück. Außerdem gelingt es bei längerem Vernehmen, Widersprüche herauszubringen; hiebei sind weniger die eigentlichen Widersprüche zwischen den einzelnen Angaben gemeint, als jene, die sich zwischen der Aussage und der Sachlage ergeben. Auch hier bewährt sich das fast unfehlbare Mittel der lebhaften Vorstellung dessen, was behauptet wird. Hört man nur die vom Zeugen gebrauchten Worte, so wird man nur ausnahmsweise einen Widerspruch entdecken; stellt man sich aber jedesmal das vom Zeugen jeweilig behauptete recht lebhaft in der Wirklichkeit vor, so erhält man bald dasjenige, was man „unmögliche Situationen“ nennt; die angeblichen Sachlagen widersprechen sich in der Vorstellung sofort und es kann behauptet werden, daß man mit Hilfe dieses einfachen Mittels nicht allzuleicht angelogen werden kann. Versagt es doch, so greift man zu einem zweiten, indem man den verdächtigen Zeugen Dinge erzählen läßt, die man aus eigener Anschauung oder durch die Angaben verläßlicher Zeugen ohnehin weiß. Ertappt man den Zeugen hiebei auf einer Unwahrheit und hält man ihm diese nachdrücklich vor, so gelingt es nicht selten, ihn von allem weiteren Lügen abzubringen.

Dasselbe Mittel des recht eingehenden Erzählenlassens und der lebhaften Vorstellung des Herganges ist auch das einzige, welches gegen einen unserer größten Feinde, die falschen Alibibeweise, angewendet werden kann. Läßt man den, der das Alibi behauptet, und den, der es bestätigen will, alle Einzelnheiten recht genau und mit ermüdender Breite erzählen, so ergibt sich doch irgendwo ein Widerspruch. Die größte Gefahr bei falschen Alibibeweisen liegt dann vor, wenn die beiden schlau genug waren, einen *wirklichen* Vorgang *lediglich auf andere Zeit zu verlegen*. Sagen wir, die That sei Mittwoch geschehen und die beiden behaupten ein Alibi, welches dem Hergange nach ganz wahr ist, sich aber nicht Mittwoch, sondern Montag zugetragen hat. In solchen Fällen ist ein Widerspruch nur nachzuweisen, wenn man *in der Zeit* möglichst weit vor und zurück greift; dann stimmt es irgendwo mit der Anknüpfung nicht und die Erweisung einer Unwahrheit wird möglich. —

Eine besondere Vorsicht verlangt noch die Feststellung der Identität eines Zeugen, eine Gefahr, die viel zu wenig gewürdigt wird. Man hat z. B. den allgemein geachteten Landwirt M vorgeladen und glaubt es mit dieser ehrenhaften Persönlichkeit zu thun zu haben. In Wirklichkeit ist es aber durch einen geschickten Handstreich bei der Zustellung oder später gelungen, die Vorladung des Zeugen zu erhalten und es erscheint statt des M vielleicht der übelberüchtigte N, der nun alles bestätigt, was sein Auftraggeber bestätigt zu haben wünscht. Feststellung der Identität in wichtigen Fällen ist daher unbedingt notwendig, namentlich hüte man sich bei ersten Erhebungen, Mitteilungen eines unbekannten Menschen der sich für einen gesuchten Zeugen ausgegeben hat, gleich als bare Münze anzunehmen.

Endlich darf auch nicht vergessen werden, daß die Vorsichtsmaßregeln in unseren heutigen Gefängnissen keineswegs derart sind, daß ein Verkehr nach außen unmöglich wäre. Deshalb, weil einer verhaftet ist, anzunehmen, daß jetzt jede Verabredung und jede Verbindung mit anderen Beschuldigten und Zeugen ausgeschlossen ist, das ist ebenso kindisch als gefährlich. Von dem Momente an, als einer verhaftet ist, sollte eigentlich die Ueberwachung seines Verkehres mit der Außenwelt erst recht anfangen.

2. Von den Beschuldigten.

Die richtige Vernehmung des Beschuldigten ist so ziemlich das Schwierigste, was bei Vernehmungen vorkommen kann, und hiebei ist wieder in der Regel gleich die erste Vernehmung das Wichtigste.

Daß ein Beschuldigter im Laufe der Untersuchung zu gestehen beginnt, kann eigentlich als Ausnahme bezeichnet werden, in der Regel bleibt er bei dem, was er auf die erste Frage geantwortet hat. Viele Regeln lassen sich leider nicht aufstellen, und wer die Geschicklichkeit mit einem Beschuldigten zu verkehren nicht vom Hause aus hat, der wird sie zumeist auch nicht erwerben. Allerdings läßt sich an dem Vorgehen allerlei verbessern.

Vor allem ist leidenschaftslose Ruhe unbedingtes Erfordernis und diese läßt sich mit einiger Mühe und Selbstbeherrschung wohl erlernen. Wer allzu scharf und eifrig, überhastet und vorschnell bei der Vernehmung dreingeht, der begibt sich unweigerlich in die Gewalt des Beschuldigten und schiebt selbst diesem die günstigere Stellung zu. Je ruhiger und sachlicher man auftritt, desto sicherer ist Erfolg; unbedingt verloren ist man aber, wenn man mit Grobheit, Beschimpfung und ungerechter Verdächtigung etwas zu erreichen sucht.

Das zweite Erfordernis ist peinlichste und ängstlichste Wahrheit. Es gibt nichts Gefährlicheres und Entwürdigenderes, als den Inquisiten anzulügen, sich etwa zu stellen, als ob man durch Mitbeschuldigte, durch Zeugen oder durch einen Fund mehr wisse, als es thatsächlich der Fall ist, ebenso ihm unwahre Versprechungen zu machen, oder mit etwas zu drohen, was man nicht thun kann oder darf. Man braucht dem Inquisiten nicht haarklein zu erzählen, was man alles nicht weiß, aber man entwürdigt sich durch die allerkleinste Lüge und gefährdet den Gang der weiteren Erhebung. Hiebei ist gar nicht der höchst bedenklichen Lage zu gedenken, in die man geraten kann, wenn man später dem Beschuldigten oder Vorgesetzten gegenüber, oder in öffentlicher Verhandlung eine Lüge eingestehen muß. —

Das dritte Erfordernis ist unbedingte Furchtlosigkeit. Ob man dem Inquisiten gegenüber irgend welche besondere Vorsichtsmaßregeln anwendet oder nicht, dies muß dem Einzelnen überlassen bleiben; nach meiner persönlichen Ansicht ist jede Sicherung, welche die *eigene* Person betrifft, überflüssig und schädlich. Hat man es mit einem in der That bösartigen Individuum zu thun, so genügt es vollständig, wenn man den Menschen *nicht einen Augenblick* aus den Augen läßt und weiters, wenn man dafür sorgt, daß er sitzt, während man vor ihm und zwar möglichst nahe bei ihm steht. Vergißt man diese Vorsichtsmaßregel nicht, so ist alles andere überflüssig und man kann sicher sein, daß er keinen Angriff wagt.

Das vierte ist Menschenfreundlichkeit, zu der man auch dem gefallenen, noch nicht sicher schuldigen Menschen gegenüber verpflichtet ist, welche aber auch den ganzen Verkehr und den Erfolg der Arbeit wesentlich fördert. Auch der Verworfenste wird durch menschenfreundliche Behandlung leichter zugänglich; er unterscheidet ganz gut ernstes und strenges Benehmen gegen rohes und grausames Vorgehen, ja man erleichtert ihm durch wohlwollende Behandlung noch am ersten ein erleichterndes Geständnis.

Streng von wahrer Menschenfreundlichkeit zu scheiden, ist die so oft geübte Vertraulichkeit, der sogenannte gemütliche Verkehr mit dem Inquisiten. So aufzutreten ist widerlich und falsch, es ist unter allen Umständen zu unterlassen. —

Bezüglich der Art des Vernehmens sei dringend empfohlen — Ausnahmsfälle abgerechnet — nicht direkt von der Sache selbst anzufangen. Es empfiehlt sich, immer zuerst ein „Vorleben" aufzunehmen und zwar, das weiter zurückliegende in groben Umrissen, das nähere immer genauer; dann läßt man die Zeit unmittelbar vor der That eingehend schildern und kommt erst nach und nach auf diese selbst zu sprechen. Dies hat bedeutende Vorteile. Vor allem lernt man den Menschen nach Möglichkeit kennen und weiß, wie man ihn zu behandeln hat; dann hat man hiedurch eine Menge von Thatsachen festgestellt, die später nicht mehr zu leugnen sind; man erfährt vielleicht eine Menge Dinge, auf die man sonst nicht geachtet hätte und wenn überhaupt an ein Geständnis zu denken ist, so ergibt es sich noch so am leichtesten; endlich gewinnt man in dieser Weise auch häufig Anhaltspunkte zu weiteren Forschungen.

III. Abschnitt.

Der Lokalaugenschein.

1. Allgemeines.

Die Aufnahme desselben ist so ziemlich der beste Prüfstein für einen Kriminalisten. Sie ist aber auch häufig die Grundlage für alles weitere Vorgehen in einem bestimmten Fall, sie bestimmt auch oft die Auffassung desselben für alle, die damit zu thun bekommen. Endlich ist im Prozeß alles leichter zu verbessern als ein Lokalaugenschein, weil sich die Sache mittlerweile unwiederbringlich geändert hat, weil auch die Kosten einer Neuvornahme zu groß sind, und weil sich auch häufig schon die weiteren Vorgänge nach dem ersten Lokalaugenschein gerichtet haben. Die Schwierigkeit, einen guten Lokalaugenschein vorzunehmen, wird auch noch durch den Umstand erhöht, daß derselbe in der Regel gleich zu Beginn eines Straffalles vorgenommen werden muß, bevor man über denselben noch Klarheit hat und außerdem, weil die Sache in der Regel so dringend ist, daß eilig und oft überstürzt vorgegangen werden muß. Alle diese Umstände rechtfertigen es, wenn für einen Lokalaugenschein besondere Ueberlegung und Gewissenhaftigkeit gefordert wird.

Vor Allem ist eine gute Vorbereitung von großer Wichtigkeit. Im letzten Momente hat man weder Zeit, noch auch immer die Fassung, an alle Vorbereitungen zu denken, welche für jeden Straffall notwendig sind; man hat genug zu thun, wenn man das für den besonderen heutigen Fall außerdem noch notwendige im Auge behält. Es kann daher nicht genug empfohlen werden, daß bei jeder Behörde, welche mit der Vornahme von Lokalaugenscheinen befaßt werden kann, eine oder mehrere sogenannte Kommissionstaschen in Vorbereitung sind, welche das Notwendigste enthalten, was hiebei in Verwendung kommen kann.

Welche Form einer solchen Tasche gegeben wird, ist gleichgiltig, sie richtet sich nach dem bei der betreffenden Behörde Herkömmlichen. Ich glaube, am meisten die sogenannten Säbeltaschen empfehlen zu können, wie sie die österreichischen Offiziere im Felde und bei Uebungen tragen. Eine solche Tasche ist etwa 25 cm lang und 20 cm breit und wird mit zwei etwa 15 cm langen Lederschleifen an dem Leibriemen so getragen, daß sie an der äußeren rückwärtigen Seite des linken Oberschenkels zu ruhen kommt, und zwar die Schmalseiten nach oben und unten.

Bezüglich der Einrichtung mache man es sich zur strengen Regel, daß man immer sofort nach jeder Benützung dasjenige ergänzt, was man eben entnommen und verwendet hat. Läßt man sich diese Arbeit für die Zeit vor der neuen Benützung, so wirkt dies immer störend, weil man es eilig hat; man hat lästigen Zeitverlust und vergißt leicht das Wichtigste. Die Tasche muß also stets zur Benützung bereit sein.

Der Inhalt bestehe aus folgendem:

1) etwa 10 Bogen bestes, glattes Schreibpapier (nicht ordinäres Kanzleipapier);
2) mehrere Bogen bestes Fließ-(Lösch-)papier;
3) mehrere Umschläge verschiedener Größe;
4) eine entsprechende Zahl der bei der betreffenden Behörde für solche Zwecke gebräuchlichen Formularien;
5) Miniaturausgaben des Strafgesetzes und der Strafprozeßordnung (lediglich Gesetzestext und des Umfanges wegen nicht gebunden);
6) eine Spezialkarte seines Reviers; diese muß entweder einen Ueberzug von durchsichtigem Wachstaffet haben oder, noch besser, auf beiden Seiten mit Zaponlack bestrichen sein, damit sie vor Beschmutzung oder Regen gesichert ist; (Zaponlack ist sehr feuergefährlich);
7) beste Schreibfedern und Bleistifte;
8) Tintenzeug mit bester Tinte und gutem Verschluß. Will man Raum sparen, so kann man auch statt Tinte ein kleines Fläschchen mit Nigrosinpulver (wasserlösliches Anilinschwarz) mitnehmen, mit welchem man sich in irgend einem Gefäß mit etwas Wasser jeden Augenblick Tinte machen kann, die man natürlich am Orte des Gebrauches zurückläßt. Schafft man sich eine der jetzt modernen Füllfedern an, so braucht man gar keine Tinte mitzunehmen. Gut sind aber nur die der teueren Systeme;
9) Maßstab oder Bandmaß;
10) ein kleiner Zirkel zu feinen Messungen;
11) ein Schrittzähler, wie man ihn heute in der Größe und Form einer Taschenuhr billig erhält;

12) ein Fläschchen mit Gips, genügend für 2 bis 3 Abgüsse von Fußspuren;

13) ein Fläschchen Oel oder Vaselin;

14) eine kleine Bürste (sogenannte Schnurrbartbürste) zur Herstellung von Abklatschen;

15) eine Stange guten Siegellack und ein Amtssiegel (am besten ohne Griff);

16) ein kleines, gepreßtes Kruzifix und zwei kleine Wachskerzchen für dringende Beeidigungen;

17) eine Magnetnadel, zur eigenen Orientierung in unbekannter Gegend, und für die Aufnahme von Skizzen;

18) eine Blechschachtel mit Zündhölzchen;

19) eine möglichst klein zusammenlegbare adjustierte Taschenlaterne;

20) ein Stückchen Seife oder Seifenblätter;

21) eine gute Lupe;

22) ungelösten arabischen Gummi und kleinen Pinsel;

23) blaues Kopierpapier, um eine Meldung oder einen Auftrag mit einem Male gleich in mehreren Ausfertigungen zu erzeugen;

24) etwas starkes, r e c h t g l a t t e s Briefpapier, um feine corpora delicti (Pulver, Geschabsel, 2c.) verwahren zu können;

25) etwas feines Seidenpapier für ganz kleine Abklatsche;

26) etwas starken Bindfaden (Spagat), der in verschiedensten Fällen beste Dienste leisten kann;

27) eine der ausgezeichneten sogenannten Verbandpatronen (fingerlange, gut verschlossene Päckchen, in welchen nebst Gebrauchsanweisung alles enthalten ist, was man für die erste Hilfe bei einer Verletzung nötig hat);

28) einige Medikamente, die man sich vom Arzt in Pulverform verschreiben läßt (Phenacetin für Kopfschmerzen, Chinin für Fieber, Opium für Durchfall, und irgend etwas für Magenzustände). Außerdem lasse man sich vom Arzte irgend ein gutes Desinfektionsmittel mitgeben; man kann es häufig nicht verhindern, daß man ekelhafte oder gefährliche Dinge anfaßt, worauf sofortige Desinfektion geradezu notwendig ist.

Alle diese Dinge läßt man in irgend einer Weise von einem geschickten Sattler auf Pappplatten mit Kautschukschleifen befestigen, so daß alles in der Tasche Raum hat und leicht und rasch zu finden ist. Die Pappplatten samt Inhalt müssen leicht herauszunehmen sein, damit man bequemen Ueberblick über das Vorhandene hat. —

Für besondere Bedürfnisse können ja noch Ergänzungen beigefügt werden, z. B. für einen Kurzsichtigen ein kleines Fernglas, für einen Raucher ein paar Reservecigarren, für einen Empfindlichen ein Paar Strümpfe zum Wechseln, wenn man nasse Füße bekommt 2c.

Es werde wiederholt: **hat man die Tasche benützt, so muß beim Heimkommen sofort alles ersetzt werden, was man entnommen hat.**

Außer dieser wichtigen Vorbereitung wird es für die einzelnen Fälle wenig zu thun geben. Geht man nicht allein, sondern hat man einen Gehilfen, so handelt es sich immer darum, mit demselben gut verabredet zu sein. Selbstverständlich muß immer einer die Leitung haben, der andere ist Gehilfe und darf unter keinen Umständen in die Anordnungen des ersten störend eingreifen. So gut als möglich muß schon zuvor alles auf das genaueste verabredet und besprochen sein, man einigt sich über gewisse Zeichen und verteilt die Arbeit so gut als nur möglich. Auch später während der Arbeit können ja immer noch neue Verabredungen getroffen werden, damit ein vollkommen einheitliches Vorgehen gesichert ist. Unter Umständen kann auch zu Hause wegen späterer Hilfe, um die etwa gesendet wird, das Nötige verabredet werden.

Ist man am Thatorte angelangt, so muß als das Wichtigste auch hier die möglichste Ruhe bezeichnet werden. Es ist naheliegend, daß man in der Aufregung sofort beim Einlangen irgend etwas fragt, eine Anordnung trifft, gleich etwas anfaßt 2c. und sofort wieder alles widerrufen muß. Die umstehenden Leute, die man später vielleicht braucht, erhalten hierdurch den übelsten Eindruck und um das Ansehen und das Vertrauen in spätere Verfügungen ist es geschehen. Man schaue sich also schweigend die ganze Sachlage an, beobachte was sich darbietet, korrigiert die vielleicht schon erhaltene Vorstellung und sucht sich nach Thunlichkeit eine Einteilung für das weitere Vorgehen zu machen.

Das Nächste ist sohin, daß man eine Sicherung aller vorhandenen Spuren vornimmt, (darüber siehe Abschn. IX.), dann daß man die umstehenden Leute zu beseitigen sucht, aber auch gleichzeitig anordnet, daß jene, die vielleicht als Zeugen zu befragen sind, in der Nähe und leicht zu finden bleiben. Hat man die nötige Hilfe, so muß nach Möglichkeit gesorgt werden, daß die Zeugen untereinander nicht allzuviel schwätzen, weil hiedurch richtige Auffassung und die Wahrheit unbedingt leiden.

Sohin trachte man sich darüber klar zu werden, von wem man eine verläßliche Auskunft für die erste Arbeit bekommen kann: Ortspolizei, Bürgermeister, 2c. Man wird auch gut thun, sich gleich über die Verläßlichkeit solcher Leute zu unterrichten, die man naturgemäß zuerst befragt: Hausleute, Nachbarn, Verwandte. Ist man hierüber halbwegs klar, so stellt man zuerst fest, ob und welche Veränderungen an der Sachlage seit der Entdeckung vorgenommen wurden. Ist dies nämlich geschehen, und man hat davon keine Kenntnis, so kann heillose Verwirrung entstehen.

Nach allen diesen Vorbereitungen geht man an die eigentliche Arbeit und hält sich vor allem den goldenen alten Juristensatz vor Augen:

Quis, quid, ubi, quibus auxiliis, cur, quomodo, quando.
Wer, was, wo, womit, warum, wie und wann.

Wer diesen Satz kennt und befolgt, kann zum mindesten niemals ein grobes Uebersehen begehen. Er erleichtert die Arbeit, bildet eine fortwährende Ueberprüfung, und verhindert plan- und zweckloses Arbeiten. Durch ihn ist eigentlich das ganze weitere Vorgehen gekennzeichnet, und es ist nur weniges beizufügen. Vor allem trachte man in den Vorgang eine gewisse Ordnung zu bringen, und das einmal Begonnene vorläufig zu Ende zu führen, was namentlich auch bei der Beschreibung von Wichtigkeit ist. Wo man hiebei anfängt, ist ziemlich gleichgiltig, hat man aber einmal in einer gewissen Richtung zu arbeiten begonnen, so bleibe man auch dabei. Im besonderen merke:

1) Bevor man irgend etwas angreift, muß unbedingt genaue Beschreibung, Zeichnung, womöglich Photographie, vorausgegangen sein. Im Anfange weiß man niemals was wichtig und was gleichgiltig ist, ein einziger unglücklicher Griff kann unwiederbringlichen Schaden hervorrufen.

2) Bei allen Angaben muß nicht bloß das angeführt werden, was einen Erfolg gehabt hat, sondern auch alles, was überhaupt geschehen ist, damit der Leser die Ueberzeugung erhält, es sei nichts übersehen worden: z. B. „dort und da sind keine Blutspuren", „im Waschbecken findet sich kein blutiges Wasser", eine Untersuchung des Abortes war erfolglos", „im Ofen findet sich kein verbranntes Papier" &c. Dies ist nämlich die einzige Möglichkeit, sich gegen den Vorwurf eines Uebersehens zu schützen.

3) Bei allen Beschreibungen und Zeichnungen müssen unbedingt die Weltgegenden als das einzig bleibende und zweifellose angegeben werden.

4) Alle Messungen müssen genau und verläßlich sein; man darf nicht etwa schätzen, daß dies 25 Centimeter sein dürften, und dann die 25 Centimeter als gefundenes Maß eintragen; heute scheint es gleichgiltig, später kann es gerade auf einen Centimeter ankommen.

5) Bei Entfernungsangaben messe man immer von einem bleibenden Punkt; also nicht: 30 Centimeter vom Kopfe der Leiche, sondern 50 Centimeter vom Apfelbaum A der Skizze. Es kann natürlich auch wichtig sein, zu wissen, wie weit es von der Leiche war, aber es muß dann auch zur Kontrolle ein fixer Punkt angegeben werden.

6) Ausdrücke, wie „ziemlich, unbedeutend, in der Nähe" &c. dürfen grundsätzlich nicht gebraucht werden, da man z. B. unter „ziemlich weit" alles mögliche verstehen kann. Auch mit den Worten „rechts" und „links" sei man vorsichtig; man darf freilich sagen: „an der linken Hand der Leiche", nicht aber „rechts vom Eingange".

7) Besonderes Augenmerk richte man auf alles vom Thäter zurückgelassene. Daß man sich um solche Dinge kümmert, ist

wohl selbstverständlich, man übersieht aber häufig zweierlei: Manches ist wirklich vom Thäter zurückgelassen und wird als zum Hause gehörig angesehen und umgekehrt: Manches gehört doch zum Hause und wird als corpus delicti angesehen, weil es den Umstehenden zufällig fremd ist und manchmal wird etwas wirklich vom Thäter hingelegt, aber nur zur Täuschung der Behörden. Für alle diese Fälle ist größte Vorsicht nötig.

8) Hat man im Laufe der Erhebungen über den Hergang eine bestimmte Auffassung oder eine andere bekommen, als man ursprünglich hatte, so müssen alle Notizen, oder Protokollierungen, die man vorgenommen hat, auf das hin wieder durchgesehen werden; man wird dann erst entdecken, wie verschieden man die einfachsten Sachen ansieht.

9) Niemals vergesse man, daß in den Strafsachen meistens die allerkleinsten und scheinbar unbedeutendsten Dinge die größte Rolle spielen; später erinnert man sich oft an dieselben, weiß aber z. B. die Lage oder ähnliches heute wichtiges nicht mehr zu bestimmen.

10) Wenn anders thunlich, suche man eine Bewachung des Thatortes durchzuführen, wenn man sich entfernt hat. Es ist schon oft geschehen, daß der Thäter erst später wichtige Aenderungen vorgenommen hat, man hat aber auch die ganz seltsame Beobachtung gemacht, daß der Thäter später wiederholt, wie von einer Gewalt getrieben, auf den Thatort kommt, und sich den Schauplatz seiner Thätigkeit betrachtet. Eine große Zahl von Entdeckungen ist der Kenntnis dieses Umstandes zuzuschreiben.

2. Aufsuchen von Verborgenem.

Hiebei können allerdings einige kleine Kunstgriffe wesentliche Hilfe bringen. Selbstverständlich ist, daß die Leute bei einiger Schlauheit recht unauffällige Verstecke wählen, was dadurch erleichtert wird, daß die zu verbergenden Gegenstände in der Regel geringen Umfanges sind (Geld, Kostbarkeiten, Papiere.) Als Beispiele, wo solche Gegenstände mitunter verborgen werden, sei angeführt: Vogelbauer, Roßhaar eines Sophas, Krippe im Kuhstall, Hundehütte, alte Zeitungen, Medizinschachtel, Düngerhaufen, 2c.; eine falsche Banknote war in der Höhlung eines alten Schlüssels, wichtige Papiere zwischen den Windeln eines Säuglings und gestohlene Goldstücke hatte man in die auf dem Herde siedende Suppe geworfen, als man den Gendarmen kommen sah.

So genau man also bei der Durchführung aller erdenklichen Schlupfwinkel sein muß, so beschränke man doch die Durchsuchung einer Person auf die äußersten Fälle, obwohl es sich nicht leugnen läßt, daß hiebei häufig die wichtigsten Entdeckungen gemacht werden. Merke:

1) Liegt Verdacht vor, daß sich Dinge in der Mauer befinden, so erübrigt nichts anderes, als dieselbe nach bekannter Art, Punkt für Punkt abzuklopfen.

2) Unter dem Fußboden werden Sachen sehr häufig versteckt:

a) Sind es Dielen, so mußte man die Nägel herausziehen, was aber ohne Schädigung des um die Nagelköpfe liegenden Holzes nicht möglich ist. Untersucht man daher alle Nagelköpfe, womöglich mit einer Lupe, so muß man darauf kommen, wo vor kurzem ein Nagel herausgezogen war.

b) Bei Parquetten muß man die zwischen je zwei Tafeln angebrachte sogenannte Feder durchschneiden, wenn eine Tafel einzeln herausgehoben werden soll. Infolgedessen kann die Tafel nicht mehr ganz sicher eingefügt werden, und man entdeckt sie, wenn man mit ausgespreizten Beinen auf jeder Tafel hin- und herschaukelt; vielleicht findet man auch Schnittverletzungen, die beim Durchschneiden der Federn entstanden sind.

c) Ist der Boden gepflastert, so mußten einzelne Pflasterplatten herausgehoben und zuletzt die Fugen wieder mit Staub und Sand gefüllt werden. Diese Füllung ist aber nie so dicht, wie dann, wenn sie lange liegt; schüttet man also über den Pflasterboden rasch und viel Wasser, so steigen dort, wo das Pflaster gehoben war, deutliche Luftblasen auf.

3) Sind Sachen vergraben worden (im Keller oder im Freien), so hilft dasselbe Mittel mit dem Wasser ausgießen, weil auch dort, wo die Erde seit kurzem und locker liegt, die Luftblasen deutlich aufsteigen.

4) Im Freien Gegenstände zu suchen, gelingt wohl nur ausnahmsweise und durch Zufall; Aussichten auf Erfolg hat man bei dem Suchen von Leichen, was mit Hilfe von Spürhunden häufig gelingt; der Wert eines guten Spürhundes für unsere Arbeit wird unrichtiger Weise unterschätzt, denn gerade in diesen Fällen kann er Ueberraschendes leisten. Man achte übrigens auch darauf, daß schlecht verscharrte Leichen, beinahe immer von Füchsen entdeckt und ausgegraben werden; dann haben Raben und Krähen zu denselben Zutritt und verraten durch ihre Anwesenheit und ihr Geschrei den Fundort. Ist man daher auf der Suche nach einem Leichnam, so empfiehlt es sich dringend mit Hilfe der Lehrer die Schulkinder zur Beobachtung heranzuziehen, damit sie es melden, wenn sie auf dem Schulwege irgend eine Ansammlung von Krähen ꝛc. wahrnehmen.

IV. Abschnitt.

Ueber den Sachverständigen.

1. Allgemeines.

Was sich in dieser Richtung sagen läßt, muß sich darauf beschränken, aufmerksam zu machen, wann, wieweit, und unter welchen Bedingungen die verschiedenen Sachverständigen uns überhaupt helfen können. Selbstverständlich soll nicht im entferntesten dazu verleitet werden, irgend etwas selbst zu beurteilen, oder zu untersuchen, was dem Sachverständigen zukommt; es soll im Gegenteile darauf hingewiesen werden, daß die verschiedenen Sachverständigen kaum zu oft herangezogen werden können, und daß die größten Fehler in unseren Strafsachen dadurch geschehen sind, daß man es versäumt hat, Sachverständige zuhilfe zu nehmen.

Was also im folgenden gesagt wird, soll den Zweck haben, darauf hinzuweisen, wie weit das Können der einzelnen Sachverständigen reicht und wie vorgegangen werden muß, damit dem Sachverständigen der betreffende Gegenstand brauchbar geliefert wird. Wenn heute mitunter an Sachverständige die unsinnigsten, unmöglich zu beantwortenden Fragen gestellt werden, so liegt hieran nicht viel, jedenfalls kann dadurch kein großer Schaden angerichtet werden; wohl aber ist dies der Fall, wenn zu fragen überhaupt versäumt wird, oder wenn irgend ein corpus delicti in einem so bejammernswerten Zustande überbracht wird, daß der Sachverständige unmöglich damit etwas anfangen kann. Als Grundsatz halte man fest, daß nicht leicht zu viel an Gegenständen gebracht und nicht leicht zu viel gefragt werden kann — Schaden geschieht nur dann, wenn wichtige corpus delicti achtlos beiseite gelegt werden, und wenn man zu fragen versäumt. Dabei übersehe man nicht, daß außer den gewöhnlich befragten Sachverständigen, Aerzte, Chemiker und Mikroskopiker, eine große Menge von Sachverständigen wichtige Hilfe gewähren kann: fast jede Wissenschaft, fast jedes Handwerk und fast jede Hantierung kann für gewisse Fälle einen unschätzbaren Sachverständigen liefern.

2. Die Gerichtsärzte.

Man halte sich vor allem gegenwärtig, daß die gerichtliche Medizin heute viel vorsichtiger ist, als vor einigen Jahrzehnten und daß sie heute viel weniger mit Sicherheit zu beantworten wagt, als sie es noch vor kurzem gethan hat; wo sie aber antworten soll, da will sie vollkommen verläßliches und sicher gestelltes Material für ihre Arbeit haben. Es muß also entweder das Objekt selbst in vollkommen unversehrtem Zustande zuwege gebracht werden, oder wenn dies nicht möglich ist, so müssen die Auskünfte für den Gerichtsarzt mit peinlicher Genauigkeit und Verläßlichkeit beschafft werden. Nie darf man sich auf einzelne Angaben verlassen, nie darf man nur Eine

Möglichkeit im Auge behalten, und nie darf man vergessen, daß die menschliche Beobachtung gerade bei Krankheiten und Verletzungen den meisten Irrtümern ausgesetzt ist. Handelt es sich um Verletzungen, so darf man nicht annehmen, daß der Arzt ohnehin aus denselben alles ersehen werde, was notwendig ist, so daß immer eingehende Erhebungen notwendig sind. Handelt es sich um eine Sektion, so muß auch hier für den Arzt der ganze Verlauf der Erkrankung thunlichst genau erhoben werden, ja es ist auch oft notwendig, genau festzustellen, welchen Schicksalen der Körper seit dem Tode ausgesetzt gewesen ist. Es sei nur ein einziges Beispiel erwähnt: Eine Frau hatte sich in Selbstmordabsicht in einen tiefen Brunnen gestürzt; bei der Sektion fand man am Halse der Leiche deutliche Spuren von Zusammenschnürung durch einen Strick und so wurde angenommen, daß der Mann seine Frau erdrosselt und dann in den Brunnen geworfen hatte. Erst spät hat dann ein Gendarm erhoben, daß die Leute, welche die Leiche im Brunnen entdeckt hatten, sie nicht anders herauszubringen wußten, als dadurch, daß sie einen Strick um den Hals befestigten und so die Leiche herauszogen.

Außerdem ist auch bei dem Transport von Leichen oder Knochen 2c. für Schonung derselben zu sorgen und ebenso darauf zu achten, daß der Thatbestand bei der Auffindung einer Leiche immer wieder verläßlich sichergestellt werden kann. Dies gilt namentlich bei Wasserleichen, welche sofort geborgen werden und an welchen man häufig noch Wiederbelebungsversuche vornimmt.

Besondere Vorsicht ist bei der Agnoszierung von Leichen anzuwenden. Diese geschieht oft im ersten Augenblick nach irgend einer flüchtigen, oft sogar verdächtigen Aeußerung eines unverläßlichen Menschen, nach einem zufälligen Kennzeichen, einem bei der Leiche gefundenen Schriftstück 2c. Diese falsche Agnoszierung wird dann der Sektion zu Grunde gelegt und die größte Verwirrung kann fertig sein.

Hat man über Krankheitserscheinungen, z. B. bei Vergiftungen zu berichten, so verlasse man sich nie bloß auf die Angaben der Hausleute, da diese ja gerade die Schuldigen sein können; es muß daher der Kreis der Erhebungen in solchen Fällen möglichst weit ausgedehnt werden.

Hat man Gelegenheit gehabt, an einem Verdächtigen irgend etwas auffallendes an dessen Körper zu entdecken, so versäume man niemals dies anzuzeigen: Verletzungen, Narben, Verunstaltungen, Tättowierungen und andere besondere Kennzeichen — es ist Sache des Arztes, festzustellen, ob und welche Bedeutung der Sache beizumessen ist. —

Von größter Wichtigkeit ist es besonders bei Beschuldigten, welche irgend eine seltsame oder nicht recht zu erklärende That verübt haben, dann bei Zeugen, die vereinzelt eine wichtige oder abenteuerliche Beobachtung gemacht haben wollen, sicherzustellen, ob dieselben nicht etwa geisteskrank sind. Dies läßt sich durch die Beobachtung allein nicht immer untersuchen und ist es daher in solchen Fällen von größter Wichtigkeit, wenn sofort über frühere Ereignisse, welche den betreffenden Menschen angehen, Erhebungen gepflogen werden; sie müssen sich oft auch auf weit zurückliegende Zeiten erstrecken. Hieher gehören namentlich: Vorausgegangene alte Kopfverletzungen, Krämpfe, in der Kindheit und auch später; Absonderlichkeiten im Wesen und Benehmen; merkwürdige Aeußerungen über Stimmenhören, über erlittene Verfolgungen oder über den Besitz von Schätzen, Kenntnissen oder Leistungen; plötzliche Aenderungen in Gewohnheiten, Wesen, Charakter und Benehmen; dann Trunkenheit, Schlaflosigkeit, Unruhe, verschiedene Beschwerden rc.; Menschenscheu, Red- und Schreibseligkeit; Unlust zur Arbeit und gewohnten Thätigkeit; besondere, nicht recht erklärliche Nebenumstände bei der That; Abnahme des Gedächtnisses, Verstimmung, Reizbarkeit; Hang zum Vagabundieren, plötzliche geschlechtliche Exzesse; endlich Geisteskrankheiten, Selbstmord, Trunksucht, Krämpfe, Sonderbarkeiten in der Verwandtschaft rc. Alle diese Umstände sind für den Arzt von größter Wichtigkeit und sollen ohne weiters sorgfältig erhoben werden.

Nicht zu übersehen sind endlich auch andere Umstände bei Beschuldigten und Zeugen, die sich darauf beziehen, ob die Leute z. B. Schlafwandler sind, ob sie sich leicht Dinge einreden lassen, ob sie an Farbenblindheit leiden, ob sie Rechts- oder Linkshänder sind rc., alles das will beobachtet werden, weil es unter Umständen von größter Wichtigkeit sein kann.

3. Die Mikroskopiker.

Diese werden heute meist nur in Fragen von Blut- und Samenuntersuchungen, bei Feststellungen von Haaren rc. verwendet, obwohl sie bei dem hohen Stande ihres Wissens in unzähligen Fällen helfen können. Man hat sich einfach vorzustellen, ob es von Nutzen wäre, wenn man einen Gegenstand noch genauer ansehen könnte, als es mit freiem Auge möglich ist und wenn man diese Frage bejaht, so kann man sich selbst sagen, daß es sich um einen Fall handelt, in welchem der Mikroskopiker Hilfe leisten kann. Allerdings ist der Kreis dieser Hilfeleistung sehr weit gezogen.

a) Bei Blutspuren. Wie diesfalls vorgegangen werden soll, wird später erörtert werden; hier sei nur darauf aufmerksam gemacht, daß der Mikroskopiker heute sehr viel leisten kann, wenn ihm in verständiger Weise die Blutspuren verschafft werden, wenn man sich um alles kümmert, was eine Blutspur ist oder sein kann, und wenn man mit dem betreffenden Gegenstande möglichst vorsichtig umgeht und ihn nicht durch Feuchtigkeit, Drücken oder Reiben schädigt. Man wisse, daß heute nicht nur Tier- und Menschenblut, sondern auch letzteres nach seinem Herkommen unterschieden werden kann: Blut von Verletzungen oder von Blutbrechen oder von Menstrualblut rc.; überall handelt es sich darum, daß das Blut möglichst schonend behandelt und dem Sachverständigen möglichst rasch überbracht wird.

b) Bei Exkrementen. Die Fälle, in welchen die mikroskopische Untersuchung der Exkremente von größter Wichtigkeit sein kann, sind sehr zahlreich, und äußern sich namentlich dort, wo es zu wissen von Belang sein kann, was der Betreffende zuletzt gegessen hat. Die Verdauung ist doch verhältnismäßig nicht sehr gründlich, eine Menge von Gegenständen geht unverdaut ab, und so kann aus den Exkrementen viel erschlossen werden. Man halte sich diese Punkte gegenwärtig und wird dann immer wissen, ob es von Belang ist, sich aufgefundener Exkremente zu versichern; es handelt sich immer nur darum, auch bei solchen Dingen zu überlegen, ob und welche Folgen eine genaue Untersuchung haben kann.

c) Bei Haaren. Daß man aufgefundene Haare z. B. aus der Hand der Leiche verwahrt, ist selbstverständlich. Da es oft sehr wichtig ist, zu wissen, wie und wo die Haare gelegen sind, so muß eine Zeichnung angefügt werden; man legt seine eigene Hand mit etwas gespreizten Fingern auf ein Blatt Papier und fährt mit einem Bleistift rings am Rande um die Finger herum, so daß man eine ungefähre Zeichnung einer Hand hat; auf dieser werden dann durch einfache gerade Striche die Haare dort eingezeichnet, wo sie in Wirklichkeit lagen.

Sagen kann der Sachverständige: ob es sich um Pflanzenfaser oder Tierhaare handelt, ob Tier- oder Menschenhaare vorliegen, von welchem Tiere oder von welchem menschlichen Körperteile sie stammen, mitunter auch ob das Haar einem alten oder jungen Menschen gehörte — aber sehr selten kann bestimmt gesagt werden, ob ein Haar gerade von diesem oder jenem Menschen stammt.

Bei Leichenagnoszierungen merke man, daß Haare sehr oft, namentlich in feuchten Gräbern oder unter dem Einflusse von Faulungsflüssigkeit oder aber in großer Trockenheit die Farbe ändern: dunkle Haare werden heller, fast grau oder fuchsigrot, helle Haare dunkeln nach, kurz auf die Farbe kommt es in solchen Fällen nicht an.

Unter Umständen ist es auch gut, menschliche Haare in absolut reinen, weithalsigen und wohlverkorkten Flaschen zu verwahren, weil Haare Gase, Gerüche ꝛc. sehr stark anziehen, so daß daraus Schlüsse gezogen werden können.

d) Bei Schriftfälschungen. Liegt Verdacht vor, daß jemand eine Urkunde gefälscht, einen Brief strafbaren Inhaltes geschrieben oder sonst ein Delikt mit Schreibmaterialien begangen hat, so muß bei der Haussuchung das Augenmerk auf möglichst viel Material gerichtet werden. Wichtig kann sein nicht bloß Tinte, Federn, Bleistift und Papier, sondern auch Schreibunterlagen, Radiergummi, Farben, Vergrößerungsgläser, Radiermesser, und alles, woraus das Papier entnommen worden sein kann. Häufig wagt es der Thäter nicht, das Papier aus seinem, beim Händler gekauften Vorrate zu nehmen — er reißt dann z. B. ein Blatt (vorn oder hinten) aus einem Buche, oder aus den Schulheften seiner Kinder ꝛc., worauf daher sorgfältig zu achten ist. Oft finden sich auch Vorlagen und Uebungen, wenn der Thäter sich auf seine Arbeit vorbereitet hat.

e) Bei Stoffen, Fäden ꝛc. Was da geleistet werden kann, wird in der Regel unterschätzt, obwohl die Hauptthätigkeit, die hier entwickelt wird: Feststellung der Identität, wichtig genug ist. Man erwäge, daß zwar eine weiße Leinwand gerade so aussieht, wie die andere gleicher Gattung, und daß man zwar mit freiem Auge einen schwarzen Faden nicht vom andern unterscheiden kann: wenn aber der Mikroskopiker den Stoff, den Faden ꝛc. zerlegt und vielfach vergrößert studiert, so kann er mit aller Sicherheit sagen, ob sie zusammengehören oder nicht. Die Hauptsache ist also, daß man überhaupt die Möglichkeit dieser Hilfe kennt und berücksichtigt, und daß man dann entsprechende Mühe und Sorgfalt aufwendet, um das Vergleichsobjekt zu finden. Freilich kann man nicht mit einem am Thatorte gefundenen Fetzchen herumlaufen, um den dazu gehörigen Stoff zu suchen, man muß erst einmal auf jemanden anderweitig Verdacht haben. Dann aber muß alles aufgewendet werden, um bei ihm nach dem Vergleichsobjekte zu suchen. Das ist namentlich dann schwierig, wenn das Objekt klein ist, oder vielleicht bloß einen oder mehrere Fäden bildet, es genügt aber, wenn ein Vergleichsgegenstand gefunden wird. Fälle, in welchen diesfalls zu arbeiten wäre, ergeben sich genug: abgerissene Fetzen von den Kleidern des Thäters, Stoffe die bei einem Schusse zum Einbinden der Schrote oder als „Pflaster" verwendet wurden, Fäden, mit welchen irgend eine Vorrichtung hergestellt wurde, Erhebungen, ob ein Taschentuch aus einem bestimmten Dutzend stammt; Feststellung, wie ein ausgetrenntes Zeichen früher aussah, Erhebung, welcher Beschaffenheit winzige Flöckchen sind, die z. B. an einem Dornstrauch, einem vorstehenden Nagel, einem Werkzeuge ꝛc. hängen geblieben sind, in einem Messer oder sonst wo gefunden wurden; Feststellung über Fadenreste aus einer zurückgelassenen Kopfbedeckung, einem abgerissenen Knopf ꝛc. — kurz, nicht leicht zeigt sich die Findigkeit und Sorgfalt des Erhebenden so deutlich, als in dem Suchen und Finden von solch winzigen Objekten, aus dem der Sachverständige das Wichtigste entdecken kann.

f) Untersuchung von Verunreinigungen. Diese sind fast noch wichtiger. Natürlich muß man auch hier einen Gegenstand haben, um weiter suchen zu können, aber diesen zu finden und an seine Wichtigkeit zu denken, ist eben Sache des geschickten Kriminalisten. Nehmen wir z. B. Waffen und Werkzeuge vor. Schmutz bildet sich namentlich beim Gebrauch — wozu aber eine Waffe, ein Werkzeug gebraucht wurde, ist für uns oft die Hauptsache. Vor allem ist der Gebrauch vor der That wichtig, da sich an dem Werkzeuge Schmutzspuren gerade vom besonderen Gebrauche finden werden. Sagen wir, am Thatorte sei ein Hammer zurückgelassen worden, so wird sein Stiel viel Schmutz vom Anfassen aufweisen. Der Hammer des Schreiners von Leim, der des Schusters von Pech, der des Anstreichers von Farbe, der des Drechslers von Politur, der des Schmiedes von Eisen ꝛc., und das alles kann der Mikroskopiker herausfinden und bestimmen. Oder: was für Mengen von Staub und Schmutz enthält jedes Taschenmesser in den Falzen und Spalten! Wird das untersucht, so findet man ganz verschiedene Restchen, je nach dem Stande und der Beschäftigung des Besitzers, und die Untersuchung kann Hinweisungen darauf machen. Noch wichtiger kann es im umgekehrten Falle sein, wenn man beim Verdächtigten ein Werkzeug findet, welches bei der That gebraucht worden sein kann; abgesehen von Blutspuren, namentlich in den Oesen des Werkzeuges, in den Spalten und Sprüngen des Holzstieles 2c., können sich noch Spuren von Stoffen, Farbe, Abschilferungen finden, z. B. an einem Stemmeisen eine Spur von Ziegelmehl, durch das Andrücken beim Einbruch; an einem Messer Spuren von Holzrinde; an einer Hacke ein Restchen von einem Stofffaden; Andeutungen von Sägemehl in den Zähnen der verwendeten Säge 2c. Ebenso wichtig kann auch in den verschiedensten Fällen der Schmutz unter den Fingernägeln des Verdächtigen sein, dessen man sich gegebenen Falles zu versichern hat.

Aber mit dem Darandenken, Suchen und Finden solcher wichtiger, meistens sehr kleiner und zarter Dinge ist es nicht abgethan, sie müssen auch auf das sorgfältigste verwahrt werden. Hier ist zweierlei zu berücksichtigen: man hat die betreffende Verunreinigung entdeckt oder vermutet sie nur auf einem Gegenstande. Im ersten Falle thut man sehr gut, wenn man sie von ihrem Sitze nicht entfernt, sondern womöglich samt dem Werkzeuge verwahrt. Jedenfalls geht man sowohl mit der abgenommenen Verunreinigung, als mit dem Werkzeuge, auf dem sie sich befindet, oder befinden könnte, auf das sorgsamste um und trägt dafür Sorge, daß ein Abreiben oder Verlorengehen ausgeschlossen wird.

Dies ist besonders wichtig, wenn es sich um Staub handelt, der in so vielen Straffällen schon eine große Rolle gespielt hat: Staub auf den Schuhen, in Kleidern, auf Einrichtungsstücken, in Messern, kurz auf allem, auf was überhaupt Staub fallen kann. Besondere Wichtigkeit hat mit Wasser gemischter Staub, d. i. Kot, gefunden, also z. B. an den Sohlen, an Wagenrädern, an Pferdefüßen 2c., da durch die Untersuchung dieses Kotes festgestellt werden konnte, woher er stammt. Dies ist namentlich dann der Fall, wenn dieser Kot durch gewisse Umstände eine besondere, leicht kenntliche Beschaffenheit erhalten hat. Gleiche Bewandtnis hat es mit Schmutzflecken, hauptsächlich auf Kleidern, da deren Beschaffenheit oft den ganzen Hergang erzählen kann. Freilich ist ihr Auffinden und die Verwahrung derselben von besonderer Schwierigkeit.

4. Die Chemiker.

Das meiste aus der Thätigkeit der Chemiker wurde schon beim Mikroskopiker besprochen. Hier ist namentlich noch auf die Thätigkeit der Chemiker bei Vergiftungen Rücksicht zu nehmen und zu erwähnen, daß man besonders bezüglich der Zeit, nach welcher und den Mengen, mit welchen die Chemiker noch arbeiten können, vielfache Unterschätzungen begeht. Ob es dem Chemiker möglich ist, noch eine Aeußerung abzugeben, dies zu erwägen ist seine Sache, unsere ist es immer das Bejahende anzunehmen und noch nach Objekten zu suchen, wenn der Fall auch noch so verzweifelt aussieht. Gewisse Gifte können noch nach Jahren nachgewiesen werden, und man kann noch wichtiges Material z. B. von einem Fußboden gewinnen, auf den sich ein Vergifteter erbrochen hat, auch wenn der Fußboden seither wiederholt gescheuert wurde. Daß man beim Sammeln und Verwahren solcher oft winziger Objekte mit der größten Reinlichkeit und Sorgfalt vorgehen muß, ist selbstverständlich.

Welche unzähligen Fälle der Chemiker (und zwar meistens zusammen mit dem Mikroskopiker) aufklären kann, läßt sich nicht aufzählen; man hat festzuhalten, daß es seine Sache ist, auch aus winzigen Mengen deren Beschaffenheit, Herkommen und ihre Wirkung festzustellen.

5. Die Physiker.

Diese Sachverständigen werden viel zu wenig herangezogen. Im allgemeinen läßt sich sagen, daß sie überall dort Verwendung finden sollten, wo es sich um Naturerscheinungen handelt, die zwar der Laie auch beobachten kann, bei welchen es sich aber um genauere Kenntnis, Beobachtung mit eigenen Instrumenten und Erklärung der Naturgesetze handelt. Als Beispiele wären zu erwähnen: Die Wirkung von Wärme und Kälte, von Wurf, Stoß und Druck, von Feuchtigkeit und Trockenheit, von Magnetismus und Elektrizität, von Licht und Finsternis, Entstehung von Beschädigungen, Bruchstellen, Rissen und Sprüngen, von Zerstörungen, Explosionen und allmählichem Verderben, kurz immer dann, wenn es sich um Ursache und Wirkung, bei wichtigen Folgen handelt und die Frage nicht einem anderen Sachverständigen zusteht. Allerdings hat der Kriminalist die erste Beobachtung dahin zu machen, daß es sich um eine wichtige Wirkung einer Naturkraft handelt, was sicher nicht leicht ist. Man hilft sich aber, wenn man immer und immer um Wirkung und Ursache fragt, d. h. wenn man sich bei jeder Erscheinung nach dem „W a r u m" umsieht. Ist die Antwort nicht ganz einfach, so liegt ein Fall vor, in welchem der Sachverständige helfen muß.

6. Die Mineralogen, Zoologen und Botaniker.

Der Mineraloge wird in der Regel als Aushilfe für den Mikroskopiker und Chemiker, der Zoologe und Botaniker als Hilfe für den Arzt Verwendung finden. Hat also z. B. der Mikroskopiker Staub oder Kot von einer Beschuhung gefunden und untersucht, so wird es Sache des Mineralogen sein, zu bestimmen, von welchen Gesteinen der Staub herrührt, wo dieselben zu finden sind rc. Natürlich findet er auch selbständige Verwendung, wenn es sich um die Bestimmung ganzer Stücke handelt.

Der Zoologe kann namentlich helfen, bei der Untersuchung von Tierhaaren, bei gewissen Giften, Verletzungen rc.

Wichtig ist der Botaniker, welcher bei manchen Vergiftungen, bei der Untersuchung von aufgefundenen Heilmitteln oder von Resten von Pflanzen heranzuziehen ist. In solchen Fällen ist die Art der Verwahrung von besonderer Wichtigkeit. Sagen wir, es sei bei einer Vergiftung bei dem vielleicht noch lebenden Vergifteten in den Mundwinkeln, im Bart, auf dem Kopfpolster, in seinem Sacktuch ein winziges Restchen der Blattspitze einer Pflanze entdeckt worden. Hieraus vermag der Botaniker mit voller Sicherheit zu bestimmen, um welche Pflanze es sich handelt; dies kann er aber nicht mehr thun, wenn die Blattspitze vertrocknet ist. Es würde sich also in einem solchen Falle darum handeln, das Restchen in einem absolut reinen Fläschchen mit einigen Tropfen ebenfalls vollkommen reinem Wasser zu verwahren.

Daß der Botaniker auch bei der Bestimmung von Pflanzenfasern aus Stoffen und Fäden, von Papier und unzähligen ähnlichen Stoffen mitzuarbeiten hat, ist selbstverständlich.

7. Die Sachverständigen im Schießfache.

Hier ist nur zu erwähnen, daß in dieser Richtung dadurch grobe Fehler entstehen, daß man sich häufig nur eines Büchsenmachers bedient. Vor allem macht der heutige Büchsenmacher keine Schießwaffen mehr selbst, dieselben sind fast ausschließlich Fabrikarbeit, und der Büchsenmacher beschäftigt sich nur mit dem Zusammenstellen der Bestandteile oder mit Ausbesserungen. Günstigsten Falles kann er sich nur darüber äußern, wie die Waffe heißt, wozu sie dient, wo sie gemacht wurde, was sie wert ist, und welche Wirkung sie vielleicht haben kann. Will man genaueres und sicheres wissen, so muß man je nach dem Falle, Jäger, Waffentechniker, Waffenoffiziere, Physiker und auch Waffenliebhaber fragen.

8. Der Photograph.

Die ungeheuere Wichtigkeit der Photographie läßt sich kaum in Einzelfällen aufzählen; es ist nur zu sagen, daß man dieselbe nicht oft genug heranziehen kann, und daß man immer trachten soll, eine Photographie zu erhalten, wenn man:

a) eine Sachlage vor sich hat, welche später nicht mehr beschafft werden kann, wobei man aber gut thut, dieselbe (z. B. die Lage eines Ermordeten, eine Brandstätte) von so vielen Seiten als möglich photographieren zu lassen; man weiß im Anfange selten, welche Seite die wichtige ist;

b) wenn man den Eindruck hat, daß man aus einer bestimmten Sachlage und den geänderten Verhältnissen vielleicht eine bessere Auffassung erhalten könnte;

c) wenn es sich um die Vergrößerung einer im kleinen nicht deutlichen Sache handelt.

An einzelnen Fällen wäre zu erwähnen das Photographieren des Thatortes, der Fußspuren, von Blutspuren, auch wenn sie schon zu beseitigen getrachtet wurden, der Hände des Verdächtigen, von Fingerabdrücken der Verdächtigten bei vermuteter Gegenwehr, der Schleimhäute des Verdauungstraktes bei vermuteten Giftmorden, von Maschinen bei Unglücksfällen, bei Urkunden, bei Wunden, die sich rasch ändern 2c.

Läßt man selbst eine Photographie aufnehmen, so merke:

a) unbedingt muß Größenverhältnis, Maßstab, Datum, Witterung und Beleuchtung notiert werden;

b) immer ist anzugeben, ob die Photographie (namentlich bezüglich der Größe, Erscheinung, Neigung von Terrainunebenheiten 2c.) den richtigen Eindruck macht;

c) weiter ist zu notieren, warum die Photographie angefertigt wurde, und was man damit beweisen wollte;

d) an der Photographie darf niemals das Mindeste retouchiert werden; sie soll nicht schön, muß aber richtig sein;

e) photographiert man einen Menschen, so nimmt man ihn einmal von vorne (en face) und einmal von der Seite (im Profil) auf;

f) wird eine Sachlage im Freien oder in einem Zimmer aufgenommen, so trachte man, eine kleine und eine möglichst graße Aufnahme zu bekommen, und notiere, welche von beiden den richtigeren Eindruck macht; dieser wechselt nämlich je nach der Größe oft sehr bedeutend;

g) hat man die Wahl zwischen einem Berufsphotographen und einem Amateur, so nehme man den letzteren, denn dieser betreibt die Sache aus Passion und bringt ihr daher größeres Interesse entgegen. In der Regel handelt es sich viel weniger darum, daß eine Photographie für unsere Zwecke technisch besonders gut sein muß, die Hauptsache liegt darin, daß man wußte, um was es sich handelt, und daß man mit Verständnis, Interesse und Gewissenhaftigkeit zu Werke gegangen ist.

V. Abschnitt.

Gaunerpraktiken.

1. Aenderung des Aussehens.

Die hieher gehörigen Fragen äußern ihre Wichtigkeit einerseits beim Aufsuchen und Identifizieren gesuchter Personen, anderseits in der Aufnahme und Wiedergabe von Personenbeschreibungen. Man merke namentlich, daß es nur sehr weniges gibt, was durchaus nicht an der Erscheinung eines Menschen geändert werden kann, und weiter, daß es als Regel gelten darf: der Anfänger oder Ungeschickte begeht das Verbrechen in unveränderter Erscheinung und flieht in falscher Maske, der Geübte verändert sein Aussehen vor der That und erscheint nach derselben in seiner natürlichen Form. Das letztere ist natürlich viel gefährlicher, da man bei einem etwa Verhafteten die Maske leicht entdeckt und da der Thäter doch auch diese nach der That nicht immer beibehalten kann.

Im einzelnen sei erwähnt:

Kleidung macht schon sehr viel aus: auffallend stutzerhafter Anzug und dann sehr solide, elegante Kleidung, oder armseliger Arbeiteranzug und später feine Kleider, ebenso: einmal recht bunt und dann priesterartig schwarz macht überraschend viel aus, wie jeder aus Erfahrung weiß.

Gesichtsfarbe ist einer der wichtigsten Punkte, und mit den modernen, vortrefflichen Theaterschminken läßt sich sehr viel erreichen. Wenn sich einer recht blaß schminkt, dazu vorgebeugt geht und beständig hüstelt und später blühend aussieht, so genügt dies allein, um ihn vielleicht völlig unkenntlich zu machen. Außerdem läßt sich die Gesichtsfarbe auch wenn nötig, recht dauerhaft färben, z. B. mit übermangansaurem Kali in jeder beliebigen Abstufung brünett machen; diese Farbe läßt sich reiben und waschen und vergeht nur nach längerer Zeit.

Haar und Bart können heute vortrefflich gefärbt, ergänzt, auch abgedeckt werden, und wenn einer z. B. mit künstlicher Glatze erscheint (etwa abends und für kürzere Zeit) und später seinen üppigen Haarwuchs wieder zur Geltung kommen läßt, so genügt dies allein zum Unkenntlichmachen. Was da übrigens geleistet werden kann, ist bekannt genug.

Gestalt läßt sich nicht bloß dünner und stärker, gerade und gebeugt, bucklig und normal, sondern auch nicht unbeträchtlich kleiner machen, wenn einer z. B. mit langem Ueberzieher und gebeugten Knieen erscheint, was ja auf kurze Zeit, bei Betrügereien 2c. möglich ist.

Gliedmaßen lassen sich auch verstellen und es kann z. B. ebensogut ein wirklich einarmiger mit künstlichem Arm erscheinen, wie einer, der beide Arme hat, einen davon verbergen und scheinbar einarmig auftreten kann.

Warzen, Muttermale, Sommersprossen, Gesichtsausschlag 2c. lassen sich ebenso leicht als täuschend künstlich machen; schwieriger ist es freilich, diese Dinge rasch zu beseitigen, wenn sie wirklich vorhanden sind. Allerdings heilen Operationen von Warzen, Muttermalen 2c. in so überraschend kurzer Zeit und ist die kosmetische ärztliche Kunst so weit vorgeschritten, daß auch in dieser Richtung nichts als unmöglich bezeichnet werden kann.

Zähne beweisen gar nichts. Daß fehlende leicht ersetzbar sind, ist bekannt genug, aber auch vorhandene können für kurze Zeit gefärbt oder durch geschickt aufgelegte Pasten als fehlend vorgetäuscht werden; dann erscheint einer etwa mit so schadhaftem Gebiß, daß man vermeint, er habe nur wenige schwarze Zähne im Munde — eine Stunde später besitzt er wieder sein eigenes, tadelloses, weißes Gebiß.

Nasen können zwar nicht kleiner, wohl aber größer gemacht werden, indem z. B. aus gewissen, sorgfältig gefärbten Wachspasten (auch Kautschuk soll benützt werden) eine riesige Adlernase über eine kleine Stumpfnase aufgesetzt wird. Mit Hilfe richtiger Schminken kann die Ansatzstelle als vollkommen unkenntlich hergestellt werden, und wie sehr eine falsche Nase, auch wenn sie ganz roh aus rotem Blech aufgesetzt wird, das Aussehen ändert, weiß man zur Genüge.

Augenfarbe scheint unverstellbar, ist es aber doch; eine Frau hatte falsche Banknoten gegen echte eingewechselt, und wurde beschrieben als mit auffallend großen, dunkelschwarzen Augen versehen. In Wirklichkeit hatte sie kleine, hellblaue Augen, hatte aber vor ihrem Erscheinen im Bankhause eine tüchtige Dosis Belladonna eingenommen, wodurch die Pupillen so erweitert wurden, daß von der blauen Iris nur ein ganz dünner, kaum sichtbarer Reif übrig blieb. Die riesigen Pupillen täuschten dann freilich große schwarze Augen vor.

Selbstverständlich begnügt sich einer bei einem wichtigen Verbrechen nicht mit einer einzigen dieser Simulationen und stellen wir uns vor, daß er nun mit veränderter Kleidung, gut verändertem Dialekt, anderer Stimme und mit einer größeren Anzahl der genannten körperlichen Aenderungen auftritt — so bekommen wir die richtige Wertschätzung unserer Steckbriefe und sonstigen Personbeschreibungen. Hiezu kommt noch, daß es jedem Gauner leicht wird, die Beschreibung zu erfahren, unter der man ihn sucht; entweder vermitteln dies die Tagesblätter, oder er verschafft sich bei einem Trödler, Händler ꝛc. unter irgend einem Vorwande Einsicht in das betreffende Polizei- oder Spähblatt. Diese Blätter müssen aber auch in die Hände gewisser Geschäftsleute gelangen, da sie sonst ihrem Zwecke nicht nachkommen würden.

Aendern läßt sich an diesen Mißlichkeiten gar nichts, es kann nur der durch sie anzurichtende Schaden sehr wesentlich eingeschränkt werden, wenn man sich stets vor Augen hält, welche eingehenden Veränderungen überhaupt möglich sind, wenn man dies sowohl bei Beschreibungen als bei Identifizierungen in Rechnung zieht und wenn man sich gegebenen Falles die nötigen Belehrungen und Aufklärungen nicht bloß von Aerzten, Zahnärzten und Orthopäden, sondern auch von Bandagisten, Kosmetikern, Theaterfriseuren und nicht zuletzt von in Toilettenkünsten erfahrenen Frauen geben läßt. Scharfblick, Ueberlegung und Kombinationsgabe muß denn auch hier das übrige thun.

2. Falsche Namen.

Bis vor ganz kurzer Zeit haben falsche Namensangaben der Verhafteten die größten Schwierigkeiten geboten; diese sind wesentlich vermindert, seitdem das Bertillon'sche Meßverfahren, die Anthropometrie, immer größere Verbreitung findet. Da nun in den meisten großen Städten jeder Eingelieferte zu Erkennungszwecken so genau vermessen wird, daß er unbedingt wieder entdeckt werden muß, so kommt es überhaupt nur mehr selten vor, daß ein, schon einmal Vermessener bei der nächsten Aufnahme einen falschen Namen angibt; er sieht das Vergebliche einer Falschnennung ein und gibt den richtigen Namen an. Gleichwohl kommen Falschnennungen noch häufig genug vor: einerseits wird leider noch nicht überall nach Bertillon vorgegangen und andererseits muß ja nicht jeder, der Gründe hat, sich falsch zu melden, schon einmal bestraft worden sein, so daß nicht eine Vermessung von ihm vorliegen muß. Uebrigens ist es unter Umständen auch nicht ganz einfach, sofort zu wissen, wo einer vermessen worden ist, da man doch nur in wichtigen Fällen die Vermessungskarte an alle Erkennungsämter der Welt schicken wird. Endlich hat die Anthropometrie trotz aller ihrer Feinheiten kein Mittel entdeckt, wie man gleich bei der ersten Vermessung entdecken kann, ob einer seinen richtigen Namen 2c. angegeben hat. Wird aber hier in der Vermessungskarte ein falscher Namen eingetragen, so erbt sich dieser Fehler fort, bis er einmal, jedenfalls nur durch Zufall, entdeckt wird. Für alle diese Fälle, in welchem die Anthropometrie ihre Dienste versagt, oder wo das von ihr Gebotene einer Ergänzung bedarf, bleiben noch immer die alten Regeln aufrecht, welche bei den ebenso verdrießlichen als gefährlichen Falschnennungen früher benützt wurden.

Daß einer einen falschen Namen angibt, ist in der Regel nicht schwer zu entdecken, entweder hat er keine Papiere oder es findet sich in denselben irgend ein Widerspruch, sei es, daß man eine Fälschung entdeckt, oder daß die Personsbeschreibung nicht recht stimmt; außerdem soll in erster Linie das psychologische Moment helfen: man muß aus dem ganzen Wesen und dem Auftreten des Mannes entnehmen, daß bei ihm etwas nicht in der Ordnung ist. Dies läßt sich nicht lehren, guter Wille, Scharfblick und Aufmerken muß hiebei alles thun. Hat man den Verdacht, daß sich der Mann eines falschen Namens bedient, so ist vor allem zu unterscheiden, ob er Papiere hat oder nicht. Hat er welche, und es ist in denselben keine Fälschung wahrzunehmen, oder keine solche, durch welche die ausstellende Behörde zweifelhaft wird, so sendet man das Dokument selbstverständlich an diese Behörde, welche dann sagen kann, was für eine Bewandtnis es damit hat oder, wenn etwa der Name des Trägers verfälscht wurde, für wen es ursprünglich ausgestellt war. Hiebei genügt es unter keiner Bedingung, bloß das Dokument zu senden; auch das Mitgeben einer, wenn auch guten Photographie schützt nicht vor Irrtümern, da das Erkennen von Photographien nicht jedermanns Sache ist und man schon die gröblichsten Verwechslungen erfahren hat. Sicher geht man nur, wenn man ein mit dem Inhaber des Dokumentes aufgenommenes Protokoll über seine Familienverhältnisse, und wenn möglich, über solche Dinge mitsendet, die nur der rechtmäßige Eigentümer des Dokumentes wissen kann. Versäumt man diese Vorsicht, so kann dies bedenkliche Folgen nach sich ziehen. Ausweispapiere werden häufig verloren oder gestohlen, der neue Besitzer gibt sie als die seinigen aus und es werden dem rechtmäßigen Eigentümer derselben Abstrafungen über Abstrafungen aufgehalst und eine Richtigstellung ist später kaum mehr möglich.

Wird nun von der angefragten Behörde mitgeteilt, daß die Papiere nicht Eigentum des Vorweisers sind, oder hat er von Anfang an keine Papiere vorgelegt, so muß man zum eigentlichen Klarstellungsverfahren schreiten. Direkt auf das Herausbringen des

Namens zu arbeiten, ist natürlich unmöglich; es gibt nur drei Momente, bei welchen Feststellungen möglich sind: körperliche, erworbene Merkmale, sein Dialekt und seine Erzählungen.

Bezüglich der körperlichen Merkmale ist eine peinlich genaue Untersuchung durch den Gerichtsarzt notwendig, der vor allem vielleicht aus der ganzen körperlichen Erscheinung auf den Stand und die Beschäftigung des Untersuchten wird Schlüsse ziehen können; auch gewisse Krankheiten sind vielleicht nicht gleichgiltig, vorhandene Beschneidung kann einen Anhaltspunkt geben und allenfalls gefundene Tättowierungen lassen auf den Stand des Untersuchten schließen, oder enthalten vielleicht dessen Anfangsbuchstaben. Von großer Wichtigkeit sind endlich gewisse Schwielen, Narben und sonstige Veränderungen, wie sie nur bei gewissen Handwerken, Gewerben oder Beschäftigungen erworben werden können. Derartige Merkmale gibt es sehr viele, es seien hier nur einige genannt.

Der Tischler wird durch die Handhabung des Hobels ungleich gebaut; Schneider und Schuster bekommen durch das vorgebeugte Sitzen eigentümlich gebauten Brustkorb; Kutscher haben an den innern Fingerseiten Schwielen durch Reibung an den Leitseilen; Graveure und Ciseleure bekommen durch den Druck des Grabstichelheftes Verdickungen der Haut zwischen Daumen und Zeigefinger; Narben am inneren rechten Daumen und am äußeren Oberschenkel deuten auf den Knieriemen des Schusters; Schreiber, Gelehrte, Zeichner, Beamte ꝛc. haben am rechten Mittelfinger durch das Andrücken der Feder und am linken Ellbogen durch das Aufstützen deutliche Hautverdickungen; Näherinnen zerstechen die Haut am linken Zeigefinger; Glas- und Lötrohrbläser haben entwickelte Backenmuskeln; Professionskegelschieber zeigen eine Schwiele am rechten Mittelfinger, knapp neben dem Nagel (vom Abgleiten der Kegelkugel); Professionskartenspieler, namentlich Falschspieler, zeichnen sich durch besonders gepflegte feine Hände aus; bei Reitern ist die Haut an der inneren Seite der Kniee vom Andrücken an den Sattel verdickt; Anstreicher haben durch die Pinselführung Schwielen in der Hand — und so läßt sich diese Reihe beliebig vermehren.

Wird überhaupt irgend eine Schwiele, Narbe oder sonst etwas Auffälliges bemerkt, so läßt sich durch Nachdenken und Befragen verschiedener Handwerker ꝛc. fast immer herausbringen, wie die betreffende Erscheinung entstanden sein kann.

Selbstverständlich ist es, daß bei derlei fragwürdigen Leuten eine besonders genaue Durchsuchung ihrer Kleider, Taschen, Nähte, Hutfutter, Stiefelsohlen, namentlich aber aller Doppellagen des Stoffes (Rockkragen, Hosenschlitz, Taschenklappen u. s. w.) vorgenommen werden muß; hier macht man oft seltsame Funde, die zu überraschenden Entdeckungen führen können.

Soll das Angegebene zur Feststellung des bürgerlichen Standes des Menschen führen, so kann ein genaues Augenmerk auf seinen Dialekt dahin führen, daß man den Ort findet, an welchen man weiter zu forschen hat. Daß sich jemand durch seinen Dialekt gar nicht verraten sollte, kommt nahezu nie vor; ungefähr wird man selbst herausbringen, ob man es mit einem Romanen oder Slaven, oder Deutschen zu thun hat, ob er ein Norddeutscher oder Süddeutscher ist 2c. Hat man sichergestellt, was man selbst sicherzustellen vermag, so wird man wenigstens so weit gekommen sein, daß man weiß, wen man diesfalls weiter zu fragen hat. Hält man also z. B. den Mann für einen Norddeutschen, so wird man doch in der Stadt einen Norddeutschen finden, der mit dem Manne spricht und wenigstens sagen kann, welche Persönlichkeit man nun weiter fragen solle. Wurde das Gebiet so weit als möglich eingeschränkt, so muß dann Photographie und Vermessung an die betreffenden Gerichte, Strafanstalten 2c. abgehen.

Mittlerweile wird man den Mann verhört haben, wobei man ihn veranlaßt, möglichst viel aus seinem Leben zu erzählen. Hat man wirklich jemanden vor sich, der Grund hat, seine Persönlichkeit geheim zu halten, so ist es selbstverständlich, daß er sich hütet, bestimmte Angaben über längeren Aufenthalt zu machen, weil er weiß, daß dieselben geprüft und als unrichtig erwiesen werden. So kommt es, daß die Angaben aller dieser Leute beinahe immer eine auffallende Aehnlichkeit besitzen. Solche landflüchtige Leute behaupten regelmäßig (wenn sie sich nicht für einen bestimmten anderen ausgegeben haben) ein abenteuerliches Vorleben. Meistens ist der Mann auf einem Schiffe, bei Vagabunden oder auf einer Reise zur Welt gekommen; dann kam er zu Komödianten, Bärentreibern oder Seiltänzern und ist mit ihnen oder mit Vieh- oder Pferdehändlern in der Welt herumgezogen. Später kam er zur Marine, war dort Kohlenträger, Gehilfe des Kochs, das Schiff hat einen häufig vorkommenden Namen (Neptun, Sancta Maria, Venezia 2c.), wie der Kapitän heißt, weiß er nicht mehr. Alle Mitteilungen werden sorgfältig notiert und das Verhör wiederholt. Manche seiner Behauptungen werden sich überprüfen lassen (behauptet er z. B. Kenntnisse in einem Gewerbe, so läßt man ihn durch einen Fachmann daraufhin fragen), mitunter kommt auch ein Körnchen Wahrheit in die Erzählungen und man gewinnt Anhaltspunkte zu weiteren Erhebungen — kurz, bei entsprechender Mühe ist es fast ausgeschlossen, daß man nicht jeden solchen Menschen mit dem richtigen Namen versehen können sollte. —

Bei jenen Leuten, welche sich hochklingende Namen beilegen, ist die Klarstellung wenigstens insoweit leichter, als man dem Manne nachweisen kann, er heiße nicht so wie er behauptet. Allerdings sind hiezu einige Kunstgriffe notwendig. Vor allem benützt man in diesem Fall die bestehenden Nachschlagewerke, welche sichere Auskunft geben. Dies sind die alljährlich neu erscheinenden Gothaer genealogischen Taschenbücher für die gräflichen, freiherrlichen und adeligen Häuser. Die Taschenbücher für die gräflichen und freiherrlichen Häuser sind nahezu ganz vollständig, die Taschenbücher für den niederen Adel können dies natürlich nicht sein. Wenn also einer behauptet, er sei der Graf Felix Silberbach oder der Freiherr Karl Schwarzenstein —

und es kommt ein solcher im Gothaer Taschenbuch nicht vor, so kann mit nahezu voller Sicherheit angenommen werden, daß die Angabe falsch ist. Findet sich aber die Familie darin vor, so examiniert man den Mann einfach auf die dort verzeichnete Verwandtschaft seiner angeblichen Familie — kurz, mit Hilfe dieser Mittel kann einer einen gräflichen oder freiherrlichen Namen nicht länger als fünf Minuten als den seinigen falsch bezeichnen.

In vielen Fällen haben auch schon heraldische Kenntnisse Aufklärungen verschafft, namentlich wenn sich im Besitze eines Verhafteten Gegenstände (Ringe, Uhren, Brieftaschen 2c.) mit einem Wappen befunden haben. Hat man keinen Heraldiker zur Hand, der das Wappen zu benennen weiß, so schreibt man an den Verein „Herold" in Berlin oder die „k. k. heraldische Gesellschaft Adler" in Wien. Von dort erhält man zuverlässig die Benennung des fraglichen Wappens. Weiß man die Familie, so kann man wieder mit Hilfe der früher genannten Almanache und Taschenbücher Stand und Aufenthalt des betreffenden Bestohlenen 2c. ausfindig machen.

Zu bemerken ist übrigens noch, daß solche Leute, deren Persönlichkeit man feststellt, sehr häufig mit der Wahrheit herausrücken, wenn sie bemerken, daß man ihre Aufklärung ernst und zielbewußt in die Hand nimmt; dies ist namentlich dann der Fall, wenn man genau um nähere Familienverhältnisse zu fragen beginnt. Hat einer endlich nicht fremde Papiere für die seinen ausgegeben, sondern lediglich einen falschen Namen angenommen, so wird in seinen Familienverhältnissen oder in seinem eigenen Namen ein Anhaltspunkt für den richtigen Namen zu finden sein; häufig behält einer seinen eigenen Taufnamen bei, oder er versetzt die Buchstaben in seinem eigenen Namen (Dasumi aus Maudis), oder er bedient sich des Mädchennamens seiner Mutter oder seines unehelichen Vaters, vielleicht mit kleinen Aenderungen — kurz, auch hier läßt die menschliche Trägheit von dem Naheliegenden nicht allzuweit abweichen, und merkt der Betreffende, daß man auf der richtigen Spur ist, so gesteht er häufig.

3. Simulation von Krankheiten und Leiden.

Im allgemeinen wird bei Simulationen der Arzt zu thun haben; sehr häufig kommt es aber vor, daß der Arzt überhaupt oder nicht zur richtigen Zeit oder nicht rasch genug zur Stelle sein kann und dann muß man sich eben helfen, so gut es geht. Daß man dies zu thun vermag, ist deshalb so wichtig, weil ein Irregehen oder Sichbetrügenlassen von bedenklichen Folgen sein kann. Thatsächlich gibt es fast keine Krankheit und kein Leiden, die nicht simuliert worden wären und zwar meistens mit gutem Erfolge. Am deutlichsten sieht man dies bei Bettlern, die bekanntlich im ausgedehntesten Maße simulieren. Diese Fragen berühren uns nicht weiter, wohl aber andere.

a) Erkrankung von Vorgeladenen.

Es kommt überaus häufig vor, daß Beschuldigte und auch Zeugen, welche mit einander auf denselben Tag vorgeladen waren, nicht sämtlich erscheinen; es kommt nur einer und entschuldigt die anderen wegen Unwohlsein, dringender Arbeit oder sonst etwas. Der Grund hiefür ist offensichtlich der, daß die Leute erst einmal durch den einen Erschienenen erfahren wollen, um was es sich handelt, wie viel die Behörde von der Sache weiß, wer etwa als Beschuldigter oder Zeuge bekannt ist 2c. Kommt also der heute Vernommene heim, so erzählt er seine Erlebnisse und es wird dann beraten und festgestellt, was die übrigen bei ihrem Erscheinen zu sagen haben. Ereignet sich etwas derartiges, so weiß man zum mindesten zweierlei: einerseits, daß man auf die Falle nicht eingehen darf und andererseits, daß in der Sache zu lügen beabsichtigt wird, und daß man den Zeugen, die nicht erschienen sind, unbedingt nicht trauen darf. Am besten wird man in solchen Fällen mit Verhaftung wegen Verabredungsgefahr der Beschuldigten vorgehen; ist dies nicht zulässig, oder handelt es sich bloß um Zeugen, so wird man wenigstens den Erschienenen nicht vernehmen und mit allem Nachdruck veranlassen, daß die zu Vernehmenden zugleich erscheinen und daß, da man in diesem Falle schon Verdacht haben muß, besondere Maßregeln getroffen werden, um zu verhindern, daß sich z. B. der Erstvernommene mit dem als dritten zu Vernehmenden verabredet, während man sich mit dem zweiten befaßt. Welchen Fälschungen und Betrügereien man in dieser Richtung ausgesetzt ist, dies kann als unabsehbar bezeichnet werden; aber auch ohne bösen Willen wird durch das endlose Besprechen einer Sache unter den Zeugen so viel Verwirrung und Beeinflussung veranlaßt, daß schließlich keiner weiß, was er aus eigener Erfahrung oder durch das Geschwätz der Anderen weiß.

b) Plötzliche Erkrankungen während der Vernehmung.

Ein Unterschied zwischen Beschuldigten oder Zeugen, welche Erkrankungen vortäuschen, ist insoferne nicht zu machen, als Zeugen, welche sich mit derlei Dingen abgeben, zweifellos nicht bei der Wahrheit bleiben wollen und daher fast schon als Beschuldigte angesehen werden können. Selbstverständlich darf man niemals bei plötzlichen Erkrankungen unbedingt Betrug annehmen, da es bekannt genug ist, wie oft Beschuldigte und auch Zeugen, durch die Aufregung einer Vernehmung plötzlich erkrankten. Ob das eine oder das andere der Fall ist, kann man in der Regel an dem Zeitpunkte erkennen, wann die Erkrankung eintritt; sie ist als Simulation um so sicherer anzusehen, je günstiger der Zeitpunkt für den Vernommenen war, zu welchem sie eingetreten ist, also wenn der Beschuldigte keine rechte Antwort auf eine gestellte Frage zu geben weiß, wenn er bemerkt, daß der Vernehmende im richtigen Zug ist, oder wenn er sonst eine Unterbrechung der Vernehmung in seinem Interesse gelegen sieht;

der Zeuge, der Erkrankung simuliert, spricht entschieden unwahr, er bemerkt, daß er sich, wie wir zu sagen pflegen, verrannt hat und sucht sich nun die Lage durch eine Erkrankung zu verbessern; äußersten Falls hofft er sich auf das schon nahende Unwohlsein berufen zu können, wenn er eine gemachte Aussage als unrichtig zu bezeichnen gedenkt. Gegen solche Vorkommnisse läßt sich vorbeugend gar nichts thun; hat sich aber eine Erkrankung zugetragen, die man nach dem ganzen Hergange für falsch ansieht, so erübrigen nur einige Punkte, auf die man zu merken hat. Selbstverständlich ist sofort um den Arzt zu senden, damit dieser wenigstens vielleicht noch rechtzeitig eintrifft. Weiter ist der ganze Anfall möglichst genau zu beobachten, damit man seinerzeit dem Arzt Bericht erstatten und seine Fragen um den Hergang beantworten kann. Was den Erkrankten anlangt, so dürfte das einzige Richtige darin bestehen, daß man vor ihm bestimmt und vernehmbar erklärt, man halte den Anfall für unwahr und es verschlimmere der angeblich Erkrankte hiedurch nur seine Lage. Alle übrigen Kniffe sind entschieden zu vermeiden; so etwa zu sagen, der Beschuldigte oder ein Mitschuldiger habe ohnehin gestanden oder man werde den Erkrankten in das Irrenhaus abgeben ꝛc.; ist etwas zu erreichen, so geschieht es in der angegebenen Art und Unwahrheiten dürfen nirgends weniger angewendet werden als im Strafverfahren.

Bei der Wichtigkeit dieser Vorkommnisse sollen einige besondere Fälle besprochen werden.

α) Simulation von Schwerhörigkeit.

Diese hat in vielen Fällen für den Vernommenen große Vorteile und wird daher von allen Simulationen am häufigsten angewendet. Stellt sich einer schwerhörig, so hat er vor allem den Vorteil, daß er die ihm gestellte Frage überlegen kann, während sie von dem Fragenden wiederholt werden muß, und da das angebliche Nichtverstehen beliebig oft wiederholt werden kann, so kann der „Taube" auch beliebig lang nachdenken. Außerdem hat er den für ihn unschätzbaren Vorteil, sich immer auf Mißverständnis berufen zu können: alles was er gesagt hat und was ihm später nicht taugt, kann er als infolge von Mißverständnis gesagt bezeichnen.

In der Regel wird es möglich sein, die Richtigkeit der vorgeschützten Taubheit durch den Arzt prüfen zu lassen, mitunter aber auch nicht z. B. fern vom Gerichtsort; gerade solche Sachlagen, bei welchen der Verhörte weiß, daß man auf sich allein angewiesen ist und keinen Arzt zur Hand hat, benützen die Leute aber gerne, es empfehlen sich also für solche Fälle Mittel, die jeder Laie anwenden kann. Das einfachste besteht darin, daß man hinter dem angeblich Tauben mit dem Fuße stampft oder einen schweren Gegenstand fallen läßt; der wirklich Taube vernimmt den Lärm doch durch die Schalleitung der festen Körper, und dreht sich um; der Simulant glaubt, daß er dies auch nicht hören darf und rührt sich nicht. Wird, wie es in der Regel geschieht, bloß Taubheit auf einem Ohre behauptet, so läßt sich dies zuverlässig überprüfen, wenn man dem Betreffenden von zwei Personen zugleich verschiedenes in jedes Ohr flüstern läßt: ist ein Ohr taub, so kann er das, in das gesunde Ohr Geflüsterte nachsagen, ist er Simulant, so hört er das in beide Ohren Gesagte, versteht aber nichts, weil sich beides verwirrt, und er kann nichts nachsagen. Im Notfalle kann das Zuflüstern direkt von Mund zu Ohr geschehen, besser ist es, wenn man thunlichst lange Schläuche aus Kautschuk oder Blechröhren benützt; am Ende thun es auch zwei kurze Röhren, die man aus zusammengerollten, thunlichst großen Papierbogen herstellt; besonders passend sind sie, wenn man — was ganz leicht geht — sie kegelförmig rollt, sodaß das eine Ende (für das Ohr) einen Durchmesser von 1 cm, das für den Mund etwa von 4 cm besitzt.

Bei Taubstummen, die man für Simulanten hält, sind die gleichen Mittel zu benützen; außerdem kann man bei ihnen auch mit Vorteil die Schrift anwenden, wenn sie schreiben gelernt haben. Der wirklich Taubstumme, der in einer Anstalt unterrichtet wurde, schreibt richtig nach dem Buche, der Simulant so, wie er es *gehört* hat, also oft unrichtig. In allen Fällen ist aber das Beobachten das wichtigste: beobachtet man die Leute scharf, so wird man nie lang zweifeln, mit wem man es zu thun hat: ob mit einem wirklich Schwerhörigen, dem man an jeder Miene ankennt, wie er sich bemüht, zu verstehen, oder mit einem Simulanten, der sich deutlich Mühe gibt, *nicht* zu verstehen.

β) Simulation von Epilepsie.

Sie wird oft dargestellt, und zwar häufig gut, da leider viele Leute Gelegenheit haben, Anfälle dieser schrecklichen Krankheit oft zu sehen. Bekommt ein Beschuldigter oder ein bedenklicher Zeuge einen Anfall, so wird man sofort sich zu erinnern haben, ob, wie oben erwähnt, der Augenblick des Eintrittes für den Erkrankten sehr günstig war. Dann beobachte man die Art des Hinfallens: der echt Kranke *stürzt* plötzlich nach vorne, natürlich ohne Rücksicht darauf, ob er sich hiebei beschädigen kann oder nicht; der Simulant *sinkt* mehr hin, schützt sich häufig durch vorgehaltene Arme und trifft auch gewissermaßen bezüglich des Platzes, auf den er fällt, eine Art Auswahl, um sich nicht zu verletzen.

Von den übrigen und eigentlichen Kennzeichen echter Epilepsie sind nur zwei als verläßlich zu betrachten: der echt Erkrankte wird tief bleich und erst später dunkel rotblau (cyanotisch) — namentlich das Blaßwerden kann der Simulant nicht machen. Weiters beachte man Nacken und Rückenbeginn, wo bei echter Epilepsie ein eigentümliches Zittern und Zucken der Muskeln („Durcheinanderlaufen" derselben) eintritt, was künstlich auch nicht erzeugt werden kann.

Im übrigen ist man aber verpflichtet, einen Anfall insoferne für echt zu halten, als man für alle Fälle die geringe Hilfe leistet, die geleistet werden kann: sorge für Nichtbeschädigung des Körpers, Lüften beengender Kleider und Einschieben eines weichen Körpers (Tuch, Kork, Kautschuk 2c.), wobei aber darauf zu achten ist, daß der Kranke nicht durch Hinuntergleiten des Körpers ersticke. Man sende um einen Arzt (der wohl nur selten zu rechter Zeit einlangen wird) und beobachte im übrigen den Kranken, um dem Arzt brauchbaren Bericht erstatten zu können.

γ) Simulation von Ohnmacht.

Von den bei Verhaftungen, Haussuchungen, Vernehmungen ꝛc. produzierten Ohnmachten sind die meisten weder echt, noch unecht, sondern halbecht, da sie doch fast ausschließlich von Frauen angewendet werden. Es ist ja begreiflich, daß eine Frau durch den Schreck, die Furcht und den Zweifel, die durch einen amtlichen Vorgang hervorgerufen werden, lebhaft angegriffen wird. Hiedurch stellt sich wohl bei vielen Leuten Blutandrang zum Kopf oder aber Blutleere des Gehirns und infolge dessen Schwindel ein — kommt dann hiezu ein bischen Einbildung, ein bischen Suggestion und ein bischen Verlegenheit — so ist es das einfachste und bequemste, die Augen zu schließen und zurückzusinken. Hiedurch wird der Vorgang abgebrochen, bei dem Peiniger stellt sich Mitleid ein, die Sache hat sich nicht unwesentlich geändert und mittlerweile findet sich vielleicht ein Ausweg, man weiß, was man zu thun hat.

Will man erkennen, ob die Ohnmacht echt ist, so hat man auch hier gleich bei den ersten Anzeichen aufzumerken: tritt tiefes Erbleichen (einschließlich von Lippen und Zahnfleisch) ein, so ist die Ohnmacht echt, sonst nicht. Die Frage, ob echt oder nicht echt, ist immer wichtig, denn in der Regel gestaltet sich jede Ohnmacht, ob echt oder simuliert, zum Vorteile dessen, den sie betraf — kann man sie schon nicht verhindern, so muß man wenigstens die Dauer einer simulierten dadurch abkürzen, daß man ernst erklärt, man halte den Vorgang für falsch. Dies wirkt in der Regel vortrefflich.

δ) Simulation von Dummheit

ist ebenso häufig, als für den Vernehmenden verhängnisvoll. Der Vorteil, den ein sich dumm stellender dadurch gewinnen kann, besteht vor allem darin, daß man ihm eine That, zu der mehr Intelligenz erforderlich ist, nicht zutraut. Weiter kann er unzähligemale gestellte Fragen nicht verstehen, recht thöricht antworten, und so Zeit zum Ueberlegen gewinnen. Endlich macht er durch seine angebliche Dummheit den anderen häufig ungeduldig und ärgerlich, dieser verliert ruhige Besonnenheit und dann hat der „Dumme" das Spiel zuverlässig gewonnen. Dieses Kunststück ist aber nicht bloß für einen Beschuldigten, sondern auch für gewisse Zeugen sehr gut brauchbar, die entweder Grund haben, aufzumerken, damit sie nicht selbst verdächtig werden, oder die dem Beschuldigten helfen wollen, oder die trachten müssen, mit anderen Zeugen nicht in Widerspruch zu geraten.

Das einzige Mittel, auf solche Simulationen zu kommen, besteht darin, daß man auf den Widerspruch zwischen dem anscheinend dumm Gesagten und den Augen des Sprechenden und darauf achtet, daß auch bei Leuten, die sich geschickt verstellen, doch mitunter Aeußerungen zum Vorscheine kommen, die auf höhere Intelligenz schließen lassen. Stellt sich einer dumm und schweigsam, so ist das letztere Mittel nicht leicht anzuwenden, in der Regel glauben aber solche Leute, sich besser dumm zu stellen, wenn sie sich recht geschwätzig zeigen. Dann erwischt man sie sicher.

Niemals versagt aber das erstgenannte Mittel, da kein gescheidter Mensch dumme Augen machen kann; der Ausdruck der Augen eines Menschen geht so gleichmäßig mit dem Grade seines Verstandes zusammen, daß immer der Ausdruck der Worte lügt, und nicht der der Augen, wenn beide nicht zusammenstimmen.

Man merke also in solchen Fällen strenge auf die Augen, und bestätigt sich der Verdacht auf Simulation, so nehme man keinen Anstand, seinem Verdachte Worte zu geben, und dann den Mann so zu behandeln, wie man glaubt, daß es seinem Verstande entspricht.

4. Geheime Verständigungen.

Es kann nicht genug auf die vielfachen Mittel hingewiesen werden, welche die Gauner zu ihrer Verständigung untereinander besitzen und zum größten Schaden der Justiz ausnützen. Leider sind sie viel zu wenig bekannt.

A. Schriftlicher Verkehr.

a) Bilderschrift.

Diese uralte Art der Verständigung ist über ganz Europa verbreitet, ihre Kenntnis jedem richtigen Gauner geläufig, ihr Einfluß in mehrfacher Beziehung von Bedeutung. Allerdings nimmt sie in letzter Zeit rasch ab, da statt der alten Bilderzeichen, allgemein „Zinken" genannt, die immer weiter verbreitete Kenntnis des Lesens und Schreibens eintritt. Auch die Gesetze über das Vagabundenwesen, der Fortschritt im Polizeiverfahren und namentlich der Umstand, daß sich die Kriminalisten um die Zinken kümmern, haben ihren Umfang wesentlich eingeschränkt. Gleichwohl findet man sie auch heute noch, und wer auf einsamen Waldkapellen, Feldkreuzen, Gebäuden, die an Wegscheiden liegen und ähnlichen zur Anbringung von Verständigungen tauglichen Orten Nachschau hält, findet noch von diesen merkwürdigen und wichtigen Zeichen. Man findet sie mit Bleistift, Rötel, Kohle, schwarzer Kreide, auch mit dem Messer eingekratzt, oft nicht ohne Geschick, oft sehr plump dargestellt, aber immer deutlich und als Zinken nicht zu verkennen.

Ihr Zweck ist immer gegenseitige Verständigung, aber nicht immer bloß an Bekannte, auch fremde Gauner sollen verständigt oder gewarnt werden in der, auch berechtigten Erwartung auf Gegenseitigkeit. Nach den verschiedenen Zwecken der Zinken unterscheiden wir:

1. Wappen- oder Namenzinken.

   a) Allgemeine, die ganze Klassen, Gewerbe, Beschäftigungen rc. bedeuten, denen der Besitzer des Zinkens angehört oder angehört hat, z. B. Zinken der Müller, Schuster, Abdecker, Schmuggler, Huren rc.

b) Besondere, die einem einzigen Gauner oder Landfahrer gehören, allgemein gekannt und von sonst niemanden benützt werden; z. B. ein Herz, zwei gekreuzte Klingen, ein Papagei rc.

2. Mitteilungszinken.

a) Allgemeine, die den stenographischen Sigeln vergleichbar, irgend eine bestimmte Bedeutung haben; z. B. Zinken für Haft, Flucht, Geständnis, Verrat, Raub, Kirchendiebstahl rc. So bedeutet z. B. (seit Jahrhunderten) ein Pfeil die Richtung, in der einer gezogen ist. Hiebei wird das Wappen des Zeichners beigefügt, und an den Schaft des Pfeiles ganze oder halbe Striche und Nullen angesetzt, welche die Begleitung von Genossen, Weibern und Kindern anzeigen.

b) Besondere Mitteilungen über Geschehnisse, die in der Regel gemacht werden, wenn einer irgend etwas benötigt: Hilfe, Rat, Absatzgebiet, Genossen rc., z. B.: „Der mit dem Zinken ‚Herz‘ hat einen Pfarrhof beraubt und namentlich viel Wäsche gestohlen, die er gerne verkaufen möchte".

3. Lokale Bezeichnungen, die stets nur zur Bezeichnung einer bestimmten Oertlichkeit, eines Gebäudes rc. dienen; sie sind heute noch die am meisten verbreiteten; z. B. ein Zinken mit Bedeutung: „in diesem Hause bekömmt man beim Betteln höchstens ein Stück Brot". Oder „in dieser Dorfstraße erhält man im 3., 7., 12. Hause rechts etwas." Oder „dies Dorf betritt lieber nicht, die Ortspolizei ist strenge." —

Das Studium dieser Zinken ist wegen der Wichtigkeit der Sache dringend zu empfehlen, man findet sie heute noch bei jedem weiteren Gange.

b) Geheimschriften.

Auch diese werden trotz ihrer Wichtigkeit und ihrer häufigen Verwendung unbegreiflich vernachlässigt. „Sie kommen überhaupt nicht vor", hört man oft sagen, „ich habe trotz langer Praxis niemals eine zu sehen bekommen." Das letztere wird wahr sein, wenigstens hat er wissentlich keine in der Hand gehabt, aber vorgekommen sind sie jedem, er hat sie nur nicht als Geheimschrift erkannt, sie kommen sogar immer häufiger vor. Ebenso wie die graphischen Zinken infolge der größeren Verbreitung von Lesen und Schreiben an Häufigkeit dermalen rasch abnehmen, ebenso gewinnt aus demselben Grunde der Gebrauch von Geheimschriften an Umfang. —

Eine Anweisung zur Entzifferung von Geheimschriften soll hier nicht gegeben werden, diese schwierige Arbeit muß besonderen Sachverständigen und wenigen Kriminalisten überlassen bleiben, die ausgesprochenes Talent und Interesse für diese wichtige Arbeit besitzen. Hier soll nur darauf aufmerksam gemacht werden, welche verschiedenen Mittel bei Verwendung der verschiedenen Geheimschriften benützt werden, auf welche Funde man daher bei Gaunern Rücksicht nehmen muß und auf welche sonstigen Erscheinungen man in dieser Richtung aufzumerken hat. Um hier aber wenigstens einigermaßen Grundlage zu weiteren Besprechungen zu besitzen, muß ganz im allgemeinen dargelegt werden, welche Arten und Gruppen von Geheimschriften bestehen, soweit sie noch von Gaunern benützt zu werden pflegen.

Man unterscheidet:

1. Permutationschiffren, die einfachsten von allen, bei welchen die Bedeutung der Buchstaben versetzt, durch Zahlen ausgedrückt, in Brüchen dargestellt wird 2c. Natürlich können auch Kombinationen und Wechsel in den Alphabeten vorkommen und andere Erschwerungen eingeführt werden. (Chiffre von Jul. Caesar, Graf Mirabeau, Abt Tritheim, Kombinationschiffre 2c.)

2. Schlüsselchiffren, bei welchen man jeden Buchstaben nur mit Hilfe einer besonderen Buchstabenzusammenstellung (sog. „Schlüssel") bezeichnen und lesen kann; hieher gehört hauptsächlich die verbreitete Vokalchiffre und die von Anarchisten gerne gebrauchte sogen. chiffre quarré, chiffre indéchiffrable, gemeinhin „Russisch quadriert" genannt.

3. Chiffren mit Wahlwort oder Wahlzahl, die unlösbar sind, wenn man das vereinbarte Wort, die vereinbarte Zahl nicht weiß. Hieher gehört vor allem wieder das „Russisch quadriert" (zu dem man Schlüssel und Wahlwort braucht), die sog. Geheimschrift Napoleons und die des Grafen Gronfeld (auch die des General Trochu genannt).

4. Die Indexchiffren, bei welchen außer der Geheimschrift noch etwas Geschriebenes oder Gedrucktes existieren muß, das nach vereinbarter Methode das Lesen ermöglicht; hieher gehört die sogen. Heidelsche Chiffre, bei der die Mitteilung im ersten Teile des Briefes, die Anweisung zur Lösung im zweiten Teile enthalten ist; dann die verbreitete Buch- und die Lexikonchiffre, bei welchen beide Teile dasselbe Buch bezw. dasselbe (zweispaltig gedruckte) Lexikon besitzen müssen.

5. Patronenchiffren nach Cardanus, Fleißner, Flamm und zahlreichen anderen. Sie stimmen darin überein, daß beide Teile die gleiche Patrone, Schablone, besitzen, die unregelmäßige Ausschnitte haben, durch welche die einzelnen Buchstaben der Mitteilung eingetragen werden; dann entfernt man die Patrone und füllt den ganzen übrigen Raum mit gleichgültigen Buchstaben (sogen. Non valeurs) aus; der Empfänger legt die gleiche Patrone auf, das nicht geltende wird so verdeckt und das Geltende wird lesbar.

6. Instrumentenschriften, die mit Hilfe irgend eines Werkzeuges geschrieben und gelesen werden: Faden-, Maßstab-, Punktier-, Karten-, Markenschrift und ähnliche, deren Reihen nicht abzuschließen sind, es werden immer wieder neue entdeckt und rasch benützt.

Fragen wir nun, wie man sich wegen Entdeckung von geheimen Mitteilungen benehmen soll, so werden wir vor allem sagen, daß geheime Mitteilungen immer als wichtig anzusehen sind, daß wegen gleichgiltiger Dinge nicht chiffriert wird, daß eine entzifferte Geheimschrift in der Regel mehr Klarheit schafft, als wochenlange Arbeit und mühseliges Herumschreiben, und daß daher alles aufgewendet werden muß, Anhaltspunkte zur Entzifferung zu gewinnen, wenn Verdacht vorliegt, daß in einer Strafsache chiffriert wurde. Dies ist aber nicht auf die großen, wichtigen Fälle einzuschränken, denn zahlreiche male wurde ein scheinbar gleichgültiger Fall von bedeutender Wichtigkeit bloß dadurch, daß ein chiffriertes Zettelchen gefunden und entziffert wurde.

Hat man also Verdacht, so sorge man vor allem für die peinlichste Untersuchung des Verhafteten; man vergesse nicht, daß derselbe seine Briefschaften nicht säuberlich geglättet und geordnet im Portefeuille zu tragen pflegt, sondern daß die oft wichtigsten, ebenso unscheinbaren als schmutzigen Fetzchen und Fleckchen in den Nähten der Kleider, namentlich in den sogen. Duplikaturen (Rockkragen, Hosenschlitz), dann im Doppelleder der Stiefelröhren, in und zwischen der Sohle, im Hutfutter, ja sogar innerhalb des Körpers im After und Mastdarm sein können. Weiter, daß absolut alles Gedruckte und Geschriebene oder Gekritzelte, auch Striche und Zeichnungen, ja sogar leeres Papier (weil vielleicht mit unsichtbarer, sogenannter sympathetischer Tinte beschrieben) von Bedeutung sein kann. Das alles muß gesammelt, allenfalls getrocknet und sorgfältig gereinigt, und mit der Angabe wo und wie gefunden, versehen werden. Aber auch alle anderen lesbaren Dinge können von Wert sein: die Fabriknummer in der Taschenuhr, das Hammerzeichen im Taschenmesser, die Firma im Hut, die Marke auf der Tabakspfeife und vieles andere kann wichtig werden, es muß, um immer daran erinnert zu werden, genau notiert und zu den anderen Schriften und Drucksachen gebracht werden.

Um zu zeigen, wozu das alles dienen kann, sollen die einzelnen, oben benannten Chiffrengruppen kurz berührt werden.

ad 1. Könnte ein Fund bloß wichtig sein, wenn entweder etwas so Chiffriertes oder das geheime Alphabet selbst gefunden würde. Selbstverständlich hat man darauf zu achten, daß diese Dinge nicht immer den Anschein von etwas Wichtigem haben, sondern in der Regel nur ein undeutliches Gekritzel auf abgerissenen Papierfetzen darstellen.

ad 2. Hier wäre es denkbar, daß man den „Schlüssel" irgendwo versteckt findet, denn wird mit einer Schlüsselchiffre geschrieben, so muß jeder der Schreibenden einen Schlüssel besitzen. Der Regel nach soll er in einem quadratischen Stück Papier bestehen, das mit Strichen in kleine Quadrate eingeteilt ist (bei der Vokalchiffre in 35, bei Russischquadriert in 625 Quadratchen); in jedem Quadratchen steht ein Buchstabe. So sieht der Schlüssel in unseren Fällen aber nicht aus, sondern es sind auf irgend einem Papierstück unregelmäßig und ohne senkrechten und wagrechten Strichen undeutliche Buchstaben verzeichnet. Ja, einmal sah ich einen solchen Schlüssel so hergestellt, daß in einem schmutzigen Fetzen Zeitungspapier (zum Einwickeln einer kleinen Bürste benützt) die fraglichen Buchstaben mit einer Nadel fein durchstochen waren.

ad 3. Man merke, daß jemand, der ein Wort sagen, wählen oder im Gedächtnis behalten soll, etwas ganz ferne Liegendes, wenn er gebildet ist selten, wenn er ungebildet ist, fast nie aussuchen wird. Bequemlichkeit, Hängen am Bekannten und Denkfaulheit bringen es dazu, daß man in einem solchen Falle immer etwas recht nahe Liegendes nimmt: seinen Geburtsort, den Vornamen des Vaters, einen für sein Gewerbe wichtigen Namen (Hans Sachs für Schuster, Senefelder für Lithographen, Gutenberg für Drucker), die Firma in seinem Hut rc. Deshalb versuche man es in einem solchen Falle mit den erstgenannten Namen, dann mit der Firma im Hut, auf dem Messer, dem Spruche auf der Pfeife rc. Handelt es sich um eine Wahlzahl, namentlich um eine längere, so liegt es nahe, eine irgendwo vorrätige zu nehmen; 42761 merkt sich z. B. nicht jeder — ist die Zahl aber in der Uhr, auf dem Messer, einem patentierten kleinen Gebrauchsgegenstande eingeprägt, so kann man stets und ganz unauffällig nachsehen. Daher sind derlei Dinge so wichtig.

ad 4. Liegt ein Brief nach System Heidel vor, so verrät er sich, wenn nicht außerordentlich geschickt abgefaßt, durch den schwerfälligen, gewundenen Styl. Der Besitz eines Buches wird auffällig erscheinen, wenn bei einem Wandernden getroffen, oder wenn der Inhalt des Buches zur Bildungsstufe des Betreffenden gar nicht paßt. Der Besitz eines zweispaltig gedruckten Lexikons (sehr häufig verwendet) muß, wenn nicht gut motiviert, in der Regel auffallen.

ad 5. Patronen sind allerdings leicht zu finden, aber wenn jemand gar keine Kenntnis davon hat, daß ein durchlochtes Papier, Leder oder Blech eine wichtige Geheimschrift lesen lassen kann, so beachtet er es nicht weiter. Ich sah einmal im Besitze eines gefährlichen Gauners ein unregelmäßiges, verbogenes Stück Weißblech, ganz ordinär mit einem Nagel vielfach durchschlagen, es war eine echte Patrone nach Cardanus, die man ihm trotz oftmaliger Durchsuchung immer wieder gelassen und gegeben hatte.

ad 6. Alles nicht ganz zweifellos Motivierte *kann* zu einer Geheimschrift dienen: ein Faden zur Distanzschrift, ein Kamm zur Wickelschrift, ein Maßstab zur Centimeterschrift, ein Fetzen Zeitungspapier zur Durchstechschrift, ja sogar ein geschriebenes Gebet wurde dadurch zur Chiffre, daß die maßgebenden Buchstaben mit einem in Urin getauchten Hölzchen betupft wurden, sodaß sie beim Erwärmen braun wurden; daß man durch das Anbringen der Briefmarke vorne oder rückwärts, in einer der vier Ecken, in der Mitte der vier Seiten, gerade, schief oder verkehrt, rechts oder links rc. mehrere hundert Variationen mit ebenso vielen verabredeten Bedeutungen herstellen und dadurch eine Menge Mitteilungen machen kann, ist ebenso bekannt, wie, daß auch der Raum *unter* einer Marke mehr als eine Liebeserklärung enthalten kann.

Zum Schlusse sei noch geraten, daß man dann, wenn man im Laufe einer Erhebung auf den Verdacht kommt, es müsse geheimer, schriftlicher Verkehr bestehen, das ganze vorhandene Material neu durchschauen muß, lediglich zu dem Zweck, um auf Spuren einer Geheimschrift zu kommen. Das muß man auch thun, wenn man glaubt, daß man ohnehin alles genau kennt, was in der Untersuchung vorliegt. Man merke, daß man alles ganz anders anschaut, wenn man es zu einem bestimmten Zwecke durchsieht, man wundert sich dann, wie man das nicht schon früher entdecken mußte.

c) Geheimtinten und Aehnliches.

Einer besonderen Berücksichtigung sind die Mitteilungen in und aus den Arresten wert, da nicht leicht etwas so tief in den Gang einer Untersuchung eingreift, als solche Verkehrsmittel, durch welche gleiche Aussage, Alibinachweis, Bestätigungen falscher Behauptungen und andere, jede Untersuchung untergrabende Erscheinungen bewerkstelligt werden. Daß diesfalls nicht mehr Vorsicht angewendet wird, ist geradezu unbegreiflich.

In erster Linie sind die sogenannten chemischen, sympathetischen, geheimen Tinten zu erwähnen, welche für gewöhnlich nicht sichtbar sind, aber zum Vorschein kommen, wenn irgend etwas bestimmtes mit dem Beschriebenen vorgekehrt wird, wenn sie also z. B. erwärmt, befeuchtet, mit Staub oder Asche gerieben werden ꝛc. Diesfalls muß zwischen Schriften, die in die Arreste kommen, und solchen, die aus den Arresten kommen, unterschieden werden, da in beiden Fällen verschiedene Tinten angewendet werden, oder wenigstens angewendet werden können. In den Arrest kann man die kompliziertesten, chemischen Zusammensetzungen verwenden, da der nicht Verhaftete ja freie Hand hat, es muß nur das Hervorrufen einfach sein, d. h. mit Mitteln zu bewerkstelligen sein, die man auch im Arreste zur Verfügung hat, z. B. Behauchen, Befeuchten, Erwärmen (am Ofen, an der Lampe), Einreiben mit Staub oder Asche ꝛc. — Aus dem Arreste kommen nur sehr leicht zu beschaffende Tinten, hauptsächlich Urin, dann Milch (von einer Speise, oder einer zufällig verhafteten Säugenden), Gummi, wenn solcher etwa zu irgend einer Arbeit im Arrest verwendet wird, Zuckerwasser, Apfel- oder Zwiebelsaft, endlich gewisse Medikamente; so lassen sich die Leute gerne Alaunlösung „zum Gurgeln“ gegen angebliche Halsschmerzen verschreiben, um damit Briefe anzufertigen.

Selbstverständlich werden zu solchen „sympathetischen“ Mitteilungen nicht leere Papierbogen benutzt, sondern es wird das Geheime zwischen die Zeilen eines harmlosen Briefes oder am Rande einer zum Einwickeln benützten Zeitung ꝛc. geschrieben — es genügen ja in der Regel wenige Worte zu einer weittragenden Verständigung. Besonders gefährlich sind die, allerdings nur von außen in den Arrest gesendeten Mitteilungen, die z. B. durch Erwärmen hervortreten, beim Erkalten aber wieder verschwinden (Widemann'sche Tinte,

Kupferlösung in Salzsäure mit Wasser und etwas Salpetersäure, wäßrige Lösung von salpetersaurem Kobaltoxydul 2c.).

Gegen alle diese überaus bedenklichen Kniffe gibt es nun ein einziges Mittel: alle in und aus den Arresten kommende Briefe abschreiben lassen, das Original zum Akt nehmen und die Abschrift ausfolgen. Aber auch da ist man noch nicht sicher, da sehr oft bestimmte Andeutungen für viele Worte im Voraus verabredet sind; bekannt ist z. B. „Brod" für Geld, „guter Freund" für falscher Zeuge, „gut aufheben" für verstecken, „Rindvieh" für Richter oder Beamte 2c.

Peinliches Aufmerken und nichts für unmöglich halten sind da noch die einzigen Hilfen.

B. Sonstiger Verkehr.

a) Sogen. Jadzinken.

Sie heißen unter Gaunern auch Grifflingzinken, Fehmzinken und begreifen alle Verständigungszeichen mit der Hand, durch Gesten. Sie sind in der Regel sehr einfach, aber durch große Uebung so geschickt dargestellt, daß sie der Uneingeweihte nicht wahrnimmt. Besonders häufig sind zwei Formen. Nach der einen schreibt man die einzelnen Buchstaben mit dem Zeigefinger vor sich in die Luft — langsam und groß. Da entweder einer verkehrt schreiben oder der andere verkehrt lesen muß, so gehört viel Uebung und Geschicklichkeit dazu, in dieser Art zu verkehren — gleichwohl geschieht es häufig, z. B. von einem Arrestfenster über den Hof zu einem anderen Fenster, oder vom Fenster zu einem oft sehr entfernt im Freien Stehenden. Nach der anderen Form wird einfach das alte Taubstummenalphabet benützt; das geht so rasch, daß häufig bei Konfrontationen, ja selbst während der Verhandlung, wenn die Angeklagten neben einander auf der Anklagebank wohlbewacht sitzen, Verständigungen eingehender Art erfolgen.

Bei diesem Anlasse sei auch auf die Bedenklichkeit der „Konfrontationen" hingewiesen, bei welchen selten was Gutes herauskommt; bekannt ist die Geschichte, nach welcher die Konkubine eines Einbrechers diesem bei einem Kusse aus ihrem Munde in seinen Mund ein Goldstück schob, mit dem dieser sofort bei dem Aufseher einen Bestechungsversuch machte.

b) Kennzinken.

Diese kommen nicht direkt in Untersuchungen vor, sie wirken aber häufig indirekt auf dieselben ein. Es sind dies nämlich Zeichen, an denen sich Gauner gegenseitig als solche erkennen, wenn sie rasch des Beistandes eines Anderen bedürfen, oder wenn sie sicher sein wollen, daß sie einander nicht gegenseitig benachteiligen. Der Kennzinken gibt es nur wenige, diese sind aber merkwürdig international und wo immer zwei Gauner, wenn auch aus fernen Gegenden zusammenkommen, da können sie sich in zwei Augenblicken verständigen, jeder hat dem anderen gesagt: „Ich bin auch einer, von mir hast du nichts zu befürchten, ich werde dir auch helfen, wenn du es brauchst."

Für uns sind namentlich zwei Handzeichen wichtig, die in unseren Landen am verbreitetsten sind. Das eine besteht darin, daß der eine die halbgeöffnete Faust vor sich hinhält (oder auf den Tisch, sein Knie 2c. legt); die Faust wird so weit geöffnet, daß die Spitzen von Daumen und Zeigefinger etwa 3—4 Zentimeter von einander abstehen, während die drei anderen Finger etwa ebensoweit (gekrümmt) von der Hohlhand entfernt bleiben (Daumen und Zeigefinger bilden ein Hufeisen, die drei anderen Finger werden lose gelassen).

Der zweite Kennzinken wird so gemacht, daß Daumen- und Zeigefingerspitzen einander berühren (so, wie man einen zarten Gegenstand gefaßt hätte), während die drei anderen Finger gespreizt und gestreckt werden. Hiebei wird der Unterarm wagrecht gehalten. Eine dritte Art häufiger Verständigung besteht in dem sogenannten „Scheinlingszwack", der in ähnlicher Weise dargestellt wird, wie man auch sonst im Scherze Einverständnis zu erzielen trachtet. Das linke Auge wird geschlossen, während man mit dem rechten über den Nasenrücken schielt.

Diese Mittel, rasch und unbemerkt ein Einverständnis zu erzielen, sind insoferne von Wichtigkeit, als man bei Unkenntnis dieser Vorgänge sich nicht nur ein Einverständnis, sondern auch die ganze Möglichkeit eines Verbrechers nicht erklären kann. Man wird z. B. einen Eisenbahndiebstahl für unmöglich halten, weil ein dritter „Herr" noch im Abteil saß. Oder ein Mann hat auf einem Jahrmarkt falsche Schmuckgegenstände verkauft und beruft sich auf seine Gutgläubigkeit, was dadurch bewiesen werden soll, daß auch ein ganz fremder Dritter auf die Sachen mitgeboten, sie also für echt gehalten hat. Oder es behauptet einer, er habe unmöglich falsch spielen können, da ein fremder, unbeteiligter Dritter beständig zugesehen habe.

Diesen Begründungen wird man vielleicht Glauben zu schenken geneigt sein, wenn man nicht weiß, daß in allen diesen Fällen der „Dritte" allerdings vollkommen fremd war, sich aber mit dem Thäter in einem Augenblick durch einen Kennzinken dahin verständigt hat, daß ihn jener nicht nur nicht schädigt oder verrät, sondern ihm auch wenn nötig in irgend einer Weise beisteht (durch Ablenken, durch Mitbieten, durch scheinbare Ueberwachung 2c.). —

Diesfalls muß überhaupt betont werden, daß man manches Verbrechen nicht begreifen kann, wenn man nicht weiß, wie unglaublich rasch Gaunerfreundschaften allerdings oft auf nur kurze Zeit geschlossen werden. Die Leute sind aufeinander angewiesen, sie wissen, daß sie das Meiste nicht allein ausführen können und daß ein erfolgreiches Wirken in vielen Fällen nur möglich ist, wenn sich einer auf die oft bedeutende Opferwilligkeit des anderen vollkommen verlassen kann, obgleich sie einander erst gestern kennen gelernt haben. Manches große Verbrechen, bei dessen Ausführung einer auf die todesmutige Hilfe des andern rechnen muß, ist nur erklärlich, wenn man annehmen darf, daß die Leute einander vielleicht erst eine Stunde vor der That mit Hilfe eines Kennzinkens kennen gelernt haben.

Zu bemerken ist noch, daß die Leute dann, wenn sie sich nicht mittels Hand oder Auge verständigen können, einander das Wort „Kenn?“ im Frageton zuflüstern, worauf der Andere, wenn er auch ein Gauner ist, lediglich dieses Wort wiederholt. Kurze Zeit darauf opfern sie sich gegenseitig bei einem Verbrechen — am nächsten Tag kennen sie einander vielleicht nicht mehr.

c) Lautzinken.

α) Lock- und Warnrufe.

Das Zusammenwirken und gegenseitige Warnen, sowie das Aufpassen bei einem Verbrechen macht die gegenseitige Verständigung für die Gauner sehr wichtig. Es ist begreiflich, daß die Teilnehmer an einem Verbrechen nicht leicht einander auf dem Thatort begegnen, noch weniger können sie sich geschlossen von demselben entfernen, am allerwenigsten, wenn sie bei der That versprengt wurden. Sie müssen einander aber wiederfinden können und dürfen einander ebenso selbstverständlich nicht in auffälliger Weise rufen. Es haben sich daher gewisse sogenannte Lockrufe gebildet, mit deren Hilfe sich die Leute gegenseitig finden. Begreiflicherweise werden diese Rufe immer der Oertlichkeit angepaßt, sodaß man z. B. in der Stadt gut nachgeahmtes Hundegebell oder Katzenstimmen, in der Nähe eines Dorfes das Krähen eines Hahnes, im Walde Eulenruf, in der Nähe von Gewässern Froschgequake 2c. benützt. Dies ist das ganze Geheimnis, wie sich die Leute wiederfinden können, obwohl sie sich bei Betretung häufig auf eine solche Unmöglichkeit berufen.

Vielleicht noch wichtiger sind die Warnrufe des Aufpassers. Sie zerfallen in zwei getrennte Gruppen. In die eine gehören jene, die beim Herannahen gefährdender Leute den stehlenden Genossen ermahnen sollen, mit der Arbeit inne zu halten, das Licht auszulöschen, sich zur Flucht bereitzuhalten 2c. Diese Warnrufe müssen der Natur der Sache nach ganz harmlos aussehen: der langsam auf der Straße gehende Aufpasser räuspert sich, hustet, singt, ruft seinen (nicht existierenden) Hund oder macht sonst etwas denkbar harmlos Aussehendes, was den andern aber schon gewarnt hat.

In die andere Gruppe gehören jene Rufe, die nur dann gebraucht werden, wenn ohnehin schon alles verloren und das einzige Heil in schleuniger allgemeiner Flucht zu suchen ist. In diesem Falle brauchen natürlich nicht heimliche, sondern nur rasch verstandene Zeichen gewählt zu werden. Diese sind merkwürdig gleichmäßig über alle deutschen Länder verbreitet; die häufigsten sind: „Mondschein“, „Manschien“, „Lewon“, „Lampen“, „Putz“.

Hat man irgendwo diesen Ruf gehört, so kann man unbedingt sicher annehmen, daß in der Nähe ein Verbrechen im Zuge war und daß unmittelbar nach dem Rufe allgemeine Flucht der Thäter stattgefunden hat.

β) Verkehr in den Gefängnissen.

Dieser ist in den besteingerichteten Gefängnissen viel ärger, als man gemeinhin annimmt, und der Nachteil, der durch ihn dem Untersuchenden zugeht, ist ein unabsehbarer. Leider sind die Mittel, die dagegen angewendet werden können, sehr gering. Die einfachste und häufigste Art sich zu verständigen besteht darin, daß das Mitzuteilende einfach gesprochen wird, aber in harmloser Form gekleidet erscheint, indem der Verhaftete laut betet oder singt und das Mitzuteilende als Text seiner Gebete oder Gesänge einflicht. Ist die Lage der Gefängnisse derart, daß der zu verständigende Mitschuldige den Betenden oder Singenden nicht hören kann, so findet sich meistens irgend ein Verhafteter, der das Betreffende wieder durch Gebet oder Gesang weiter vermittelt.

Eine andere Art des Verkehrs wird durch Klopfen vermittelt. Früher bestanden unter den Gaunern eigene Klopfalphabete, die durch das Werkzeug, mit welchem geklopft wurde, sowie durch die Zahl und Stärke gebildet wurden; heute ist ziemlich allgemein das Morsesche System des Telegraphierens von den Gaunern als das einfachste und am leichtesten zu verabredende angenommen worden. Auch hier ist direkt der Verkehr zwischen zwei Mitschuldigen nicht leicht denkbar, es kann sich aber jeder Verhaftete darauf verlassen, daß irgend ein anderer Verhaftete, das von ihm Geklopfte weiterklopft, sodaß es schließlich der, den es angeht, doch zu hören bekommt. Diese Art des Verkehrs hat durch die modernen Einrichtungen unserer Gefängnisse wesentliche Förderung erhalten: Ueberall gibt es Leitungen für Wasser, Gas, Ventilation, Heizung, Aborte, Abfallwasser ꝛc., welche auch Schallwirkungen vorzüglich weiterleiten. Man beobachte, wie weit man es hört, wenn man z. B. an Wasserleitungsröhren klopft oder in einem Ventilationsschlauch hineinspricht. Das wissen und benützen die Gauner aber auch. Im Notfalle genügt es, wenn man sich auf den Boden legt und langsam und deutlich gegen denselben spricht. Auch dies leitet vortrefflich weiter, und gibt es Gehilfen, so kommt das Mitgeteilte auch sicher an den rechten Mann.

Eine dritte sehr häufig vorkommende Verständigung geschieht nach bekanntem Muster aus Lustspielen dadurch, daß das Aufsichtspersonal unbewußt zum Träger von Mitteilungen gemacht wird; ein Zettel mit einer Nadel läßt sich dem Manne leicht irgendwo anhängen und will es der Zufall, so bekommt auch der die Nachricht, den sie angeht.

In der Regel werden die Mitteilungen aber viel einfacher mit Hilfe der sogenannten Fuhren weiterbefördert. Findet sich in der Zelle ein Bindfaden — umso besser, wenn nicht, so wird er aus zerrissenen Leintüchern, Hemden, Fäden aus den Kleidern, sogar aus sorgfältig geflochtenem Stroh oder langen Frauenhaaren hergestellt. An einem Ende wird ein kleiner schwerer Gegenstand — ein Steinchen, ein Stückchen Kohle, im Notfalle Mauerschutt in einem Leinwandfetzen eingebunden und die schriftliche Mitteilung daran befestigt. Diese wird nun beim Fenster nicht nur nach abwärts, sondern auch nach seit- und aufwärts durch geschicktes Schwingen befördert. Nötigenfalls muß allerdings hiezu eine Nacht geopfert werden und wenn sich hilfsbereite Genossen in erreichbaren Zellen finden, so gelangen auch solche Mitteilungen an ihr Ziel.

d) Zigeunerzeichen.

Die Zigeuner benützen seit alter Zeit eine Reihe von Zeichen die zur gegenseitigen Verständigung dienen. Eine Gruppe derselben soll lediglich besagen, welchen Weg eine Zigeunerschar gegangen ist, weshalb diese Zeichen an Kreuzwegen angebracht werden. Sie bestehen hauptsächlich aus in den Boden gesteckten gekreuzten Aestchen oder aus zusammengeknüpften Ruten der stehenden Sträucher oder aus drei übereinander gelegten Steinen. Ist nur Sand oder Schnee vorhanden, so werden mitunter bloß drei parallele Striche, durch einen vierten gekreuzt, angebracht.

Eine zweite Gruppe betrifft Mitteilungen häufig harmloser Art. Z. B. bedeutet ein Eichenzweig Rückkehr eines Verhafteten, ein angebrannter Zweig mit Stroh einen Todesfall, ein Stückchen Leder Mahnung zur Eile, teilweise verdeckter Kuhdünger Verfolgung durch die Gendarmerie 2c.

Eine dritte Gruppe hilft den Nachkommenden beim Wahrsagen und erklärt die oft erstaunlichen Kenntnisse der Zigeuner hiebei; diese Zeichen werden natürlich auf dem betreffenden Hause angebracht, so unscheinbar als möglich. So bedeuten z. B. zwei Schlangenlinien die Sehnsucht der Hausfrau nach Kindern, zwei Kreise eine Erbschaft, Punkte in diesen Kreisen Erbschaftszwist, zwei Kreuze, dazwischen eine Schlangenlinie, Untreue der Frau 2c.

Eine vierte Gruppe hat endlich mit den gewöhnlichen Gaunerzinken Aehnlichkeit. Ein gestricheltes Dreieck bedeutet Unterkunft, ein Kreis um ein Kreuz mahnt zur Rache, ein Doppelkreis bedeutet ein besonders mildthätiges Haus.

Eigentümlich und nicht erklärt ist der Umstand, daß die Zigeuner regelmäßig wenn sie sich unter Dach befinden, dortselbst Körner von Stechapfel (Datura Stramonium) zurückzulassen pflegen.

e) Slichener Zinken.

Dieselben kommen heute nur mehr selten vor, aber ausgestorben sind sie auch nicht; sie hatten den Zweck, Verräter unter den Gaunern zur Warnung für andere zu kennzeichnen und bestehen in der Regel in einem oder zwei senkrechten Schnitten auf einer oder beiden Wangen, sodaß deutliche rote Narben zurückbleiben. Wie gesagt, kommen sie seltener vor, aber sieht man einmal eine Galgenphysiognomie mit solchen Narben, so weiß man, mit wem man es zu thun hat.

f) Scherenschleiferzeichen.

Die Scherenschleifer waren lange Zeit eine Gilde, die in der Mitte zwischen ehrlichen Leuten und bedenklichen Vagabunden gestanden ist. Wenn sie auch in der Regel selbst nicht stahlen, so vermittelten sie doch häufig die Verbindung der Diebe untereinander oder den Vertrieb gestohlener Dinge oder sie waren beliebte und gut bezahlte Kundschafter für die Verbrecher.

Begreiflicherweise haben sie daher bis auf unsere Tage manche Gewohnheiten der Verbrecher beibehalten, und da sie weiters in ihrem Gewerbe vielfach Zeichen nötig hatten, um zu wissen, wo sie Messer und Scheren zum schleifen übernommen haben, so ist es begreiflich, daß sich hiebei eine Art Gaunerzinken höchst harmloser Natur herausgebildet hat. Diese Dinge sind einzig und allein für uns nur deshalb wichtig, weil gewisse Zeichen der Scherenschleifer, die bloß ihr Gedächtnis unterstützen sollen, Aehnlichkeit mit echten Gaunerzinken haben können. In zweifelhaften Fällen fragt man den ersten besten Scherenschleifer, welcher gewiß gerne verläßliche Auskunft gibt.

C. Gaunersprache.

In der Regel wird die Gaunersprache als etwas für uns ganz gleichgiltiges hingestellt; am liebsten leugnete man die Existenz derselben vollständig und wenn man auch nicht so weit gehen will, so schildert man sie als unbedeutend, nicht verbreitet und für uns von keinerlei Wichtigkeit.

Daß man den Wert der Gaunersprache nicht gelten lassen will, hat zweierlei Gründe: einerseits die Bequemlichkeit, welche das mühsame Studium der Gaunersprache gerne beiseite schiebt — andererseits die falsche Auffassung über das Wesen derselben, indem man meint, daß die Gaunersprache dazu benützt werde, um sich vor anderen unverstanden verständigen zu können.

So kindlich darf die Sache aber nicht aufgefaßt werden. Denn, wenn sich die Leute vor anderen der Gaunersprache bedienen wollten, so legten sie dadurch das Geständnis ab, gefährliche Leute zu sein; dies thut aber niemand gerne. Nur ganz ausnahmsweise kann es vorkommen, daß ein ohnehin schon als Verbrecher erkannter Gauner einem anderen, etwa bei einer Konfrontation ein oder mehrere Worte in der Gaunersprache zuruft; aber das ist nur eine ausnahmsweise, gelegentliche Benützung einer Erscheinung, die andere Entstehungsgründe hat.

Jede Sprache ist ein Naturerzeugnis und die ganze körperliche und seelische Beschaffenheit einer Menschengruppe, ihre Erlebnisse und Bedürfnisse, ihre Umgebung und die Natur, in der sie leben, sind die Gründe, aus welchen sich jede einzelne Sprache entwickelte und sich nicht anders entwickeln konnte, als sie sich entwickelt hat.

Wenn wir nun auch den Verbrecher nicht als einen besonderen Typus betrachten wollen, so müssen wir doch annehmen, daß wir es bei jedem gewohnheitsmäßigen Verbrecher mit besonderen Anlagen, Bedürfnissen und moralischen Auffassungen zu thun haben. Wir dürfen auch weiter annehmen, daß bei den gewohnheitsmäßigen, einander doch ähnlichen Verbrechern ähnliche Gründe sie zu ähnlichem gemacht haben. Liegen aber ähnliche Anlagen vor, so müssen auch ähnliche Ergebnisse und schließlich eine ähnliche Sprache bei diesen Leuten als naturnotwendiges Erzeugnis entstanden sein. Man thut daher besser, wenn man die Gaunersprache nicht eigentlich mit der Sprache eines Volkes (Deutsche, Franzosen, Slaven), sondern mit der einer Menschengruppe von gleicher Beschäftigung vergleicht; also mit jener eigentümlichen sozusagen technischen Ausdrucksweise, der sich z. B. seit jeher Studenten, Soldaten, Sportsleute, aber auch Vagabunden, Prostituierte, Börsenleute ꝛc. bedienen. Alle diese Menschen haben beim Gebrauche ihrer Ausdrücke nicht die Absicht, von anderen nicht verstanden zu werden, ihre Ausdrucksweise ist ein natürliches Ergebnis langen Gebrauches, sodaß es z. B. einem Jäger unmöglich wäre von den „Ohren" des Hasen oder dem „Schwanze" eines Auerhahnes zu sprechen.

Genau so ist auch die Gaunersprache entstanden, die ja auch nicht eine vollständig gegliederte selbständige Sprache darstellt, sondern nur eine kleinere oder größere Anzahl von Fachworten in die gewöhnliche Sprache eingeschoben hat.

Wenn man also dringend rät, sich für die Gaunersprache zu interessieren, so hat man dabei nicht die geradezu kindische Absicht, zu erwirken, daß gefährliche Verabredungen einiger Gauner belauscht und enträtselt werden sollen, sondern es hat das Studium der Gaunersprache vorerst nur theoretischen Wert, weil der Kriminalist verpflichtet ist, das Wesen des Verbrechers nach Thunlichkeit zu studieren und weil die Kenntnis eines Menschen unmöglich ist ohne seine Sprache zu kennen. Diese ist das Ergebnis seines Wesens und das Studium der Sprache daher das Studium des Menschen selbst.

Ein Verzeichnis von Gaunerworten oder eine Untersuchung über die Sprache selbst hier zu bringen, würde den Raum des Buches überschreiten. Es wäre dies auch insoferne überflüssig, als heute diesfalls genug Litteratur besteht; sich mit derselben zu befassen, ist aber dringende Aufgabe jedes Kriminalisten, dem es mit seiner Arbeit Ernst ist.

VI. Abschnitt.

Die Zigeuner.

1. Allgemeines.

So wenig bekannt die Zigeuner in manchen deutschen Gegenden sind, so sehr hat man wieder anderwärts mit diesen merkwürdigen Leuten zu thun; ist dies aber der Fall, so bieten die fremdartigen und seltsamen Gewohnheiten und Eigenschaften der Zigeuner so viele Schwierigkeiten und sonst Unbekanntes, daß es sich allerdings empfiehlt, sich um diese näher umzusehen. Der Zigeuner ist in allem so ganz anders, als jeder Kulturmensch, auch des niedrigsten Grades, daß uns bei ihm alles fremd und neu erscheint, alles muß erst neu studiert und erprobt werden.

Aber so verschieden die Zigeuner von anderen sind, so merkwürdig ähnlich sind sie wieder untereinander auf der ganzen Welt, und wer ein Dutzend Zigeuner gesehen hat, der kennt sie alle; sowohl der Zeit als dem Orte nach haben sie sich nicht geändert; wenn wir die ältesten Aufzeichnungen über Zigeuner oder fremde Mitteilungen vergleichen: immer ist es wieder derselbe Zigeuner, den wir auch kennen. Von den Leuten, unter denen der Zigeuner lebt, hat er höchstens etwas von der Tracht und die Aussprache, nicht aber die Sprache übernommen. Selbstverständlich muß der Zigeuner in Deutschland auch deutsch und in Spanien spanisch können, um sich mit den Leuten zu verständigen, und deshalb spricht er seine Sprache auch mit der Aussprache des Landes, in dem er lebt; auch mengt er in seine Sprache immer mehr Ausdrücke der Landessprache, aber die Grundsprache bleibt doch immer seine eigentümliche, alte Indersprache, und wenn der spanische Zigeuner den ungarischen Bruder nicht versteht, so liegt der Grund davon nur darin, daß dasselbe Wort vom Einen spanisch und vom Anderen ungarisch ausgesprochen wird. Dieser Umstand erklärt auch, daß das Wesen der Zigeuner überall gleich ist und nur lokale Färbung angenommen hat.

Fragt man um den eigentlichen Charakter des echten Zigeuners, so wird von allen Kennern geantwortet, derselbe sei ein Gemisch von Eitelkeit und Gemeinheit, Ziererei, Ernst und Gleichgiltigkeit. Sie haben keine Spur von männlichem Urteil und Verstand, umsomehr List und Verschlagenheit. Am hervorstechendsten ist bei ihnen Kriecherei, Frechheit, Verlogenheit, gänzlicher Mangel von Scham, unbegrenzte Faulheit, Rachsucht, Grausamkeit und eine eigentümliche, hochentwickelte Feigheit. Hält man alle diese Eigenschaften zusammen, so gibt es die Möglichkeit, eine Menge von Thaten der Zigeuner zu erklären. Namentlich die zuletzt genannte Feigheit ist für uns sehr wichtig. Man weiß, daß Zigeuner als Soldaten gute Dienste leisten, aber nur bei entsprechender Verwendung. Sein schief gestellter Ehrgeiz, seine unglaubliche Geschmeidigkeit und Geschicklichkeit machen den Zigeuner zum geborenen Spion, Kundschafter und Aufklärer. Ebenso geht er beim Angriff gut mit, aber nur in der Menge; im äußersten Falle wehrt er sich auch mit der Courage des Verzweifelten — aber wirklichen Soldatenmut zeigt der Zigeuner niemals. Daher macht ihm Entschlossenheit von der anderen Seite immer bedeutenden Eindruck, und es läßt sich so erklären, wie mitunter ein einziger Gemeindediener eine ganze Schar Zigeuner vor sich hertreiben kann.

Was der Zigeuner leistet, vermag er in Folge der durch sein Geschick entwickelten Eigenschaften; der Zigeuner ist nicht weniger begabt als der Kulturmensch. Seit unvordenklicher Zeit hat er ein Leben geführt wie ein Raubtier: ohne regelmäßige Nahrung, ohne Unterkunft, ohne Arbeit, ohne Interesse für Dinge, durch welche andere Völker zu den höchsten Leistungen angespornt wurden, dabei immer verfolgt und gejagt; so mußte sich allerdings ein Geschöpf entwickeln, welches die Vorteile menschlicher Gestaltung mit dem Instinkte des Tieres verbunden hat. Nur so ist es uns erklärlich, daß Zigeuner im fremden Lande einen Ort nach flüchtiger Beschreibung finden und sich auf anderem Weg zurückbegeben können; hiebei trennen sie sich, werden versprengt und kommen wieder zusammen, wissen jeden Vorteil, der sich ihnen bietet, auszunützen, alles zu brauchen und alles zu verwerten — und das müssen sie alles leisten, ohne etwas von der Lage zu wissen, ohne lesen zu können oder eine Karte zu besitzen, ohne fragen zu dürfen und ohne auf irgend welche Hilfe rechnen zu können. Daß die Leute dies vermögen, sehen wir alle Tage, wir müssen diese Fähigkeiten aber auch in Rechnung ziehen, wenn wir irgend einen Vorgang erklären oder entscheiden wollen, ob eine That von Zigeunern begangen wurde.

Hiezu müssen noch besondere Geschicklichkeiten erwogen werden, die der Zigeuner im Laufe von Jahrhunderten und durch fortwährende Uebung erworben hat. Wo selbst ein Fachmann Zeit und Ueberlegung braucht, da sichert sich der Zigeuner in wenigen Augenblicken und mit wenigen Griffen: er weiß sofort, wie er einem Thürschloß, einem Gitter, einer Mauer beizukommen hat, wo er auf die wenigsten Hindernisse stößt und wie er am besten dort hingelangt, wo er hinkommen will. Dabei leistet er im Klettern, Kriechen und Springen Unglaubliches und richtet seine Kinder schon frühzeitig hiezu ab, so daß häufig einer wo durchschlüpft, wo man es für unmöglich hält. Außerdem hat der Zigeuner unglaubliche Geduld, er liegt tagelang auf der Lauer und geht nicht eher zum Angriffe über, bis er nicht über alle Einzelheiten unterrichtet ist. Dabei muß bei der Beurteilung der Frage, ob ein Zigeuner der Thäter war, immer erwogen werden, ob eine, wenn auch geringe Menge von Mut zur That notwendig war: einen Ueberfall auf ein Haus, solange die Leute nicht schliefen, ein Sprung in ungewisse Tiefe, ein Mord Brust gegen Brust, hat ein Zigeuner sicher nicht bewirkt, alles geht aus sicherem Hinterhalte, Schlafenden oder Wehrlosen gegenüber.

Seine Triebe: Faulheit, tierischer Hunger, sinnliche Liebe, ein bischen Eitelkeit und hoch entwickelte Instinkte, bringen ihn dazu, daß er Niemandem befehlen, aber auch Niemandem gehorchen will und daß sein Hauptbestreben dahin geht, dem Arbeitenden so viel abzunehmen, als er für seine allerdings geringen Bedürfnisse braucht.

2. Das Stehlen des Zigeuners.

Die Diebstähle der Zigeuner sind nicht nur deshalb von Wichtigkeit, weil eine immerhin nicht unbedeutende Menge von Geld und Gut in unberechtigte Hände wandert, sondern auch deshalb, weil eine große Menge von Zigeuner-Diebstählen unschuldigerweise Dienstboten, Nachbarn, oder sonst mit der Sache vertrauten Leuten zugeschoben wird. Die Geschicklichkeit des Zigeuners ist so groß, daß man, den Schaden besehend, regelmäßig annimmt, es könne der Diebstahl nur von einem mit den Verhältnissen vollkommen Vertrauten, wie es namentlich Dienstleute sind, begangen worden sein. Jeder Diebstahl durch Zigeuner ist auf das Sorgfältigste ausgekundschaftet worden: der Zigeuner hat Zeit, Geduld und stets die ganze Bande zur Verfügung; klettern kann er wie keiner und durch welch enge Spalten der kleine Zigeunerjunge kriechen kann, und wie geschickt er dann von innen heraus den anderen hilft, ist einfach unglaublich. Sind die Zigeuner einmal eingedrungen, so wissen sie so geräuschlos und behende oft neben den Schlafenden sich zu bewegen, daß es begreiflich ist, wenn der Bestohlene die That als nur für seine Dienstboten möglich erklärt, oder daß er sie Geistern zuschreibt.

Was von Zigeunern zurückbleibt und sie dem Kenner verrät, ist sein eigentümlicher Geruch; man hat ihn mit Negergeruch, Fettdunst, oder Mäuseduft verglichen — jedesfalls rührt er von eigentümlicher Ausdünstung in Verbindung mit der unbeschreiblichen Unreinlichkeit der Zigeuner her. Auf ihn zu merken, ist häufig nicht ohne Nutzen.

Ein weiteres Kennzeichen für den Diebstahl eines Zigeuners ist die Sorgsamkeit, mit der er sich den Abzug vorbereitet hat; allerdings bedarf er hiezu einer nur so kleinen Möglichkeit, daß diese Gelegenheit leicht übersehen wird: seiner schlanken, geschmeidigen Gestalt genügt ein gelockertes, schmales Brett oder ein verbogener Gitterstab, um im Augenblicke zu verschwinden. Aber irgend eine zweite, womöglich auch eine dritte Möglichkeit, davonzukommen, wird der Zigeuner ausnahmslos vorbereiten. Er rechnet immer damit, daß er dort, wo er hereingekommen ist, auch überrascht werden kann, und findet er keine Möglichkeit, sich einen zweiten Ausgang zu beschaffen, so verzichtet er lieber auf den betreffenden Raubzug. Welche unglaubliche Behendigkeit ein Zigeuner entwickeln kann, beweist die Thatsache, wie einmal ein Zigeuner einem Gendarmen entwischte. Der Zigeuner hatte durch das vergitterte Fenster eines nur mit einem Ausgange versehenen Wirtshauszimmers einen Gendarmen gesehen, der auch den von ihm verfolgten Zigeuner erblickt hatte. Der Zigeuner hockte dicht neben der Thüre nieder und als der Gendarm eintrat und in dem plötzlich leeren Zimmer herumschaute, rutschte der Zigeuner zwischen den Beinen des Gendarmen zur Thüre hinaus und war auf Nimmerwiedersehn verschwunden.

Ein weiteres Kennzeichen des Zigeuner-Diebstahls ist die Sicherung der Thüren, um nicht überfallen zu werden. Ist der Zigeuner etwa durch ein Fenster in ein Zimmer eingedrungen (am liebsten wählt er Eckzimmer, um zwei verschiedene Seiten zu beherrschen), so ist die erste Arbeit, sich, wie erwähnt, einen zweiten Abzug zu sichern. Dann geht er unbedingt daran, die in das betreffende Zimmer führenden Thüren zu sichern. Dies wird mit dem steckenden Schlüssel selten möglich sein, da der Schlüssel jenseits steckt oder sein Umdrehen zu viel Lärm machen würde. Es wird daher die Thüre verbunden, indem ein mitgebrachter Knittel, der wesentlich länger sein muß, als die Thüre breit ist, wagrecht vor die Thüre gehalten und dann die Thürklinke mit dem Knittel fest verbunden wird. Hiezu nimmt der Zigeuner regelmäßig Draht, weil man sonst doch einen

Strick durch eine schmale Spalte mit einem Messer abschneiden könnte. Geht die Thüre nach herein auf, so wird der Knittel unter der Klinke gegen den Boden gespreizt und sein Gleiten durch einen in den Boden gedrehten Bohrer verhindert. Diese Art, sich zu sichern, haben auch andere Spitzbuben gelernt. Aber so einfach, geschickt und sicher wie der Zigeuner macht es kein anderer.

Sehr bezeichnend für den Zigeuner ist es, daß man bei seinen Diebstählen immer deutlich merkt, es sei mit größter Ruhe und Sicherheit gearbeitet worden. Dies hat seinen Grund darin, daß bei solchen Gelegenheiten Wachposten im Uebermaß aufgestellt werden. Allein geht der Zigeuner überhaupt nicht, dazu ist er viel zu feige und zu schwatzhaft; bei einem Diebszuge ist aber regelmäßig die ganze Bande, Männer, Weiber, Kinder, beisammen und so können an allen Ecken und Enden gut geschulte Wachposten aufgestellt werden und die eigentlichen Einbrecher können beruhigt arbeiten. Bei vielen gewöhnlichen Diebstählen kann man wahrnehmen, daß der Thäter mit Hast und aufgeregt gearbeitet und infolge dessen das Beste zurückgelassen und minder Wertvolles mitgenommen hat. Das kommt beim Zigeuner nie vor: er sucht und wählt, als ob es sein Eigentum wäre, eine Uebereilung merkt man nie, denn er weiß, daß er von den Kameraden rechtzeitig gewarnt würde.

Bezeichnend für den Zigeuner ist auch der Umstand, daß er sich bei Diebstählen in der Regel gut mit Waffen versieht, dieselben aber auch hier nur aus dem Hinterhalte benützt; er arbeitet vielleicht mit dem Messer im Munde, und der Pistole im Gurt, wird er aber überrascht, so läuft er und schießt höchstens zurück, wenn er durch eine Hausecke oder einen Baum gedeckt ist.

Auch gewisse Schlauheiten sind dem Zigeuner zu eigen; so pflegen sie gerne Vieh und Pferde am Tage vor einem in der Nähe abgehaltenen Vieh- und Pferdemarkt zu stehlen. Sie rechnen mit Erfolg darauf, daß der Bauer keine wesentlichen Anstrengungen machen und lediglich auf dem Markte seine gestohlenen Tiere suchen wird. Selbstverständlich bewegt sich aber der Zigeuner mit dem Gestohlenen in entgegengesetzter Richtung.

Endlich sei noch eines, ebenso bezeichnenden als nützlichen Werkzeuges gedacht, welches, so viel ich weiß, ausschließlich der Zigeuner benützt und dadurch manchen unbegreiflichen oder Dienstboten zugeschobenen Diebstahl begeht. Er nimmt zwei Doppelangeln, sogenannte Hechtangeln, die er mit dem Rücken aneinander mit Draht fest zusammenbindet. So entsteht ein Werkzeug, welches genau wie ein kleiner vierarmiger Anker aussieht. Um dem Ding mehr Gewicht zu geben, wird eine Bleikugel halb gespalten und die Wurfangel in den Schnitt gepreßt. An der Oese wird ein langer Bindfaden befestigt und so ist ein Werkzeug fertig, welches der Geduld und Geschicklichkeit des Zigeuners vollkommen entspricht. Schon der kleine Zigeunerjunge muß Vorübungen machen, indem er mit einem an einer Schnur befestigten Stein stundenlang nach einem Ziele werfen muß. Kann er das, so erhält er eine wirkliche Wurfangel und muß nun mit derselben nach einem Lappen werfen, der in immer schwierigere Lagen, etwa zwischen die Aeste eines Baumes gebracht wird und von da herausgeangelt werden muß. Der Gebrauch dieses trefflichen Werkzeuges ist ein sehr verschiedenartiger. Vermöge seiner ankerartigen Beschaffenheit fängt es immer, mag es fallen wie es will, und wenn der Zigeuner z. B. zu einem ebenerdigen offenen aber vergitterten Fenster kommt, wo er ungestört ist, so wirft er seine Angel durch das Gitter auf Kleider, Wäsche und Bettzeug, die sich im Zimmer, wenn auch weitweg vom Fenster, befinden. Daß er trifft, ist ebenso selbstverständlich, als daß die Angel faßt, und das Heranziehen ist viel leichter als die Erklärung, wie der Diebstahl bei verschlossenen Thüren und Fenstern begangen wurde. Aber auch zum Trocknen bestimmte Wäsche im ringsum verschlossenen Hof wird über die Mauer und die Kotzen vom Rücken der Pferde werden über den Zaun geangelt. Kurz die Verwendung dieses Werkzeuges ist eine vielfache.

Die Zigeunerweiber benutzen dagegen einfache Angeln dazu, um Geflügel, welches sich weiter vom Hause weg befindet (namentlich am Waldrand), zu angeln; es wird mit Sämereien oder Brot gelockt und dann mit einer in die Brotkrume verborgenen Angel gefangen und rasch abgewürgt.

Eine Mordthat kann man in der Regel Zigeunern nur zutrauen, wenn sie aus dem Hinterhalte oder gegen einen Schlafenden verübt wurde. Höchstens kann noch angenommen werden, daß sich ein Zigeuner in äußerster Gefahr zu einem Stich oder Schuß entschließt.

3. Kinderdiebstahl.

Daß Zigeuner Kinder stehlen, wird überall erzählt, sichere Nachweise hierüber fehlen aber. Außerdem sind Zigeuner ziemlich fruchtbar, sind also auf fremde Kinder nicht angewiesen und könnten sich großen Gefahren aussetzen, wenn man bei ihnen fremde Kinder entdecken würde. Zu bemerken wäre nur eine Thatsache. Die sehr abergläubigen Zigeuner halten rote Haare (Haare der Sonne) für glückbringend, haben aber selbst nur schwarzhaarige Kinder; auffallender Weise drehen sich aber Erzählungen über von Zigeunern gestohlene Kinder regelmäßig um rothaarige Kinder. Ob hier ein Zusammenhang vorliegt und ob die Zigeuner vielleicht doch rothaarige Kinder wegen des Glückbringens stehlen, oder ob nicht bloß die Annahme vorliegt, daß die Zigeuner glückbringende Kinder stehlen, weil sie alles stehlen was sie brauchen können — das ist schwer zu entscheiden.

4. Gute Eigenschaften und Religion.

Es wird öfter von Dankbarkeit der Zigeuner gegen andere und Anhänglichkeit untereinander gesprochen — Beweise hierüber fehlen, und es muß leider angenommen werden, daß man auf keine einzige von uns als gut bezeichnete Handlung schließen darf.

Nicht einmal ihre oft gerühmte Pietät für Verstorbene ist echt, da sie nur eine lächerliche und kindische Gespensterfurcht besitzen. Der

„Mulo“ ist für den Zigeuner sowohl eine Leiche als auch ein Gespenst oder ein dem Vampyr ähnliches Gebilde, vor welchem er sich ebenso gleichmäßig als nachdrücklich fürchtet. Diese Furcht vor dem „Mulo“ ist eigentlich das Ganze der wirklichen Zigeuner-Religion. Christliche Begriffe hat jeder Zigeuner, die meisten sind sogar (wegen des Taufgeschenkes) unzähligemale getauft, aber Religionsbegriffe haben sie so wenig, daß Gott und Teufel eigentlich dasselbe ist; Christus nennen sie den „jungen Gott“, dem der „alte Gott“, der längst gestorben ist, die Gewalt abgetreten hat; bezeichnend ist es, daß die Zigeuner sich aber gerne Bibeln und Gebetbücher, auch Rosenkränze und geweihte Dinge schenken lassen: sie benützen dies aber nur als Talisman, wenn sie stehlen gehen.

5. Diebswerkzeuge und Gift.

Außer den schon genannten Angeln findet man beim Zigeuner selten wirkliche Diebswerkzeuge und Einbrech-Vorrichtungen; der Zigeuner ist zwar ein geschickt arbeitender Schmied, aber viel zu faul um sich mit der Herstellung eines richtigen Werkzeuges zu plagen. Er behilft sich daher lieber mit einem krummen Nagel, einem Messer oder einem geschickt zusammengebogenen Draht und leistet damit alles, wozu ein anderer umständliche Werkzeuge braucht. Es ist daher ein falscher Schluß, wenn man einer Zigeunerbande einen bestimmten Diebstahl bloß deshalb nicht zutraut, weil man keine entsprechenden Werkzeuge bei ihnen gefunden hat.

An giftigen Dingen findet man bei jeder Zigeunerbande allerlei. Harmlos ist ihr Besitz an Arsenik und Phosphor, was sie nur zum Vertilgen von Ungeziefer benützen. Dies besorgen sie geschickt und deshalb gerne, weil sie hiebei die beste Gelegenheit zum Ausspähen finden. Außerdem haben sie (namentlich die alten Weiber) eine Menge von Salben und Getränken zu Kurpfuschereien und Liebeszauberzwecken. Diese Dinge sind in der Regel nicht giftig, aber wegen ihrer grenzenlosen Ekelhaftigkeit allerdings gefährlich. Nur einen vielfach benützten Liebestrank sollen sie aus Stechapfelsamen bereiten; dies ist nicht unmöglich, weil einerseits Stechapfelsamen in der That aufregende Wirkung hervorbringen, und andererseits die Zigeuner diese giftigen Körner aus einem nicht recht aufgeklärten abergläubischen Grunde stets bei sich führen.

Auch Asa foetida (Teufelsdreck) und Zibet führen sie gerne mit sich, um sie beim Fischfang oder dem Angeln von Geflügel zu benützen.

Welche Bewandtnis es mit dem berüchtigten und geheimnisvollen Zigeunergift Drei oder Dry hat, weiß man nicht. Es soll ein feines braunes Pulver sein, welches von einem Pilz gewonnen werde; wird es jemanden (in warmer Flüssigkeit) gegeben, so sollen sich namentlich in den Atmungsorganen lange gelbe Fäden entwickeln; der Vergiftete stirbt an einer Art Schwindsucht, die Fäden gehen aber zu Grunde, sobald der Körper erkaltet. Dies wird allgemein geglaubt, irgend welche sichere Untersuchungen fehlen aber; vielleicht handelt es sich um eine Mykose (Aspergillus fumigatus).

6. Benehmen vor Gericht.

Wie der Zigeuner überhaupt anders ist als jeder andere Mensch, so benimmt er sich auch bei Gericht anders und bietet daher nicht unwesentliche Schwierigkeiten. Zuerst benimmt er sich vorsichtig tastend, versteht keine Frage und beantwortet sie als Orientale wieder mit einer Frage, und ebenso, wie er die einfachsten Dinge (Alter, Geburtsort rc.) nicht weiß, so gibt er auf alle übrigen Fragen nie eine bestimmte Antwort und ist mit den Leuten, mit denen er gefangen wurde, regelmäßig erst gestern zusammengekommen.

Allmählich findet er sich zurecht und dann beginnt ein endloser Wortschwall. Diesen schneidet man am besten nicht ab, sondern läßt den Menschen reden: einerseits hilft ein Abkürzenwollen ohnehin nichts, andererseits kommt es häufig vor, daß sich der Zigeuner dann verplappert und doch mehr erzählt als er erzählen will.

Zu einem Geständnisse bringt man den Zigeuner nur, wenn er durch das Zugeben einer kleinen Uebelthat ein Alibi für eine größere darthun will, oder wenn er sonst einen Sonderzweck damit verfolgt. So kommt es häufig vor, daß Zigeuner, die z. B. lebenslang verurteilt sind, gerne Verrat an ihren eigenen Genossen üben, wenn sie hoffen, dadurch für sich Vorteile zu erlangen. Nur in solchen Ausnahmsfällen sind die Angaben von Zigeunern richtig, sonst darf man ihnen gar nichts glauben.

7. Namen der Zigeuner.

Wirkliche Namen in unserem Sinne haben nur die wenigen seßhaft gewordenen Zigeuner, die übrigens niemals echte unvermischte Zigeuner sind und auch nicht mehr die eigentlichen Eigenschaften der wirklichen Zigeuner haben. Diese besitzen ausnahmslos zwei Namen: einen wirklichen und einen unter dem sie sich taufen, assentieren und strafen lassen.

Der erstere, unter dem sie einander nennen und kennen ist immer zigeunerisch und bedeutet entweder ein Eigenschaftswort (der Starke, der Kahle, der Zahnlose rc.) oder ein Hauptwort („das Messer", „das Eisen", „die Amsel", „die Blume"). Die Namen für die Behörden sind den Zigeunern natürlich unbequem und sie begnügen sich daher mit einer so geringen Anzahl von Namen, daß unzählige von ihnen den gleichen Namen führen; bei Abstrafungen, Vorstrafenerhebung oder Fahnenflucht soll dann einer herausbringen, welcher von den zahllosen Josef Horvat der richtige ist.

Wenn man einen Zigeuner fragt, wie der von ihm mit dem behördlichen Namen Genannte „auf zigeunerisch" heißt, so rutscht er bisweilen mit dem richtigen Namen heraus; damit ist aber nicht viel geholfen, weil die anderen Zigeuner und namentlich der Benannte selbst, es doch nicht gelten lassen, daß dies sein Name sei.

8. Einige körperliche Eigenschaften der Zigeuner.

Auch diese wollen berücksichtigt werden, wenn man diese Leute richtig beurteilen soll: der Zigeuner ist eben in allem anders.

Vor allem muß man Fragen der Marschleistungen anders beantworten, als gewöhnlich. Unter gewöhnlichen Umständen bringt der Zigeuner wesentlich mehr zuwege, als andere Leute, namentlich deshalb, weil er nicht darauf angewiesen ist, auf gebahnten Stegen und Straßen bedeutende Umwege zu machen: er geht gerade aus, mitten durch Wälder und zwischen den Feldern durch, ohne auch einmal um ein geringes von der Richtung abzuweichen. Unter Umständen kann das ein anderer auch: er verliert aber z. B. dadurch, daß er den Bäumen und Gesträuchern beständig ausweichen muß, so viel an Zeit, daß er immer noch auf der Straße rascher weiter kommt. Nicht so der Zigeuner, der sich wie ein Wiesel zwischen den Hindernissen durchwindet und keine Minute an Zeit verliert. Auch große Lasten stören insoferne nicht, als sie stets geschickt auf eine große Bande verteilt werden, sodaß auf den einzelnen nicht viel zu tragen kommt. Störend ist dem Zigeuner lediglich der Wind, man glaubt, daß dies aber nicht körperliche Gründe hat, sondern daß er sich bei Wind fürchtet: es blasen die Geister der Verstorbenen. Deshalb kann man annehmen, daß ein Verbrechen, das in einer stürmischen Nacht begangen wurde, nicht auf Rechnung der Zigeuner zu setzen ist.

Auch Krankheiten wirken auf den Zigeuner anders, als auf andere Menschen. Statistische Angaben über die Krankheiten der Zigeuner haben wir allerdings nicht, und müssen annehmen, daß diese im allgemeinen gleich sein werden, mit denen anderer Leute.

Thatsache ist es aber, daß die Wanderungen der einzelnen Zigeunertruppen durch Krankheiten wenigstens nicht merklich gestört werden; es scheint also, daß dieselben rasch und leicht überstanden werden. Daß die Leute auch weiterziehen, wenn Pocken, Scharlach, Diphtherie ꝛc. unter ihnen herrschen, weiß man daher, daß solche Infektionskrankheiten erwiesenermaßen durch wandernde und bettelnde Zigeuner oft sehr weit verschleppt wurden. Wollen sie also sich bezüglich eines Diebstahles auf Unmöglichkeit ausreden, weil Krankheit in der Truppe herrschte, so wird das in den seltensten Fällen wahr sein, obwohl sie diese Ausrede gerne brauchen.

In einer dieser Richtungen ist der Zigeuner aber viel empfindlicher als gewöhnliche Menschen, er leidet sehr unter dem, was man sonst Heimweh nennen würde, wenn der Zigeuner ein Heim hätte. Er ist derart an das ungebundene Umherziehen gewöhnt, daß er oft schon nach kurzer Haft krank wird, lediglich gemütskrank, aber so sehr, daß ihm dies häufig den Tod bringt. Fremde Kost und Kleidung, aufgedrungene Ordnung und Reinlichkeit wirken störend mit, und so leidet der Zigeuner unter einer Freiheitsstrafe mehr als der Kulturmensch. Man hüte sich, dies zu übersehen und trachte, ihm durch kleine Erleichterungen (Tabak, längeren Aufenthalt im Freien, gute Behandlung ꝛc.) die Freiheitsstrafe nicht zur Todesstrafe zu machen.

Ebenso leicht wie Krankheiten überwindet der Zigeuner körperliche Verletzungen. Mit welchen Wunden er noch fliehen und die Wanderzüge seiner Truppe mitmachen kann, ist unglaublich, ebenso die Kürze der Zeit, innerhalb welcher seine Verletzungen heilen. Dieser Umstand ist bei vielen Ueberlegungen, Schlüssen und Berechnungen nicht außer Augen zu lassen.

VII. Abschnitt.

Der Aberglauben.

Von den Erscheinungen im täglichen Leben, die tief in das Wesen des Strafrechtes eingreifen, hat man wenige so gering geachtet, wie die des Aberglaubens, und seitdem man ihm entsprechende Berücksichtigung zu Teil werden läßt, sieht man von Tag zu Tag, wie tief er da eingreift. Es kann nicht dringend genug verlangt werden, daß auf die verschiedenen Wirkungen des Aberglaubens aufgemerkt werde, da man hiedurch eine Menge von Anhaltspunkten für begangene Verbrechen, Erklärungen für harmlos scheinende wichtige, und wichtig scheinende harmlose Vorgänge, und vielfach Zusammenhang zwischen weitab liegenden Erscheinungen zu finden vermag.

Schon bei einfachen, alltäglichen Vorkommnissen kann Aberglauben einwirken, wenn z. B. eine wichtige vorgeladene (vielleicht sehr vornehme) Zeugin nicht erscheint und dadurch Verwirrung in den ganzen, wohlüberdachten Vernehmungsplan bringt: es ist Freitag, und die Dame konnte doch nicht an einem Unglückstage das erstemal in ihrem Leben bei Gericht erscheinen. Ein andermal wird ein armes Mädchen beim Verkaufe eines höchst wertvollen Opalringes betreten; sie behauptet in bedenklichster Weise, den Ring auf der Straße von einer eleganten „Unbekannten“ geschenkt bekommen zu haben. Zufällig kann erwiesen werden, daß die unwahrscheinliche Sache doch wörtlich wahr ist: die Dame hat den teuren Ring geerbt, der schöne Opal ist aber ein „Unglücksstein“, und von dem jetzt drohenden Unglück kann man sich nur retten, wenn man Stein samt Unheil dem ersten, besten Begegnenden schenkt, und das hatte die vorsichtige Dame gethan. Die Entdeckung und somit Rettung des armen Mädchens war aber nur dem Umstande zu danken, daß der amtierende Polizeikommissar den Aberglauben mit dem Opal kannte, die Vermutung des wahren Herganges aufnahm und in dieser Richtung weiterforschte.

Ebenso entstehen oft andere unbegründete Verdächtigungen. Der Bestohlene erscheint bei der Behörde, meldet einen ihm widerfahrenen Diebstahl und verdächtigt den X. mit größter Bestimmtheit. Die Verdachtsgründe sind vielleicht nicht gerade schlagend, sie werden aber mit so großer Sicherheit vorgebracht, daß man keinen Grund findet, an ihrer Richtigkeit zu zweifeln und gegen den X. vorgeht. Erst später gelingt es, festzustellen, daß der Bestohlene zuerst bei einer „berühmten“ Kartenschlägerin und dann erst bei der Behörde war, und daß ihm die erstere den X. entweder direkt oder indirekt („der bei ihm Wohnende" — „sein bester Freund" — „ein naher Verwandter der Frau") als Thäter bezeichnet hatte. Ist bei solchen leichtgläubigen Leuten einmal ein Verdacht rege gemacht, so thut Einbildung und Suggestion das ihre, und bis er zur Behörde kommt, ist seine Ueberzeugung von der Thäterschaft des X. bereits so fest, daß er mit bestem Gewissen den ganz unschuldigen X. belastet. — Solche Dinge hat jeder Kriminalist erlebt, und jeder könnte die Reihe dieser Beispiele vergrößern.

Viel gefährlicher wird aber die menschliche Dummheit, wenn sie zu abergläubischen Dingen treibt, die oft die schädlichsten Wirkungen haben können. Hieher gehören vor allem die unzähligen Verjüngungsmittel, Liebestränke und Heilmittel, die nicht bloß oft höchst ekelhaft sondern sogar das Leben bedrohend sind; nur einige der allerverbreitetsten seien als Beispiele erwähnt: warmes Menschenblut (übrigens vielleicht auch durch ein Verbrechen gewonnen) heilt Epilepsie, das morsche Holz von einem Sarge, im Munde zerkaut, verschiedene andere Krämpfe; der Schaum vom Munde eines Verstorbenen wendet genossen Trunksucht ab, Epileptiker trinken das Wasser, womit Tote gewaschen werden und Leichenwachs (adipocire) wird auf Wunden aufgelegt. Menschenfett mit einem Tropfen eigenen Blutes wendet die Liebe dessen zu, der es ißt, und Jauche von einem faulenden Toten auf den Kopf geschmiert, heilt den Grind; — wenn die Folge einer jeden dieser Kuren nicht schwere Krankheit oder Tod ist, so muß es jedesmal als Wunder bezeichnet werden, und in manchen der tödlich ausgehenden Fällen ist vielleicht eine Untersuchung wegen Giftmord oder ähnlichem eingeleitet worden — an die grenzenlose Dummheit, die eigentlich schuld war, hat niemand gedacht.

Vor noch nicht zwei Jahren fanden zwei Soldaten (in einem der höchst gebildeten Teile Deutschlands) ein altes Buch, in dem sie lasen, daß, wenn jemandem unter bestimmten Zauberformeln der Kopf abgeschnitten, und dann wieder unter bestimmten Formeln angezaubert werde, so habe der Geköpfte und wieder Geheilte die Kraft erlangt, unermeßliche Schätze zu heben. Richtig ließ sich der eine vom anderen, seinem besten Freunde, den Kopf abschneiden und dieser rief erst entsetzt um Hilfe, als das Anzaubern des Kopfes nicht gelang.

Alle solche Vorgänge müssen als Ergebnisse des Aberglaubens erkannt werden, sonst geht man in der gröblichsten Weise irre — alle bestehenden Aberglauben kennt niemand und kann sie nicht kennen, aber es ist Pflicht eines jeden der Justiz Dienenden sich mit den verschiedenen Aberglauben bekannt zu machen, die in seiner Gegend herrschen. Durch gegenseitiges Mitteilen und Bekanntmachen solcher Dinge kann viel Unheil verhütet werden.

Waren das alles nur abergläubische Vorstellungen ganz ehrlicher Leute, die wegen ihrer Dummheit nicht einmal strafbar sein können, so müssen die Aberglauben der Verbrecher in anderer Richtung beachtet und verwertet werden. Hier sind zwei Gruppen zu unterscheiden. In die eine gehören alle jene abergläubischen Vorstellungen, bei welchen die Dinge an sich ganz harmlos und in strafloser Weise zu erlangen sind, die aber dann Verwendung bei der Begehung strafbarer Handlungen finden sollen. Ihre Wichtigkeit im Strafrechte besteht darin, daß man aus ihrem Vorhandensein darauf schließen kann, daß der Besitzer ein Verbrechen begangen hat oder eines begehen will; namentlich sind sie dann ein wichtiges Beweismittel, wenn man aus ihrem Besitze darthun kann, daß er zuerst das, dann in ernsthafter Weise Durchgesetzte, zuerst mit abergläubischen Mitteln verübt hat; so ist schon mancher Mord entdeckt worden: zuerst Zaubermittel, dann Messer oder Gewehr, und das Vorfinden der ersteren ließ auf den Gebrauch der letzteren schließen.

Zur zweiten Gruppe gehören aber jene Arten von Aberglauben, bei welchen einer in den Besitz des Zaubermittels nur durch ein Verbrechen, in der Regel Mord, gelangen konnte. — Zur ersten Gruppe gehören vor allem jene harmlosen, überaus verbreiteten Dinge, die zur Verübung verschiedener Verbrechen benützt werden, also nur aufklärenden Wert besitzen. Gleichwohl ist auf ihr Vorkommen sehr sorgfältig zu achten, da man häufig Licht für einen ganzen Fall bekommt, wenn man erst eines dieser bezeichnenden und den Besitzer erbarmungslos verratenden Dinge gefunden hat.

Am häufigsten findet man noch die verschiedensten Amulette und Freibriefe, wobei der Inhalt der letzteren in der Regel andeutet, wozu er dienen soll — also bei Wilddiebereien, bei Diebstahl und Raub oder allgemein gegen die Kugeln der Gendarmen, gegen das Verhaftetwerden 2c. Aehnlich sind die sogenannten Segen, die aus uralter Zeit stammen, aber heute noch vielfache Verwendung finden. So gibt es Schußsegen gegen das Getroffenwerden oder für das Treffen, dann Fesselsegen oder Haftsegen, durch welche man angelegte Bande sprengen, oder aus dem Gefängnisse entweichen kann; die Sprungsegen verleihen Schnelligkeit beim Laufen, und mit Hilfe eines Stocksegens erlangt man entweder Vorteile beim Wandern oder man vermag mit dessen Hilfe einen Abwesenden zu prügeln. Solche Stocksegen haben schon wiederholt mindestens den Nachweis geliefert, daß der Besitzer desselben gegen den Betreffenden üble Gesinnung hegte.

Aehnliche Wirkungen hat der sogenannte Bildzauber, indem man mit Hilfe der Nachbildung eines Menschen oder einer Gliedmaße desselben (wobei in die Formmasse Haare, Nägelschnitzel, oder sonst etwas vom Körper des Betreffenden eingeknetet sein muß) ihm allerlei übles anthun kann. Hieher gehört auch das Mordbeten, oder Mordmesselesenlassen, wobei man durch entsprechende Formeln bei einem Gebete beziehungsweise während einer angeblich zu Gunsten eines Menschen gelesenen Messe dessen Tod herbeiführen kann.

Das urgermanische, heute nur mehr bei Slaven und ihren Nachbarn vorkommende Schattenmessen besteht darin, daß mit einem Stabe die Länge des Schattens eines Menschen unter gewissen Zauberformeln abgenommen wird; den Stab legt man auf einen Kreuzweg und spricht eine gewisse Formel, während zufällig ein Wagen darüberfährt; dann stirbt der Betreffende.

Eine Reihe von Unannehmlichkeiten (namentlich Impotenz) kann man seinem Mitmenschen durch das sogenannte Nestlknüpfen zufügen; dies ist ebenso alt, als heute noch verbreitet und besteht darin, daß zu gewisser Zeit und unter gewissen Formeln, eigenartige Knoten (aus Fäden, Haaren, Ruten 2c.) geknüpft werden. Auch diese häufig nicht schwer zu entdeckenden Dinge lassen Schlüsse auf Gesinnung zu.

Eine eigenartige Rolle spielen gewisse seltsame, geheiligte oder schwer zu erlangende Dinge, die mitunter und zwar durchaus nicht selten, auf das Handwerk eines Menschen schließen lassen. So haben sehr oft Wilddiebe, namentlich in den Alpen, sogenannte Johanneshändchen bei sich; sie werden aus gewissen Farnkrautwurzeln gewonnen, sind kleine haarige handförmige Gebilde und sichern dem Träger unfehlbaren Schuß. Noch wichtiger sind die ähnlichen Springwurzeln Alraunen, Galgenmännchen, die aus gewissen Wurzeln bestehen und fingerlange, braune, zottige Männchen darstellen. Angeblich für Liebe und Glück verwendet, dienen sie nur zum Oeffnen versperrter Schlösser und so ist ihr Fund bezeichnend genug; sie sind durch ganz Deutschland und Oesterreich noch sehr verbreitet.

Der Besitzer einer geweihten Hostie macht die Behörden unnahbar, alle Teile des Wiedehopfs werden beim Falschschwören verwendet und der Falschspieler braucht das Herz einer Fledermaus.

Andere Zwecke verfolgen wieder Dinge, die nach einem Verbrechen auf dem Thatorte zurückgelassen werden müssen. In der Regel muß es etwas vom Thäter selbst sein — es stellt einen uralten Gedanken eines Opfers dar, durch welches sich der Thäter von der Entdeckung loskauft. Die älteste Form ist sicher die des Rücklassens eigenen Blutes: der Thäter fügt sich eine kleine Verletzung zu und läßt einige Tropfen seines Blutes zurück; für noch wirksamer wird angenommen, wenn der Thäter mit seinem Blute die Handfläche oder Fußsohle bestreicht und so den Abdruck einer blutigen Hand oder eines blutigen Fußes zurückläßt. Solche Funde haben zahlreiche Male Anlaß zu den abenteuerlichsten Annahmen und Vermutungen gegeben, während sie, richtig gedeutet, wichtige Anhaltspunkte hätten bieten können.

In abgeschwächter Form wird die Sache so gemacht, daß der Thäter sich am Thatorte die Hände wäscht und das Waschwasser zurückläßt, oder daß er ein Kleidungsstück, namentlich häufig seine Schuhe hinlegt. Auffallend verbreitet und im Süden und Norden vorkommend ist das Zurücklassen von Exkrementen, welche man oft sorgsam zugedeckt findet; es herrscht nämlich der Glaube, daß durch das Zurücklassen überhaupt der T h ä t e r nicht entdeckt wird, solange die Exkremente aber warm sind, wird auch die T h a t selbst nicht wahrgenommen.

Zigeuner lassen, wie erwähnt, am Thatort Stechapfelsamen zurück (vielleicht ein Opfer für die bösen und neidischen Geister), manchesmal lassen sie auch Gehstöcke zurück, angeblich damit die Hunde nicht bellen.

Im großen und ganzen sind diese Dinge wie erwähnt, wenigstens insoferne als harmlos zu bezeichnen, als die Gewinnung derselben kein Verbrechen erfordert. An sich gefährlich sind aber alle Aberglauben, bei welchen schon eine strafbare Handlung begangen werden muß, um das Zaubermittel zu gewinnen; daß mit demselben wieder ein Verbrechen begangen werden soll, ist in zweiter Linie wichtig. Abgesehen von dem Vampyrglauben, der einerseits in deutschen Landen nur ausnahmsweise vorkommt und andererseits nur Leichname als Angriffsobjekte braucht, sind alle jene Aberglauben von Bedeutung, bei welchen Teile des lebenden menschlichen Körpers benützt werden müssen.

Schlummerlichter, welche angezündet, das Aufwachen der zu Bestehlenden verhindern, müssen aus dem Fette unschuldiger, womöglich ungeborener Kinder gebildet werden. Eine Anzahl von Mordthaten, die entweder als unerklärlich oder als Lustmorde bezeichnet wurden, sind dahin zu erklären, daß man sich bei einer wirklich oder vermeintlich Schwangeren der Leibesfrucht bemächtigen wollte.

Weniger gefährlich ist der Glaube, daß man zu solchen Lichtern das Blut einer bei einer Zwillingsgeburt verstorbenen Frau beimengen müsse; hiebei kann es sich in der Regel wohl nur um Leichenschändung handeln. Das gleiche Delikt wird begangen, wenn man sich des Daumens eines bei Neumond verstorbenen und neun Wochen begrabenen Menschen oder der rechten Hand eines neun Tage Begrabenen bemächtigt; beides wird ähnlich wie die Schlummerlichter bei Diebstählen verwendet.

Entsetzliche Mordthaten wurden und werden durch den Glauben an die Folgen des Menschenfleischfressens veranlaßt. So wird überall geglaubt, daß man fliegen oder sich unsichtbar machen kann, wenn man das Herz eines unschuldigen Kindes frißt; Schätzeheben erlernt man durch das Trinken lebenswarmen Menschenblutes und wer einen Teil des eigenen gebratenen Kindes verzehrt, der kann alle Verbrechen begehen, ohne daß ihm die Behörden nahekommen können. (Ein Fall der letzten Art geschah unglaublicher Weise im Jahre 1900 im südlichen Teile von Oesterreich.)

Ob es Aberglauben oder lediglich Dummheit ist, wenn die Leute glauben, sich von Geschlechtskrankheiten dadurch zu heilen, daß sie mit einer Jungfrau Beischlaf pflegen, ist nicht zu entscheiden, sicher ist es aber, daß durch diesen Glauben unabsehbares Unheil angerichtet wird.

Eine eigene Gruppe verbreitetsten Aberglaubens bildet die Ueberzeugung, daß man unter Umständen straflos falsch schwören dürfe. Hiefür gibt es zahlreiche Mittel, jede Gegend hat ihre besonderen Meinungen und es empfiehlt sich dringend, sich wenigstens um jene zu kümmern, die in der eigenen Gegend gebräuchlich sind. Die Verbreitetsten sind: Wiedehopfaugen bei sich tragen, einen Knochen des eigenen Kindes in der Hand halten, den Daumen einschlagen, mit der linken Hand Faust machen oder diese in die Seite stemmen, während des Eides einen Hosenknopf abdrehen, vor und nach dem Schwören dreimal ausspucken, sieben Steinchen oder ein Goldstück unter die Zunge legen; eine geweihte Hostie auf der Brust tragen, oder

Blätter von der Mistel in den Schuh legen. Das verbreitetste Mittel ist das sogenannte Ableiten des Eides, indem man die linke Hand ebenso formt, wie die rechte beim Schwören und die drei Schwurfinger der linken Hand ebenso gegen den Boden richtet, wie die Schwurfinger der rechten Hand gegen den Himmel gestreckt werden, dann „geht der falsche Eid ohne Schaden durch.“

Endlich wäre noch aller jener Aberglauben Erwähnung zu thun, durch welche auf die Dummheit der Menschen spekuliert und ihnen mehr oder weniger Geld abgenommen wird. Bei allen diesen Vorgängen sind die Thäter kluge Leute mit scharfem, psychologisch geschulten Blick, welche sich entweder im voraus über die Verhältnisse ihrer Kundschaften unterrichten lassen, oder dieselben zum Erzählen bringen, wodurch sie von den Leuten selbst alles erfahren, was sie brauchen. Da hiebei auf der einen Seite oft erstaunlich viel Menschenkenntnis aufgewendet wird und auf der anderen Seite oft die unglaublichste Harmlosigkeit vorliegt, so ist es begreiflich, daß häufig überraschendes geleistet wird und daß sich die hiebei angewendeten Kunstgriffe und der Glaube an das Geleistete, seit Menschengedenken erhalten hat, und sich auch noch lange erhalten wird.

Wie es die Zauberer machen, ist immer und überall gleich, die Handgriffe selbst sind gleichgiltig, die Hauptsache ist das erwähnte geschickte Benützen der menschlichen Dummheit.

Hieher gehört das Wahrsagen, Kartenschlagen, der Freiseher, der den Dieb im Traume sieht, der Guckkasten, in welchem der Beschädigte den Dieb selber sehen darf, die Zaubertrommel, auf welcher hüpfende Körner die gestellten Fragen beantworten, das Erbsieb, auf welchem sich der Erbschlüssel dreht, dann die unzähligen Formen des Schatzgrabens, das Traumdeuten und endlich die wieder recht modern gewordene Chiromantie, bei welcher aus den Handlinien gewahrsagt wird. Eine hübsche hierher gehörige Form des Wahrsagens übt dermalen eine elegante Pariser Wahrsagerin, die alle Fragen aus den Falten des Hodensacks des Neugierigen zu beantworten vermag.

VIII. Abschnitt.

Über Waffen.

Das Folgende soll selbstverständlich keine kurzgefaßte Waffenlehre darstellen, sondern eigentlich nur die verschiedenen oft nicht allgemein bekannten Ausdrücke, wie sie bei Waffen gebraucht und verstanden werden müssen, erklären, da die Söhne eines Volkes in Waffen zwar in der Regel die modernen Kriegswaffen, nicht aber die zwar veralteten, aber immerhin noch im Gebrauche befindlichen Waffen und ihre Bestandteile kennen. Selbstverständlich wird man sich immer, wenn es sich um eine Waffe handelt, der entsprechenden Sachverständigen bedienen. Man hat dieselben aber häufig im ersten und gerade wichtigsten Augenblicke nicht zur Hand und es ist auch für die Vernehmung der Zeugen und Beschuldigten notwendig, wenigstens die notdürftigsten Begriffe genau zu kennen. Auch hier sei nochmals wiederholt, daß man die gewöhnlichen Sachverständigen, Büchsenmacher und Waffenerzeuger, nur für einfache rein technische Fragen verwenden soll; für alles Feinere und Wissenschaftliche müssen unbedingt Aerzte, Physiker, Techniker, Waffenoffiziere und erfahrene Jäger herangezogen werden.

A. Feuerwaffen.

Es ist nötig, sich auch um Waffen recht veralteter Formen zu kümmern, da wiederholt Verbrechen oder wenigstens Selbstmorde mit Waffen aus Sammlungen begangen wurden und da sich im Besitze von Bauern noch häufig sehr alte Gewehre und Pistolen vorfinden.

Der konservative und sparsame Bauer erwirbt überhaupt gerne Dinge der vorletzten Mode, da er weiß, daß er so zwar veraltete aber oft sehr gute und einmal sehr teuere Sachen billig erwerben kann. Dieser Erfahrungssatz ist auch deshalb nicht unwichtig weil man hiedurch in vielen Fällen aus der aufgefundenen Waffe auf den Besitzer und umgekehrt aus dem Besitzer auf die von ihm etwa verwendete Waffe schließen kann.

I. Allgemeines.

Mit Kanonen, Mitrailleusen, Mörsern und Aehnlichem haben wir nicht zu thun. Uns interessieren nur die Handwaffen: Gewehre, Pistolen, Terzerole und Revolver. Diesen ist gemeinsam: der Lauf, der Schaft, das Schloß und das Zubehör; ist der Lauf lang und der Schaft zum Anstemmen an die Schulter bestimmt, so heißt die Waffe Gewehr, Flinte, Büchse, Zwilling, Drilling 2c. Ist der Schaft kurz und nur für die Faust bestimmt, so ist es eine Pistole, ein Terzerol ein Revolver. Wird die Ladung von der Mündung aus eingebracht, so haben wir einen Vorderlader, geschieht die Ladung beim Schloß mit Hilfe eines sogenannten Verschlusses, so ist es ein Hinterlader.

Eine Faustwaffe, bei der jeder Lauf besonders geladen werden muß, ist eine Pistole oder ein Terzerol; wird ein einziger Lauf durch eine mehrfach geladene Trommel oder aber ein sogenanntes Magazin versehen, so haben wir einen Revolver oder eine Magazinpistole.

Die Pistole hat einen Schaft (also Holz bis zur halben Lauflänge oder bis zur Mündung) und das Schloß seitwärts; beim Terzerol ist der Lauf frei und aufgeschraubt, das Schloß hinter demselben angebracht.

II. Arten der Feuerwaffen.

1. Gewehre:

Man teilt sie ein in einläufige und mehrläufige und die letzteren in Doppelgewehre, wenn die Läufe gleichartig sind, und Zwillinge oder Drillinge, wenn die Läufe verschieden (also für Schrot und Kugel bestimmt) sind; Bockflinten heißen Doppelflinten, bei welchen die Läufe nicht neben, sondern übereinander liegen. Dann unterscheidet man Vorderlader und Hinterlader; Schrotgewehre und Kugelgewehre. Bezüglich der Geschosse unterscheiden wir:

Schrot nennen wir jene kleinen kugelförmigen Geschosse, die lose geladen und durch den Pfropf festgehalten werden. Sie werden entweder aus größerer Höhe oder mit Hilfe der Zentrifugalkraft durch Siebe gegossen und müssen deshalb einen Zusatz von Arsen bekommen. Dieser Zusatz und die Legierung des Bleies überhaupt, ist insoferne von Wichtigkeit, als unter Umständen durch chemische Untersuchung der Schrotkörner, die am Thatorte und jener, die im Besitze des Verdächtigten gefunden wurden, wichtige Schlüsse bezüglich der Gleichartigkeit gezogen werden können.

Ebenso wichtig, vielleicht noch wichtiger, ist auch die Legierung von Kugeln, namentlich dann, wenn der Verdächtigte sich die Kugel selbst gegossen und hiezu im Hause vorrätiges Material (Bleiknöpfe, Zinnlöffel 2c.) verwendet hat.

Pfosten, auch Hagel genannt, nennen wir ganz große Schrotkörner, die meistens in Formen gegossen und daher mit sogenannten Gießrändern und Zapfenansätzen versehen sind. Heute werden sie allerdings ebenso wie die Kugeln meistens gepreßt und sind daher drehrund und glatt.

Kugeln nennen wir alle Geschosse, welche einzeln verwendet und nicht lose sondern eingepreßt im Laufe geführt werden. Bei den Vorderladern erhält die Kugel zum Zwecke der leichteren Einbringung fast immer ein sogenanntes Pflaster, ein rundes eingefettetes Stück Stoff; dieses wird auf die Mündung gelegt, darauf kommt die Kugel und diese wird nun mit dem Pflaster in den Lauf gedrückt oder geschlagen und dann mit dem Ladestock hineingeschoben. Dieses Pflaster ist zu Erkennungszwecken oft sehr wichtig: entweder kann es gefunden und mit Stoffresten im Besitze des Verdächtigten verglichen werden, oder es drückt sich so fest an der weichen Bleikugel ab, daß auch dieser Abdruck in Ermangelung des Pflasters selbst mit Stoffresten im Besitze des Verdächtigen verglichen werden kann. Bei Hinterladern wird kein Pflaster verwendet.

Bezüglich der Form der Kugeln (gegossen oder jetzt meistens gepreßt) sei nur erwähnt, daß man außer den runden, wirklichen Kugeln, Spitzkugeln und Langgeschosse unterscheidet. Die Spitzkugeln sind Cylinder mit vorne aufgesetzten Kegeln; sie haben meistens rückwärts zwei oder mehrere Ringe, welche das Einfügen in den Lauf und dessen Züge besorgen sollen. Mitunter sind sie auch rückwärts hohl und haben bisweilen eine Scheibe aus Holz, Metall oder Thon (sogenannter Treibspiegel) eingesetzt, welcher die hohlen Wände der Kugel auseinandertreiben und in die Laufzüge einpressen soll.

Die Langgeschosse haben unverhältnismäßig geringen Querdurchmesser gegen den Längsdurchmesser. Ersterer geht bis auf sieben, sogar sechs Millimeter herunter; sie haben die Form eines vorne abgerundeten Cylinders, mitunter sind sie auch vollständig cylinderförmig, ohne Spitze, sogenannte Dumdumgeschosse. In der Regel sind die Langgeschosse mit einem Mantel versehen, ein umpreßtes oder angelötetes Blech, welches beim Schusse häufig reißt und dann besonders gestaltete Wunden erzeugt.

In der Regel pflegt man von dem aufgefundenen Geschosse auf das verwendete Gewehr zu schließen und begeht hiebei oft Fehlgriffe mit schweren Folgen. Das Einzige, was mit Sicherheit gesagt werden kann, geht dahin, daß eine Kugel nicht aus einem Laufe stammen kann, der enger ist als der Durchmesser der Kugel, obwohl auch hier eine Kugel durch Anprallen derart deformiert worden sein kann, daß man ihren Durchmesser falsch, auf zu groß veranschlagt. Alle anderen Schlüsse von Geschoß auf Gewehr und von Gewehr auf Geschoß sind umso unverläßlicher, als durch sogenanntes Falschladen, Irreführungen häufig beabsichtigt wurden und auch gelungen sind. Dies geschieht namentlich dann, wenn der Thäter den Besitz der Waffe nicht zu verheimlichen braucht und wegen seines Besitzes oder zum Zwecke persönlichen Schutzes im Besitze einer Waffe sein darf.

In der Regel wird man einerseits zur Schonung der Waffe und andererseits wegen des sicheren Schusses nur jene Geschosse zur Ladung verwenden, welche für die Waffe bestimmt sind; man wird also Schrote nur aus einem Schrotgewehr und Kugeln nur aus einem Kugelgewehr und auch hier nur die passenden schießen. Handelt es sich aber um ein Verbrechen, so entfällt die Rücksicht auf die Waffe immer, und die auf die Schußsicherheit auch dann, wenn aus sehr geringer Entfernung geschossen werden soll. Es wird daher in solchem Falle z. B. auch mit Schrot aus einem feingezogenen Kugelgewehre ohne Rücksicht auf das sogenannte Verbleien des Laufes geschossen werden. Ebenso kann auch ohne Gefahr eine Kugel aus einem Schrotlauf geschossen werden, wenn sie wesentlich kleiner ist als der Durchmesser des Laufes und nur durch Papier, Moos, Leinwand 2c. festgehalten wird.

Bei Kugelschüssen mit Kugelgewehren wird die Irreführung häufig mit schon gebrauchten Kugeln bewerkstelligt. Sagen wir, es hätte einer ein Gewehr mit fünf Zügen, so wird er mit ziemlicher Berechtigung annehmen dürfen, daß man eine Kugel für nicht von ihm herrührend halten wird, wenn die Kugel die Spuren von vier oder sechs Zügen aufweist. Eine solche Kugel kann er sich aber leicht verschaffen, wenn er eine Kugel aus einem Gewehre mit vier oder sechs Zügen in einen Sandhaufen schießt, oder wenn er sich eine möglichst wenig verunstaltete Kugel aus dem Kugelfänger eines Schießstandes aussucht. Diese Kugel, die natürlich nicht unwesentlich kleiner sein muß, als das Kaliber des zu benützenden Gewehrlaufes, wird in Papier, Leinwand, Moos 2c. gepackt und fest in den Lauf eingeschoben. Die Züge dieses Gewehres drücken sich selbstverständlich auf der Kugel nicht mehr ab, und wird das Gewehr des Verdächtigen mit seinen fünf Zügen mit der Kugel, die vier oder sechs Züge zeigt, verglichen, so wird die Zusammengehörigkeit der beiden in den meisten Fällen ausgeschlossen.

Daß eine Kugel, unbenutzt oder schon mit eingeprägten Zügen von einem früheren Schusse, aus einem Schrotlaufe geschossen werden kann, ist selbstverständlich. Auch sie muß kleiner sein, als der Durchmesser des Schrotlaufes, ihre Fixierung in demselben geschieht entweder durch Umwicklung mit Papier rc., oder durch nachschieben eines Pfropfens aus irgend einem weichen Stoffe.

Auf größere Entfernung kann man mit solcher Ladung allerdings nicht schießen, wie weit, hängt von der Beschaffenheit des Gewehres und namentlich von der Art der Ladung ab: ob nämlich die Kugel genau in der Mitte des Laufes gelagert war, ob man die Fixierung sorgfältig veranlaßt hat rc. — Diesfalls müßten Versuche unter ähnlichen Bedingungen angestellt werden.

Ueberhaupt ist bei Vorderladern, namentlich bei Schrotschüssen, die Ladung von größter Wichtigkeit, wenn man darum fragt, wie weit und scharf der Schuß tragen konnte, und wie der sog. Streukegel beschaffen war, d. h. ob die Schrotkörner beisammen blieben oder stark auseinandergestreut wurden. Hiebei muß wieder zwischen Kugel- und Schrotgewehr geschieden werden. Sieht man bei beiden von allen Verletzungen und Abnützungen ab, so handelt es sich beim Kugelgewehr in erster Linie um sorgfältige, genaue Arbeit, gutes Material, gute Erhaltung und dann um genaue und richtige Ladung. Beim Schrotgewehr ist Material der Läufe und auch Art der Arbeit Nebensache, hier kommt es hauptsächlich auf das richtige Verhältnis zwischen Durchmesser und Länge der Läufe, Verjüngung des Kalibers (Chokebore) und Verhältnis der Läufe zur Ladung an; bei dieser ist wieder Verhältnis von Pulver und Schrot, Art der Pfropfen, Behandlung und Verwendung derselben von größter Wichtigkeit. Bezüglich des „Zusammenhaltens der Schrote" kommt es auch wesentlich auf alle genannten Verhältnisse, außerdem aber auf gewisse Griffe an: es ist kein Aberglauben, daß die Schrote besser beisammenbleiben, wenn man sie in Leinwand einbindet, oder sie mit Unschlitt zu einem Zapfen formt und diesen in den Lauf schiebt, weiter, daß Schrote von ungleicher Größe schlecht beisammenbleiben rc. Alle diese Eigenarten der Ladung machen daher das Probieren, auch mit demselben Gewehre und ähnlicher Munition so überaus unverläßlich — Aeußerungen über einen Schuß bloß nach, wenn auch noch so sorgfältigem Ansehen und Untersuchen des Gewehres sind ganz wertlos.

Bezüglich des Materials des Laufes ist zu merken, daß dies auf die Güte des Schusses keinen Einfluß hat, sondern nur auf die Dauerhaftigkeit des Gewehres und die Sicherheit des Schützen, da ein ordinärer Lauf s p r i n g e n, ein Band- oder Damastlauf aber nur r e i ß e n kann. Band- oder Rubanläufe werden aus Eisen- und Stahlbändern, Damastläufe aus geflochtenem Eisen- und Stahldraht mit nachfolgender Beizung zusammengeschweißt, sie haben also gewebeartige Konstruktion und können daher nur so reißen, wie ein anderes Gewebe. Das sind natürlich bedeutende Vorteile, aber wenn ein ordinärer Eisenlauf und der feinste Damastlauf neu oder in gleich abgenutztem Zustande sind (die erstere nützt sich natürlich viel eher ab), so sind beide gleich gut im Schusse. Dies ist bei der Beurteilung von Schußwirkungen stets zu beachten. —

Für strafrechtliche Fälle sind zwei Arten von Gewehren von besonderer Wichtigkeit: die sogen. Stockflinten und die zerlegbaren, sogen. Abschraubegewehre, da beide zu heimlichen Zwecken dienen und oft mit nennenswertem Scharfsinn hergestellt werden, sodaß sie nicht leicht wahrzunehmen und zu entdecken sind.

Die Stockflinten bestehen aus einem gewöhnlich rohrartig lackiertem Lauf, der den eigentlichen Stock darstellt und aus einem krückenartigen Griff, der sich mitunter so auseinanderlegen läßt, daß er einen Gewehrkolben, aber gewissermaßen im Skelett, darstellt; Drücker und Hammer sind im Innern des Stockes verborgen, und können erst im Bedarfsfalle ausgeklappt werden. Eine gut gemachte Stockflinte erkennt man nur schwer als solche, wenn man sie nicht anfassen kann — nur beim Niederstellen hört man metallischen Klang und merkt auffallendes Gewicht; ist der Erzeuger sehr vorsichtig, so bringt er an der Mündung des Laufes, also am unteren Ende des Stockes, einen vor jedem Schusse abzuschraubenden Schuh aus Horn an, der das metallische Klingen beim Niederstellen des Stockes fast völlig verschwinden macht.

In der Regel werden Stockgewehre nur zu kleinen gelegentlichen Wilddiebereien verwendet, die Behauptung, daß sie zur persönlichen Verteidigung gebraucht werden, kann meistens als Ausrede bezeichnet werden, da es für diesen Zweck wohl nicht leicht etwas ungeschickteres und untauglicheres geben kann, als ein Stockgewehr. Dagegen sind häufig allerlei hinterlistige Angriffe mit diesen Werkzeugen geschehen, und es ist daher vollkommen berechtigt, wenn man sie als gefährlich bezeichnet.

Aehnliche Gesichtspunkte gelten für die sogenannten Abschraubegewehre, die in erster Linie wohl nur zu Wilddiebstahl verwendet werden, aber auch zahlreichen Jägern beim Kampfe mit Wildschützen den Tod gebracht haben. Ihre Erzeugung geschieht in den meisten Fällen nicht von Fachleuten, sondern von Pfuschern, die aber häufig soviel Mühe und Zeit auf die Arbeit verwendet haben, daß mitunter bewunderungswerte Werkzeuge zustande kommen. Die Hauptsorgfalt wird hiebei auf die Art der Verbindung der einzelnen Teile verwendet, wobei alle erdenklichen Formen zu Tage treten: Verschraubungen, Kippvorrichtungen, Charnierbewegungen, Kreuzhaken- und Spannkuppelungen, Muffendopplungen und sonstige Verbindungen kommen allein oder miteinander in Verwendung. Das Augenmerk ist darauf gerichtet, daß die Verbindung möglichst rasch und sicher geschehen kann, und da dieser Zweck häufig vortrefflich erreicht wird, so hat man gegebenen Falles auch hierauf zu sehen. Wo die Grenze für die Kleinheit der einzelnen Teile gegeben ist, läßt sich kaum sagen; übertrieben und sprichwörtlich sagt man: der richtige Wildschütze trage sein Gewehr in der Westentasche. Und dabei ist nicht zu übersehen, daß solche Gewehre trotz der zahlreichen Verbindungsstellen häufig sehr gut schießen. Wenn wir diese und die Stockflinten zusammen mit dem rauch- und knallschwachen Pulver bringen, so läßt sich allerdings nicht sagen, welchen Gefahren man hiebei entgegengeht. —

Bezüglich der einzelnen Zündvorrichtungen ist vor allem zu merken, daß für unsere Fälle vielleicht vom Steinschlosse angefangen bis zum modernsten Gewehre alle Formen vorkommen können. Von den erstgenannten sind manche ausgezeichnet schießende Gewehre in die Hände von Bauern gekommen, die nicht einsehen, warum sie sich von denselben trennen, und ein ungewohntes, neues Gewehr kaufen sollten, bei welchem die Patronenbeschaffung schwierig und teuer ist. Diese alten Steinschlösser, die namentlich im Gebirge nicht ganz selten sind, müssen insoferne berücksichtigt werden, als bei ihrer Benützung manche Erscheinungen kenntlich sind. Das Steinschloß hat seitliche Bohrung, die mit der Pulverpfanne in Verbindung steht; auf den Deckel der letzteren schlägt der Feuerstein des Hahnes und entzündet das Pfannenpulver und durch dieses erst das Pulver im Laufe. Man kann also unter Umständen auf die Benützung eines Steingewehres schließen, wenn der Schuß bei feuchtem Wetter wiederholt versagt hat, oder wenn zwischen dem Schlagen des Hahnes und dem Krachen des Schusses, nennenswerte Zeit vergangen ist. Außerdem kennt man bei keinem Gewehre so gut, daß kürzlich damit geschossen wurde, als beim Steingewehr, weil man auf der Pfanne den frischen Pulverschmauch und auf dem Deckel die frischen Steinkratzer deutlich wahrnimmt.

Die Nachfolger der Steinschlösser waren die Perkussionsschlösser, bei welchen zuerst die Zündpillen und dann die kleinen Kupferkapseln statt der Feuersteine in Verwendung kamen. Diese Art der Gewehre dürfte heute noch bei der Landbevölkerung am verbreitetsten sein. Findet man bei einer Hausdurchsuchung nicht das Gewehr, so achte man auf gewissen Zubehör, der nur bei Perkussionsgewehren Verwendung findet: Pistons und Pistonschlüssel, Kapselsetzer, Pulverhörner und Schrotbeutel, gewisse Formen von Papier- oder Kuhhaarpfropfen rc.

Von den Hinterladern sind alle erdenklichen Systeme, oft auch ganz moderne, unter die Leute gekommen. Es erklärt sich dies daraus, daß vielen Privaten irgend ein neues System nicht paßte und daß somit solche Gewehre umso billiger verschleudert wurden, als sie von Kennern deswegen abgelehnt wurden, weil die Patronen eines vorübergehenden Systems nicht zu beschaffen sind. An das dachten die Käufer nicht, oder sie begnügten sich mit einer kleinen Anzahl mitbekommener Patronen. Ebenso sind unzählige mißlungene Probestücke für Militärgewehre unter die Leute gekommen, und so geschieht es, daß man mitunter in entlegenen Orten die seltensten Hinterladergewehre sehen kann. Diese aufzuzählen, hat keinen Zweck, zumal das wichtigste in jedem neuen Konversationslexikon nachgelesen werden kann.

Bemerkt werde, daß hauptsächlich drei Gattungen von Patronenzündung unterschieden werden müssen. (Findet man eine volle oder ausgeschossene Patrone, so kann man wenigstens sofort auf eine der drei Gruppen bezüglich des Gewehres schließen.)

Stiftzünder tragen in der Mitte des Bodens eine senkrecht zur Längsachse stehende Kapsel, in welcher ein aus der Patrone im rechten Winkel vorragender Stift steckt, auf diesen schlägt der Hahn des Gewehres. Der Lauf hat dann am unteren Ende die dem Stifte entsprechende Kerbung.

Centralzünder haben die Kapsel in der Mitte des Patronenbodens parallel mit der Längsachse eingefügt; der Hahn des Gewehres trägt eine stumpfe, kegelförmige Spitze, welche direkt gegen die Kapsel schlägt.

Randzünder haben keine Kapsel, der Zündsatz ist ringsum am Rande des Patronenbodens eingepreßt. Die Zündung geschieht durch Schlag auf einen zangenförmigen Bolzen, dessen Enden auf den Patronenrand schlagen.

Welcher Art eine Patrone angehört, zeigt also der erste Blick auf dieselbe.

Bezüglich der Ueberbleibsel bei einem Schusse ist außer auf die etwa zurückgelassene leere Patronenhülse noch besonders auf die Reste des Kugelpflasters bei Vorderladern, und die Pfropfen bei Schrotgewehren zu achten. Ist schon das Aufsuchen dieser Dinge nicht leicht, so gibt es noch besondere Schwierigkeiten, wenn nachgewiesen werden soll, daß z. B. irgend ein Papierfetzen der Rest eines Schußpfropfens oder ein Leinwandstückchen ein Kugelpflaster sein soll, und gar, daß diese Dinge gerade zum fraglichen Schusse gehört haben. Wie aus denselben Nachweise für den Thäter gewonnen wurden, ist aus zahlreichen Kriminalromanen zur Genüge bekannt. Es muß aber diesfalls zur äußersten Vorsicht gemahnt werden, weil durch Zufall oder absichtliche Irreführung unzählige Mißgriffe geschehen sind — es darf z. B. nicht vergessen werden, daß ein an den A gerichteter und als Gewehrpfropfen benützter Brief zufällig oder absichtlich auch von einem anderen verwendet worden sein kann; es sind sogar Fälle bekannt, in welchen einer mit einem Hinterlader und Filzpfropfen geschossen hat und absichtlich einen mit Pulverschmauch beschmierten und etwas angebrannten Papierpfropf hinlegte um glauben zu machen, daß mit einem Vorderlader geschossen worden ist. Sorgfältige Untersuchung von derlei wichtigen Funden namentlich durch Mikroskopiker und Chemiker ist unbedingt notwendig.

Von Wichtigkeit sind, wie schon oben erwähnt, die sogenannten Züge des Kugelgewehres. Es sind dies tiefere oder seichtere, breitere oder schmälere Rinnen im Innern des Laufes, welche nicht gerade, sondern in Windung angebracht sind; diese Windung heißt der Drall des Gewehres und soll mit den Zügen bewirken, daß sich die Kugel fest einpreßt und gewissermaßen herausschraubt, wodurch sie Drehung erhält und mehr eben fortfliegt. Auf die Zahl und Breite dieser Züge ist sorgfältig zu merken, weil aus ihren Abdrücken, wenigstens in der Regel, gewisser Zusammenhang zwischen Gewehr und Kugel nachgewiesen werden kann.

Hat man ein Gewehr rasch und oberflächlich zu untersuchen, (eigentliche und innere Untersuchung ist selbstverständlich den Sachverständigen zu überlassen), so wird man bezüglich der Leistungsfähigkeit desselben nicht weit irregehen, wenn man vor allem auf sorgfältige Arbeit und bessere Ausstattung sieht, da es keinem Büchsenmacher einfällt, ein schlechtes Gewehr kostbar auszustatten. Das weitere Augenmerk richtet man auf die Erhaltung des Gewehres; hiebei sind alle Eingriffe, die für die Sachverständigen wichtig sein können, unbedingt zu unterlassen: Man darf also nicht mit dem Finger in die Mündung fahren, um etwa frischen Pulverschmauch zu entdecken, oder in den Lauf blasen, um zu wissen, ob das Gewehr geladen ist, ja nicht einmal den Hahn spannen, weil dadurch später wichtige kleine Veränderungen erzeugt werden können. Muß man unbedingt eine Untersuchung vornehmen, so darf dies nur mit äußerster Vorsicht schehen; muß man z. B. wissen, ob ein Gewehr geladen ist, so mißt man mit einem dünnen Stabe den Lauf auswendig und inwendig, wobei bei einem geladenen Gewehre das Innenmaß um die Ladung kürzer ist als das Außenmaß. Muß man wissen, wie der Lauf innen aussieht, so soll ein Hinterlader nur im äußersten Falle abgekippt werden; will man dies nicht thun oder handelt es sich um einen Vorderlader oder geladenen Hinterlader, so hält man die Mündung des Gewehres schräg gegen das Licht und führt einen schmalen Streifen weißen glatten Papieres ein; die so erzeugte Spiegelung läßt wenigstens nahe an der Mündung den Innenzustand des Laufes beurteilen. Muß aus irgend einem Grunde doch der Hahn gespannt werden, so thue man dies grundsätzlich nur über einem Blatt Papier, damit etwa abfallende Restchen nicht verloren gehen. Hat man eine dieser Vornahmen geschehen lassen müssen, so muß dies vermerkt werden; ebenso ist für alle Fälle der zum Messen verwendete Stab oder der als Spiegel benützte Papierstreifen 2c. beizulegen.

Kommt es endlich zur Untersuchung durch die Sachverständigen, so muß auch hier auf peinliche Sorgsamkeit geachtet werden. Man achte namentlich beim Entladen, daß dies über einer glatten Fläche geschehe, damit nichts verloren gehe; herausgenommene Pfropfen, Schrot, Kugeln, Pulver, abgenommene Kapseln und Patronen müssen immer a b g e s o n d e r t verwahrt und ebenso b e s o n d e r s bezeichnet werden: zur Zeit der Vornahme weiß man niemals, was später wichtig werden kann. Wird das Gewehr von den Sachverständigen zerlegt, so achte man auch hiebei auf alle Kleinigkeiten, namentlich auf Fabriksmarke, alle, wenn auch unbedeutenden Beschädigungen und frühere Ausbesserungen, endlich auch auf Schmutz und Staub, der sich an manchen Stellen anzusammeln pflegt; so findet man z. B. bei Vorderladern in der Dulle, in welche der Ladstock gesteckt wird, mitunter sogar Papierfleckchen, die wichtig sein können.

Eine sorgfältige Beschreibung durch die Sachverständigen verdient endlich auch der Zustand aller Nebenvorrichtungen, von denen doch oft der Schuß abhängt. (Abgehen des Drückers, sicherer Stand und Schlag des Hahnes, Unversehrtheit von Visier und Mücke 2c.). Nicht zu vergessen ist auch eine Angabe, ob sich an der Außenseite der Waffe Feuchtigkeit, Flecken und Spuren und sonstige Verunreinigungen finden und eine Bemerkung über die Beschaffenheit des Ortes, wo das Gewehr gefunden wurde. Dies ist namentlich dann wichtig, wenn der Erhaltungszustand des Gewehres und seine Brauchbarkeit davon abhängig sein kann; ist z. B. das Gewehr lang geschäftet und an einem feuchten Orte, wenn auch nur kurze Zeit verwahrt, so kann sich der Holzschaft verziehen, wodurch eine kaum wahrzunehmende aber den Schuß lebhaft behindernde Krümmung des Laufes entstehen kann.

Besondere Vorsicht verlangt die Entladung eines Vorderlader-Kugelgewehres. In der Regel wird dies von den „Sachverständigen" mit einem mehr oder minder guten Kugelzieher besorgt; dieser wird in die Kugel eingebohrt und so kommt diese gewöhnlich nach mehreren vergeblichen Versuchen in beklagenswertem Zustande zum Vorschein. Handelt es sich dann später um weitere Untersuchungen, so sind diese in der Regel mit der zerstörten Kugel nicht anzustellen. Wenn anders möglich, bestehe man daher in einem solchen Falle darauf, daß, was allerdings mühsam und unter Umständen nicht ungefährlich ist, die sogenannte Schwanzschraube entfernt und die Ladung von hinten gewonnen werde; wird dies geschickt gemacht, und wird die Kugel mit einem weichen Holzstabe von der Mündung aus zurückgedrückt, so erhält man das Geschoß fast im selben Zustande wie es sich im Laufe befunden hat.

2. Pistolen und Terzerole.

Diese kommen auffallenderweise nur mehr selten im Gebrauche vor, während die neuen verschiedenen, meistens vortrefflichen Magazinpistolen, wohl wegen ihres hohen Preises in der Bevölkerung noch keinen Eingang gefunden haben. Das Feld behauptet heute der billige, allerdings auch oft ganz nichtsnutzig erzeugte Revolver, der sich in der Zeit seines Bestehens also doch in mehreren Jahrzehnten überraschend wenig geändert hat.

Ueber den Unterschied zwischen Pistolen und Terzerolen wurde oben gesprochen; sicheren Schuß gewährt verhältnismäßig die Pistole, die meistens mit Absehen erzeugt wird; zu hinterlistigem und gefährlichen Angriff taugt besser das in der Regel kurze Terzerol, mit welchen häufig aus der Hosen- oder der Rocktasche auf den nichts ahnenden Gegner geschossen wird. Auffallend verbreitet ist auch bei uns die amerikanische Art zu schießen, durch welche es in der That ermöglicht wird, auch im Finsteren zu treffen, wenn man die Stellung des Gegners durch seine Stimme oder Schritte &c. weiß. Der Amerikaner ist gewöhnt, nicht mit dem Zeigefinger, sondern dem Mittelfinger loszudrücken, während der Zeigefinger parallel mit dem Laufe an denselben angelegt wird. Hiedurch hat man über die Richtung des Laufes durch das Gefühl des Zeigefingers eine verhältnismäßig recht genaue Kenntnis.

Handelt es sich darum, die Treffsicherheit einer dieser Waffen zu bestimmen, so halte man sich gegenwärtig, daß hier die Unterschiede sehr wesentlich sind; während man mit der langen, sorgsam gearbeiteten mit Visier und Korn versehenen und gezogenen Scheibenpistole besser schießt, als mit manchem Gewehre, weiß man bei manchem kleinen Terzerol, sogenannten Puffer, kaum wo die Kugel hingeht.

3. Revolver.

Von den ersten Revolvern, bei welchen die Trommel eigentlich sechs Vorderlader bildete, die mit Pulver, Kugel und Kapsel besonders geladen wurden, sind nur mehr wenige in Sammlungen erhalten. Was heute in großer Menge im Besitze der Leute ist, sind Revolver, die sich fast nur in die älteren Stiftzünder und die neueren Centralzünder unterscheiden, von welch letzteren viele noch mit sogenannten Patronenauswerfern versehen sind. Im übrigen unterscheiden sich die Revolver nur durch Größe und Kaliber und durch die Güte der Arbeit, welch letztere bei keiner Schußwaffe solchen Unterschied zu machen vermag, als gerade beim Revolver. Gleichwohl ist die Frage, ob ein Revolver gut oder schlecht schießt, niemals auf den ersten Blick zu unterscheiden, der älteste, verrostete und scheinbar wertlose Revolver kann vortrefflich schießen, und schöne und moderne Revolver sind gar nichts wert, ja es kann sogar bei demselben Revolver ein Teil der Schüsse sehr scharf kommen und ein Teil derselben ganz ungefährlich sein. Zum Teil um dies zu erklären, zum Teil wegen der sehr großen Zahl der mit Revolvern begangenen Verbrechen, werde der Revolver kurz beschrieben. Außer dem Griff, dem Drücker, dem Hahn, der Gehäusewand (Trommelrahmen), dem Patronenschieber und der Garnitur besteht der Revolver noch aus der sogenannten Trommel und dem Lauf. Die Trommel ist ein Stahlcylinder, welcher eine Centralbohrung für die Drehachse und soviele, im Kreise um die Drehachse angebrachte weitere Bohrungen hat, als der Revolver auf einmal Ladungen haben soll. In der Regel sind es deren sechs. Die Drehachse ist um soviel tiefer als die Laufachse angebracht, daß immer eine der Trommelbohrungen, die oberste, in derselben Achse wie die des Laufes zu liegen kommt. Durch eine Vorrichtung wird bewirkt, daß sich beim jedesmaligen Spannen des Hahnes die Trommel um soviel nach rechts dreht, daß wieder ihre nächste Bohrung in der Laufachse zu liegen kommt. Hieraus ergibt sich, daß jede Kugel während des Schusses ihren Weg zum Teile durch die Trommelbohrung zum Teile durch den eigentlichen Lauf nehmen muß, und hieraus ergibt sich wieder weiter, daß sie beim Uebergange aus der Trommel in den Lauf eine, wenn auch noch so kurze Strecke springen muß. Allerdings kann sich die Trommel ein kleinwenig zwischen Hahn und Lauf bewegen und wird daher durch die nach vorne drängende Kugel gegen den Lauf gepreßt. Dies gelingt aber nur bei sorgfältiger Arbeit und guter Erhaltung des Revolvers, im Gegenfalle paßt Trommelbohrung und Lauf weder zentral noch seitlich zusammen, Pulvergase entweichen und die Kugel windet sich nur mühsam aus der Trommel in den Lauf. Entstehen schon hiedurch wesentliche Verschiedenheiten in Bezug auf die einzelnen Revolver und die einzelnen Schüsse aus demselben Revolver, so werden diese Verschiedenheiten noch gesteigert durch die Verschiedenheit der einzelnen Patronen. Abgesehen davon, daß dieselben nur in den besten Fabriken ganz gleichmäßig erzeugt werden, so übt die Zeit auf die Patronen nicht die gleiche Wirkung aus. Das Pulver zersetzt sich nach und nach in jeder Patrone (sogenannte protrahierte Explosion), wie rasch dies aber geht, hängt wahrscheinlich davon ab, wie die Kugel in die Metallhülse eingepreßt wurde. Thatsache ist es, daß von einer Anzahl Patronen aus demselben Packet ein Teil sehr scharf, ein Teil elend schießt, wobei die Zahl der letzteren immer größer wird, je länger und je schlechter sie aufbewahrt bleiben.

Daraus folgt, daß eigentlich über die Wirkung eines Revolverschusses selbst dann nichts bestimmtes gesagt werden kann, wenn man auch weiß, aus welcher Bohrung der Schuß gekommen ist; die betreffende Patrone hat man einmal nicht mehr und Vergleiche mit anderen, geben nur ungefähre Sicherheit. Diese läßt sich vergrößern, wenn man vor allem dafür sorgt, daß kein Zweifel darüber entstehen kann, mit welcher Bohrung der fragliche Schuß abgegeben wurde; es ist aber in der Regel nicht mehr festzustellen, da in unbegreiflicher Sorglosigkeit mit dem bei der That verwendeten Revolver vom ersten, der ihn in die Hand bekommt, herumgespielt und herumgedreht wird. Ein weiterer Anhaltspunkt, aber nicht mehr als dies, läßt sich finden, wenn man eine größere Anzahl von Patronen aus demselben Packet zur Verfügung hat, aus welchem die verwendete Patrone stammte. Werden diese sorgsam untersucht, und hatten sie alle die gleiche Beschaffenheit, so darf allerdings angenommen werden, daß die verwendete Patrone auch nicht anders war. In der Regel werden die untersuchten Patronen aber verschiedene Eigenschaften zeigen, und dann ist keinerlei Schluß auf die der verwendeten zulässig.

B. Hieb- und Stichwaffen.

Im weitesten Sinne genommen, kann als Hieb- und Stichwaffe allerdings eine unabsehbare Menge von Gegenständen bezeichnet werden, alles, womit man hauen oder stechen kann. Zu bemerken ist diesfalls nur, daß man bei der ersten Beurteilung einer Verletzung bezüglich des verursachenden Werkzeuges (etwa noch vor Ankunft Sachverständiger) sehr vorsichtig sein muß und namentlich keinen folgenschweren Schluß fassen darf, durch den die Werkzeuge auf einen bestimmten Kreis eingeschränkt, oder ein gewisses Gebiet ganz ausgeschlossen werden soll. Ebenso traue man sich da nie ein endgiltiges Urteil zu und vergesse auch nicht, daß für die äußere Verletzung und für die Frage, welches Werkzeug in Anwendung gekommen sein konnte, eine Reihe von Handwerkern, oft Landleute ꝛc. schätzenswerte Auskünfte geben können. Auch wenn die Gerichtsärzte bereits gesprochen und vorsichtigerweise z. B. bloß von „einem spitzen, zum Stechen geeigneten“ oder von „einem stumpfen, zum Schlagen passenden Werkzeuge“ sprechen durften, kann man noch immer allerlei Werkleute um ihre Meinung fragen. Was sie sagen, ist selbstverständlich kein maßgebendes Gutachten, es kann aber zu weiteren Forschungen und Fragen an die Aerzte dienen.

Als Regel hat zu dienen, daß man sich immer ein ähnliches Werkzeug verschafft, wie jenes ist, auf welches der Verdacht gelenkt wird, selbst wenn man das betreffende Werkzeug auch sonst gut kennt. Man stellt sich auch die gewöhnlichsten Dinge, namentlich bezüglich ihrer Größe und Ausdehnung falsch vor (man erinnere sich an die, jedem Kinde bekannte Thatsache, daß selten jemand richtig angibt, wie hoch ein neben der Wand auf den Boden gestellter Zylinderhut reicht); wird daher irgend ein Werkzeug als das verursachende genannt, so wird man häufig anders urteilen, wenn man bloß nach der Erinnerung schätzt, als wenn man sich ein solches Werkzeug verschafft und es in natura mit der Wunde vergleicht.

Bezüglich der eigentlichen Hieb- und Stichwaffen sind einige Ausdrücke bezüglich ihrer Anwendung nicht gleichgiltig.

Hiebwaffen sind:

a) Säbel; so heißt eine Hiebwaffe dann, wenn sie lang, geschwungen und nur vorne zweiseitig, dann aber bloß einseitig geschliffen ist. Ist das Blatt (zur Gewichtsverminderung) der Länge nach leicht ausgenommen, so heißt dies Blutrinne. Der Griff besteht aus dem eigentlichen, gewöhnlich rauh gehaltenem Heft, dem Faustschutz, dem sog. Korb mit Parierstange oder Parierblatt;

b) der Pallasch ist ein gerader, häufig durchaus zweischneidiger Säbel;

c) der Degen ist auch gerade und spitz und dient nur zum Stich;

d) Handschar ist geschwungen, mit bedeutender Vorschwere und von hechtschnabelartiger Form; er hat bloß Heft, keine Parierstange, keinen Korb;

e) Yatagan ist dem Handschar ähnlich, aber viel gerader, schmäler und leichter, bloß vorne leicht aufgeschwungen;

f) Hirschfänger ist halblang, gerade, ohne Korb, mit Stichblatt und Heft versehen. Vor Zeiten war er ein wirklicher Säbel.

Zu den Stichwaffen gehören:

a) vor allem sämtliche messerartigen Werkzeuge, die wir so nennen, wenn sie Rücken- und Schneide haben und eigentlich zum Schneiden bestimmt sind; die Spitze kann zweiseitig geschliffen sein;

b) der Dolch hat keinen Rücken, sondern zwei, drei, vier, selten mehr Schneiden;

c) das Wort Stilet hat keine feste Bedeutung; in der Regel nennt man so einen Dolch mit geringer Breite; es kann so kurz sein, wie ein Dolch, darf aber die Länge eines Degens nicht erreichen; ist in einem Spazierstock ein Stoßeisen verborgen, so nennt man ihn einen Degenstock, wenn das Eisen lang ist, einen Stiletstock, wenn es nur kurz ist;

d) Knicker heißt ein kurzes, im Griff feststehendes Messer, in der Regel mit schwach Sförmiger Parierstange und bis etwa zur Hälfte zweischneidig geschliffen;

e) Standhauer heißt ein langes, schweres, vorne meist halbrund geschliffenes Messer mit meist runden Stichblatt und schwerem Rücken.

Die Verletzungen, die durch diese einzelnen Waffen zugefügt werden, können aus der Wunde allein in der Regel von den Sachverständigen bezüglich des verletzenden Werkzeuges unterschieden werden.

IX. Abschnitt.

Über Spuren.

A. Fußspuren.

I. Allgemeines.

Die Wichtigkeit der Fußspuren ist vielfach übersehen worden, weil man sie nicht zu finden und zu verwerten versteht; infolgedessen werden sie auch in Berichten selten erwähnt, und wenn dies geschieht, so ist das Gebrachte nicht verwendbar, ja wegen Ungenauigkeit und Unrichtigkeit sogar irreführend und gefährlich. Allerdings erfordert das Finden und Verwerten von Fußspuren Vorübung und Mühe. Als Vorübung kann jeder Dienst- oder Spaziergang auf kotiger, beschneiter oder staubiger Straße verwendet werden; am besten eignet sich recht feiner Straßenstaub zu Beobachtungen, wenn man sich zuerst die verschiedenen Formen, Größen, Entfernungen und sonstige Eigentümlichkeiten der verschiedenen wahrzunehmenden Spuren genau einprägt und studiert, dann einzelne Spuren herausgreift und solange als möglich zu verfolgen sucht. Man gewinnt sofort Interesse und überraschend bald bedeutende Kenntnisse und Geschicklichkeit, auch im Finden und Festhalten von undeutlichen oder nur teilweise erhaltenen Spuren. Ohne diese, länger fortgesetzten Vorübungen, vermag man im Ernstfalle nie etwas zu leisten, während dieselben, wenn einigermaßen mühsam betrieben, sehr bedeutende Erfolge sichern.

Im Ernstfalle ist fast das Wichtigste: nichts verderben; es muß verhindert werden, daß die vorhandenen Spuren zerstört werden, und daß neue Spuren Verwirrung anrichten. Um dies zu erreichen, ist vor Allem Schnelligkeit nötig, damit nicht Neugierige oder die Hausleute herumtreten. Man sorge also sofort dafür, daß niemand weiter auf dem Thatorte herumgehe, man habe aber auch darauf Acht, daß man nicht selbst Spuren erzeuge, die später Zweifel erregen könnten. So bald als möglich trachte man solche Spuren, die wichtig sind oder sein könnten, zu schützen: darüber gelegte Kistchen, unterstützte und unterlegte Brettchen oder flache Steine thun die besten Dienste; im Notfalle und für kurze Zeit genügen auch daneben in den Boden gesteckte Holzstückchen 2c. — Wichtig ist es auch, daß man nicht bloß unmittelbar auf dem Thatorte sondern auch in größerer Entfernung von demselben nach Spuren suche; dort werden andere Leute noch nicht so viel herumgetreten sein und es läßt sich leichter feststellen, ob eine Spur vom Thäter herrührt oder nicht; häufig wird sich derselbe nicht auf dem gewöhnlichen Wege, sondern rück- oder seitwärts vom Hause wegbegeben haben; man wird, wenn dies in der Nacht geschehen ist, häufig feststellen können, daß der Thäter den Weg nicht gut gesehen hat: er ist an einem Steine angestoßen, über eine Unebenheit gestolpert, ist einer Pfütze nicht ausgewichen, hat vielleicht über einen Zaun, eine Hecke ꝛc. steigen müssen, ist im Bogen zur Straße zurückgekehrt, er hat neben sich etwas weggelegt und wieder aufgenommen — alles Umstände, die sich in der Spur leicht wahrnehmen lassen, und stets eher auf den Thäter als auf zufällige Entstehung schließen lassen.

Hat man das Suchen und Schützen der Spuren beendet (wobei man vorläufig lieber zu viel als zu wenig als verdächtig ansieht), so geht man an eine Sichtung der Spuren, indem man (durch Fragen und Messen) darauf zu kommen sucht, welche von den für verdächtig gehaltenen Spuren von Hausleuten, Nachbarn und sonst Dazugekommenen entstanden sind. Was dann übrig bleibt, betrachtet man einstweilen als wichtig und geht an das Konservieren der Spuren. Jede wichtige Spur muß zum mindesten genau beschrieben und vermessen werden. Die Beschreibung betrifft nicht bloß das Aussehen der Spur, sondern auch ihre Lage, Richtung und ihre Umgebung (Entfernungsangabe vom Thatort ꝛc.) Bei der Vermessung gehe man thunlichst vorsichtig vor, nehme möglichst viele Maße und bestimme deren Richtungen so, daß später kein Zweifel entsteht, ob gerade oder schief gemessen wurde. Am besten: vorerst die Länge der Spur in der Mitte gemessen, und dann alle Quermaße immer senkrecht auf das Längsmaß. Wenn halbwegs möglich, zeichne man auch die Spur ab, wenn auch noch so unbeholfen, denn durch die Größenangaben wird die Zeichnung ja korrigiert; handelt es sich um einen Fußabdruck (nicht Eindruck), so muß gezeichnet werden, ebenso wie ein Eindruck, wenn anders möglich abgeformt werden soll (s. später). Sehr vorteilhaft, aber selten durchzuführen ist das Photographieren einer Spur. Besonders dann, wenn Gefahr vorliegt, daß die Spur beim Abformen ruiniert wird, ist ein vorausgegangenes Photographieren höchst wichtig.

Aber allein kann man mit Spuren und deren Verwertung nicht fertig werden, man braucht mehrseitige Unterstützung. Der wichtigste Gehilfe in Fragen von Fußspuren ist der Arzt, der namentlich dann unersetzlich ist, wenn aus der unregelmäßigen Spur geschlossen werden soll, ob der, der die Spur erzeugt hat, etwa fußleidend (krumm, lahm, hinkend, plattfüßig ꝛc.) oder krank (infolge gewisser Hirn- oder Rückenmarksleiden, Lähmungen, Gicht ꝛc.), oder schwer verletzt, betrunken oder von auffallender Erscheinung (sehr groß, klein, besonders dick) ꝛc. gewesen ist. Da der Laie aber selten im voraus beurteilen kann, ob nicht solche wichtige Fragen zur Sprache kommen werden, so soll in wichtigen Fällen die Heranziehung eines Arztes nie versäumt werden.

Sehr viel Hilfe kann unter Umständen ein erfahrener Jäger bringen, namentlich wenn es sich um Alter einer Spur, um Fragen über Glitschen, Rutschen, Springen und namentlich um das Weiterverfolgen einer wiederholt verlorenen Spur handelt. Führt die Spur durch Feld und Wald, so ist die Hilfe des Jägers fast unentbehrlich.

In anderer Richtung ist der Schuster ein brauchbarer Gehilfe; er kann sagen, ob das Schuhwerk landesüblich, städtisch oder ländlich, alt oder neu, passend oder drückend ist, er findet aufgesetzte Flicke und sonstige Ausbesserungen, Sonderlichkeiten in der Benaglung, vielleicht auch im Tritte, kurz auf ihn ist in wichtigen Fällen nicht zu vergessen; allerdings muß er ein intelligenter Mann und für die Sache interessiert sein.

II. Besonderes.

A. Allgemeine Erscheinungsformen.

1. Bekleidung.

Ob der Fuß, der die Spur erzeugt hat, nackt oder bekleidet war, hat insoferne Bedeutung, als davon die Feststellungsart abhängt. Der nackte Fuß hat weichere, runde Formen, die Abdrücke sind daher nicht kantig und bestimmt, sodaß das Messen sehr schwer wird, zumal es auch in den Messungen Unterschiede macht, ob der Fuß nur seicht, mit der Sohle, aufgetreten, oder in der Unterlage (Kot, Staub, Sand) tiefer eingesunken ist, sodaß die Seitenteile des Fußrandes den Abdruck erzeugt haben. Dafür hat aber der nackte Fuß, wenn man so sagen darf, mehr Physiognomie, er ist leichter zu merken, es gibt keine Fälschung (durch zu große oder zu kleine Schuhe) und schließlich kann man die Schuhe wechseln, den nackten Fuß aber nicht. Gegen diese wichtigen Merkmale des unbekleideten Fußes hat der beschuhte wieder den Vorteil, daß Sohle und Absatz scharfe, deutliche Kanten, daher leicht und genau meßbare Spuren haben, wobei noch vorkommenden Falles Nägel, aufgesetzte Flicke, und schadhafte Teile sehr deutliche und nicht leicht zu verwechselnde Merkmale bieten. Man wird also den Spuren des nackten und beschuhten Fußes gegenüber anders vorgehen müssen, bei ersterem muß man sich mehr mit Beschreiben und Zeichnen helfen, während man bei letzterem mehr messen und zählen kann. Die Photographie ist in beiden Fällen gleich wertvoll.

2. Entstehungsart.

Wir sprechen von Fußabdruck, wenn der Fuß in irgend eine färbende Flüssigkeit und dann auf eine mehr oder minder glatte, feste Unterlage getreten ist — und von Fußeindruck, wenn der Fuß in irgend eine formbare Masse getreten ist, und in derselben seine Form ganz oder teilweise zurückgelassen hat. Erstere sind daher Flächengebilde, letztere Körpergebilde.

Die Abdrücke kommen verhältnismäßig selten vor, da sie einerseits die färbende Masse und andererseits eine passende Fläche zu ihrer Entstehung nötig haben; am ersten kommen sie noch im Innern von Gebäuden vor, wenn der Eingedrungene ein Gefäß umgestoßen hat, oder im Freien, wenn einer in dünnen Kot ꝛc. getreten ist. Auch Blut kann das Mittel für Fußabdrücke liefern. Man merke, daß Abdrücke wesentlich verschieden aussehen, je nachdem auf dem Fuße mehr oder weniger Farbmasse haftete, tritt jemand in Farbe (auch bloß in Wasser) und dann auf eine glatte Fläche, so sind die ersten Abdrücke groß, voll, breit, fast wie von einem Plattfuße herrührend (bei nackten Füßen); jeder spätere Abdruck wird kleiner, dünner, schmäler, zuletzt nur aus runden Flächen (Ferse, Ballen, Zehen), ohne Verbindung, bestehend — kurz, der erste hat mit dem letzten, noch wahrnehmbaren, wenig Aehnlichkeit. Deshalb muß man im Ernstfalle von der verdächtigten Person unter möglichst ähnlichen Umständen (ähnliche Farbe, ähnliche Unterlage) eine Reihe von Abdrücken machen lassen, und zum Vergleiche mit der fraglichen Originalspur jene aussuchen, die möglichst gleich viel Farbmasse aufweist.

Die Eindrücke sind desto häufiger; sie finden sich in Erde, Lehm, Kot, Sand, Schlamm, Schnee, Staub, Mehl, in feinen Abfällen, unter Umständen auch in Gras, Moos, feuchten Stoffen ꝛc. Die Hauptschwierigkeit besteht, abgesehen vom Schützen und Erhalten, darin, daß die Eindrücke häufig wesentlichen Veränderungen, namentlich durch Ausdehnen der zusammengedrückten Unterlage und deren Austrocknen ausgesetzt sind. Außerdem sind sie auch oft schwierig als Spuren zu erkennen, wenn nur kleine Teile auf mehr oder minder harter Unterlage erhalten sind. Allerdings sind dies oft die wertvollsten Reste.

3. Bewegungsart.

Unter Umständen läßt sich die Spur von Gehen, Laufen und Springen ganz gut unterscheiden. Von einer eigentlichen Stehspur läßt sich nicht reden, da das Stehen stets der Anfang oder das Ende von Gehen sein wird. Daß einer stehen geblieben ist, erkennt man an dem Nachsetzen des zweiten Fußes, worauf (zur völligen Herstellung des Gleichgewichtes) gewöhnlich der erste Fuß ebenfalls um eine kleine Strecke nachgesetzt wird, sodaß die Spur des ersten Fußes doppelt erscheint. Ist einer länger stehen geblieben, so wird in der Regel öfter gewechselt, hin- und hergetreten, sodaß man mit einiger Sicherheit sagen kann: Je öfter hin- und hergetreten, desto länger gestanden. Wichtig ist es, zu untersuchen, warum einer stehen geblieben ist, da man bisweilen feststellen kann, daß er z. B. hier einen Ausblick hatte, nach rückwärts sehen konnte, daß er über die einzuschlagende Richtung zweifelte, wegen eines Hindernisses überlegte ꝛc. Dies kann zu dem Schlusse führen, ob er bei Tag ging, also etwas sehen konnte, ob er mit der Gegend vertraut oder in ihr fremd war, was er beabsichtigte, ob er sich mit einem Genossen verständigte ꝛc.

Gehen und Laufen zu unterscheiden ist nicht so leicht, als man meistens annimmt, und sicher zu unterscheiden ist es nur, wenn mehrere Spuren zur Verfügung stehen und wenn diese halbwegs gut ausgeprägt sind. Vor allem wichtig ist die Schrittlänge in Verbindung mit der Größe des Fußes. Kann man aus letzterer annehmen, daß es sich um einen erwachsenen Mann handelt, so kann man Gehen annehmen bei einer Schrittlänge von 76—87 Centimeter. Kleinere Schritte als 76 und größere als 87 Centimeter kommen bei Erwachsenen selten vor; 78 ist das häufigste Maß, Mittelmaß kann mit 80 Centimeter angenommen werden. Ist die Schrittlänge gegen die Fußlänge auffallend klein, so darf auf einen alten Mann geschlossen werden. Man behauptet, daß derselbe Mann mit 30 Jahren um 10 Centimeter größere Schritte macht, als mit 60—70 Jahren. Ist die Schrittlänge größer als 98 Centimeter so kann sicher Lauf angenommen werden. Das Laufen geschieht so, daß man mit einem Fuße vom Boden abschnellt, eine Strecke in der Luft fliegt, und mit dem anderen Fuße auf den Boden tritt, um wieder abzuschnellen. Man muß also an der Spur das Abschnellen und Niederfallen erkennen; ersteres durch starkes Eindrücken der Fußspitze (vordersten Schuhkante bezw. beim nackten Fuß der Zehenspitzen), letzteres durch Eindrücken der Fußballen (beim Mäßiglaufen), oder der Ferse (beim Rennen). Je schneller man nämlich läuft, desto mehr wird das Bein gestreckt, und so muß beim Langsamlaufen der Ballen, beim Schnellrennen der Absatz mit Wucht zu Boden kommen.

Besser als alle Worte es sagen können, zeigt es jedes, so einfach zu machendes Experiment: man gehe auf z. B. staubiger Landstraße einige Schritte, und laufe dann daneben ebensoweit — vergleicht man beide Spuren sorgfältig, so kennt man den Unterschied ein für allemal.

Springspuren sind namentlich dann leicht zu erkennen, wenn einer mit beiden Füßen zugleich gesprungen ist; in diesem Falle kommen fast immer die Fersen zuerst zu Boden und drücken sich hier ein. Springt einer mit einem Fuße voraus, so gewinnt er den Boden in der Regel mit dem Zehenballen. Uebrigens wird man auf das Vorhandensein einer Springspur schon dadurch aufmerksam, daß man den Grund entdecken kann, warum gesprungen wurde, denn das Hindernis, das zum Sprunge veranlaßte, bleibt ja und ohne Grund springt man bei einem Verbrechen nicht.

4. Gangart.

Denken wir uns die Richtung, in der ein Mensch geht, durch eine auf dem Boden gezeichnete Linie dargestellt, so haben wir die sogenannte Richtungslinie, an der die Gangarten der Menschen zum Ausdrucke kommt, je nachdem, wie sich die Absätze der einzelnen Spuren zu dieser Linie stellen:

Bei normalem Gange tritt die Mitte des Absatzes jedesmal auf die Linie, sodaß die Verbindung der einzelnen Absatzmitten die Richtungslinie selbst darstellt.

Bei breitspurigem Gange tritt der rechte Absatz rechts von der Richtungslinie, der linke, links vor ihr; so gehen Dicke, Schwerfällige, Schwangere, Leute mit Bruchschäden, auch Seeleute.

Bei überschlagendem Gange tritt der rechte Absatz links von der Richtungslinie, der linke rechts von ihr; so gehen bummelige und phlegmatische Leute; manches Mal gehen auch normal gehende Leute kurze Zeit „überschlagend", wenn sie zögern oder nachdenken. Uebrigens ist auch das, was wir bei Frauen „graziösen, zierlichen" Gang nennen, häufig nichts anderes als leicht überschlagender Gang.

Festzustellen, welche Gangart im besonderen Falle vorliegt, ist zu Erkennungszwecken wichtig; wenn möglich, säume man nicht, sie durch einige Hilfslinien zu konstruieren.

5. Trittart.

So nennt man die Winkelhaltung der beiden Füße gegeneinander, gewöhnlich redet man von der „Gewohnheit, aus- oder einwärts zu gehen". Man geht:

Gerade, wenn die Sohlen beider Füße ganz oder fast parallel zu einander gehalten werden. Diese Haltung ist für das Vorwärtskommen am wirtschaftlichsten, es gehen daher Leute so, die vorwärts kommen müssen, also zumeist die der arbeitenden Klasse. Aber auch Leute, die sonst auswärts gehen, thun dies unter Umständen nicht, wenn es durch Umstände erfordert wird. Also: beim Bergauf- und Bergabgehen, um die Reibung auf dem Boden zu vermehren und das Gleiten zu verhindern; beim Lasttragen, um sicher fundierte (rechteckige) Grundlage zu gewinnen; beim Laufen, weil man da eben vorwärts kommen will; beim Bloßfüßiggehen, um die empfindlicheren Teile der Sohle zu schonen; beim Zehengehen, um nicht mit den Fersen aneinanderzustoßen.

Auswärts, wenn man es nicht eilig hat und wenn man „schöner" gehen will. Außerdem gehen (besonders) auswärts Plattfüßige, weil diese Haltung dem Bau ihrer Füße besser entspricht, dann Dickbäuchige, Schwangere, Fußleidende, weil sie mehr wackelnd, breitspurig gehen müssen und daher eine Unterstützung in der Richtung der Wackelbewegung brauchen.

Einwärts gehen bloß Leute mit krummen, verdrehten oder verletzten Beinen, ausnahmsweise auch bei drückendem Schuhwerk.

Auf die Trittart bei Spuren zu achten, ist sehr nötig, da man hiedurch leicht zu Sicherstellungen gelangen kann; wenn nicht besondere Gründe vorliegen, so behält einer seine gewöhnliche Trittart sicher bei, sodaß dieselbe unter Umständen ein ziemlich verläßliches Kennzeichen ist.

Form der Spur, Schrittweite, Gangart und Trittart zusammen und sorgfältig miteinander verbunden gibt erst den wahren Wert einer Spur.

6. Simulationen bei Fußspuren.

Sie kommen selten vor, sind auftretenden Falles sehr gefährlich, jedoch bei einigem Aufmerken ganz gut zu entdecken. Natürlich: an einer einzelnen Spur läßt sich Simulation nur ausnahmsweise entdecken, aber wer durch eine solche irreführen will, der sorgt dafür, daß zahlreiche und deutliche Spuren, sozusagen recht aufdringlich, vorhanden sind, dann ist es aber leicht zu arbeiten.

Wird durch Aenderung der Schrittweite oder der Gang- und Trittart gefälscht, so ist einerseits der Zusammenhang zwischen Fußgröße und Schrittweite sorgsam im Auge zu behalten, andererseits aber zu beachten, daß jeder Mensch in der Regel gleich große Schritte macht und auch Gangart und Trittart beibehält. Fälscht er eines oder mehreres davon, so bleibt er dabei nie konsequent, sondern fällt häufig in seine sonstige Gewohnheit zurück. Sorgfältige Messungen führen da stets zur Entdeckung, wenn nur hiezu genügendes Material vorhanden ist.

Ist einer rückwärts gegangen, so erkennt man dies daran, daß die Richtungslinie wackelig und unsicher ist, daß die Schrittweite auffallend gering ist, daß man den Spuren die Unsicherheit des Ganges ankennt und daß die Fußspitze auffallend fest eingesetzt wurde. Handelt es sich um Fußabdrücke, so nimmt der Farbstoff natürlich scheinbar zu anstatt ab, da ja die (angeblich) letzten Abdrücke mit dem meisten Farbstoff gemacht wurden.

Wurden fremde Schuhe verwendet, um den Verdacht auf den wirklichen Eigentümer der Schuhe zu lenken, so hat natürlich alle Kunst ihr Ende, wenn der Fälschende und der Eigentümer der Schuhe annähernd gleiche Größe haben. Hat aber ein kleiner Mensch die Schuhe eines wesentlich größeren angezogen, so kennt man vor allem das Schleppende, Ungeschickte im Tritte mit viel zu großen Schuhen. Weiter aber wird der Kleine solche Schritte gemacht haben, wie sie der Größe der Füße nicht entsprechen; hat er sich aber bemüht so große Schritte zu machen, wie sie zu den großen Schuhen passen, so wird doch ihre Länge nie ganz gleich ausfallen, und es werden die Spuren ungeschickt, sozusagen „patschend" ausfallen. Man versuche einmal, übermäßig große Schritte zu machen, so wird man verstehen, was ich meine.

Daß ein großer Mensch mit sehr kleinen Schuhen manipuliert, ist auch schon vorgekommen und zwar wohl nur so, daß er die ihm zu kleinen, also für ihn unanziehbaren Schuhe, unter seine Sohlen gebunden hat, oder daß er bloß die Spitze seines Fußes in den kleinen Schuh steckte. Im ersteren Falle sieht man doch zumeist die Schnur, mit welcher der Schuh angebunden wurde, im letzteren Falle erscheint die Spur so ungeschickt und unsicher, daß man sofort zum mindesten merkt, es sei etwas nicht in Ordnung. Dann ist man aber schon gewarnt. — Verkehrt aufgebundene Schuhe kommen auch vor, wenn die Richtung, in der einer gekommen ist, gefälscht werden soll. Auch hier wird man das Befestigungsmittel und den unsicheren Gang wahrnehmen können, zumal auch in diesen Fällen dafür gesorgt worden sein wird, daß die Spuren zahlreich und deutlich sind: Man wollte ja eben beweisen.

B. Besondere Erscheinungsformen.

1. G r ö ß e n.

Wie erwähnt, ist als die häufigste Größe der Schritte 78—80 Centimeter anzunehmen. Soldaten, Feldmesser und Eisenbahnleute machen besonders große Schritte; alte Leute, Gebrechliche, Frauen und Jäger (die vorsichtig auftreten müssen) machen besonders kleine Schritte.

Bezüglich der einzelnen Fußspuren ist es wichtig, daß die Größe häufig nicht mit der wirklichen Größe des Fußes stimmt; man hat bei zahlreichen Messungen Variationen in der Länge bis zu 23 Millimeter, in der Breite bis zu 8 Millimeter nachweisen können. Dies kommt allerdings nur vor, wenn die Unterlage schlüpfrig ist, sodaß der Fuß nicht sicher aufruht, hin und her gleitet und vorne und hinten oder rechts und links fixe Grenzen abdruckt, so daß das Gleiten nicht wahrgenommen werden kann. Daß bei Abdrücken die Menge des Farbstoffes auf die Spurgröße Einfluß nimmt, wurde schon erwähnt.

Bei Eindrücken in feuchter Erde oder Lehm kann beim Trocknen des Materiales eine Verkleinerung der Spur bis um 20 Millimeter in der Länge und 6—7 Millimeter in der Breite eintreten. Bei Schneespuren bleibt als Rest beim Auftauen des Schnees dort wo Ballen und Ferse auftrat, je ein vereister Fladen übrig, die also nur die Entfernung von Ballen und Ferse festhalten (solche Spuren entstehen natürlich nur, wenn nach der Bildung der Spur Frost eingetreten war).

Ungleiche Entfernungen der einzelnen Spuren müssen genau angesehen werden. Ist die Distanz vom rechten Fuße zum linken ungleich, die Entfernung der Spuren des rechten und die des linken untereinander aber gleich, so hat der Betreffende gehinkt. Will man wissen, mit welchem Beine er hinkte, so faßt man den g r ö ß e r e n Schritt heraus: die vordere Spur ist vom gesunden, die hintere vom hinkenden Bein.

Wenn aber auch die Entfernungen der je rechten und je linken Spur ungleich, und die Verbindungslinie eine unregelmäßige Zickzacklinie ist, so ist der Betreffende krank, betrunken, verletzt oder betäubt gewesen; der Arzt wird aus der Spur genaueres sagen können, er ist also in solchen Fällen stets zu fragen.

2. F o r m e n.

An besonderen Formen und Erscheinungsarten können sich Unterschiede durch die U n t e r l a g e und durch den G e h e n d e n ergeben. Man merke:

Beim Abrollen der Sohle vom Boden macht man eine deutliche Drehung (der Sohle auf dem Boden), vom inneren Fußrande gegen den Ballen der kleinen Zehe; diese Drehung (Torsion) ist in deutlicher Spur gut zu sehen, und stets umso stärker, je schneller gegangen wurde. Auf diese Torsion (in Verbindung mit verhältnismäßig großen Schritten) ist stets zu achten, wenn es sich um die Gehschnelligkeit handelt. Wird sehr rasch gegangen, so kann man noch ein eigentümliches „Zurückkratzen“ mit der Fußspitze (beim Abschnellen vom Boden) bemerken; auch dies muß einmal angesehen werden, um es sich dann leicht zu merken.

Müde, alte, tölpelhafte, kranke und gebrechliche Leute heben die Füße nicht genügend (beugen die Kniee nicht stark) und erzeugen daher in weichem Untergrunde (tiefem Sand, Schnee 2c.) sogen. Schleifspuren, indem sie mit der Fußspitze (vor dem Niederstellen) über die Oberfläche streifen; es ist dann jede Fußspur mit der nächsten durch einen Strich auf der Oberfläche verbunden.

Geht man in Kot, weicher Erde, Sand 2c. so schiebt man beim Niederstellen des Fußes die Unterlage mit dem Absatze nach vorne, beim Abheben des Fußes aber die Unterlage mit der Fußspitze nach rückwärts; so kommt es, daß Eindruck von Absatz und Fußspitze merklich näher zusammenkommt, als es dem Fuße entspricht, während in der Mitte eine Erhebung entsteht. Würde man (was man im Ernstfalle nie thun darf) den Schuh in die Spur stellen, so paßt er nicht: er ist zu lange und zu wenig gewölbt. Dies ist sehr wichtig.

Ist der Boden so fest, daß keine deutliche Spur bleibt, so nimmt er häufig doch noch zwei Eindrücke auf: einen vom niedersetzenden rückwärtigem Absatzrande und einen vom abstoßenden vordersten Schuhspitzrand. Man erhält also zwei halbmondförmige, gegeneinander gewölbte Strichelchen, welche immerhin angeben: wie groß der Fuß war und daß schwer und energisch gegangen wurde, denn sonst wären die Eindrücke nicht entstanden. Solche Strichelchen sind häufig, werden aber selten beachtet; freilich ist der Nachweis: daß es sich um eine Fußspur handelt, und nicht bloß um zufällige Erscheinungen, nicht leicht zu erbringen.

Nicht gleichgiltig ist die Art der Abnützung einer Sohle; die weitaus meisten, normal gehenden Menschen nützen den äußeren, hinteren Rand des Absatzes am meisten ab, sodaß es ein auffallendes Kennzeichen abgibt, wenn jemand den Absatz in anderer Weise abgenützt hat. Besonders wichtig sind Abdrücke von Schuhnägeln in der Spur, sie können leicht zu Irrungen führen. Es kann ein Nagel später ausgefallen, oder später ersetzt worden sein; ebenso kann ein Nagelkopf auf ein Steinchen gekommen und so in der Spur ausgeblieben sein. Ist die Spur in Lehm oder Erde erzeugt worden und ist dann später Trocknung entstanden, so kann diese, wenn im Lehm Gras, Stroh 2c. eingetreten war, so ungleichmäßig vor sich gegangen sein, daß absonderliche Zwischenräume zwischen den Nägelköpfen entstanden sind, es kann aussehen, als ob ein Nagel fehlt, oder als ob einer zu viel wäre. Hat man dann den betreffenden Schuh, so ist sorgsamste Vergleichung und Untersuchung, ob die Nägelköpfe abgewetzt und eingerostet sind, dringend notwendig.

(Ueber Abnehmen von Fußspuren siehe: Abformen.)

B. Blutspuren.

Daß Blutspuren wichtig und oft das Wichtigste im Prozesse sind, ist so bekannt, daß darüber nicht zu sprechen ist. Trotzdem kann aber behauptet werden, daß ihnen noch viel zu wenig Beachtung geschenkt wird, daß man sich häufig um die kleinsten, oder vom Thatorte weiter entfernt vorkommenden und deshalb nicht minder wichtigen Blutspuren nicht kümmert, und daß man namentlich beim Aufsuchen, Beschreiben und Konservieren der Blutspuren sehr wenig sorgsam und der Sache entsprechend vorgeht. Liest man Akten über Prozesse, in welchen Blutspuren eine Rolle spielen, so hat man fast nie das befriedigende Gefühl: es sei geschehen, was zu geschehen hatte; die wichtigsten Blutspuren wurden übersehen, andere verwischt und zertreten, an ordnungsmäßiger Konservierung geschieht gar nichts, und sehr oft hat man den Verdacht, es sei irgend ein behördliches Organ in der ersten Hast in eine Blutlache getreten und dann herumgegangen, worauf dann ein zweiter oder gar er selber, die so erzeugten blutigen Trittspuren als verdächtig sorgfältig vermessen und beschrieben hat. Daß dann Konfusion auf allen Linien fertig ist, braucht nicht gesagt zu werden, wohl aber darf man nachdrücklich betonen, daß das Verhindern solcher Vorkommnisse zuvörderst ins Auge gefaßt werden muß.

1. Das Aufsuchen.

Kommt man also an einen Thatort, wo Blutspuren vorhanden sind, so sei das erste, denselben sofort gegen Zutritt Unberufener thunlichst abzusperren. Dann schützt man ängstlich alle Spuren, die zertreten oder sonst geschädigt werden können: im Hause durch Ueberbrücken mit Brettchen, die von unterlegten Steinen frei getragen werden, im Freien, namentlich wenn schlechtes Wetter droht oder die Nacht einbricht, durch Ueberdecken mit Töpfen, Kesseln, Kisten 2c., wobei auf abschüssigem Grunde auch dafür gesorgt werden muß, daß kein Regenwasser auf dem Boden zur Spur geleitet werde.

Das nächste, was zu geschehen hat, ist die Feststellung, wer vor dem Eintreffen der Kommission den Thatort betreten und etwa in die Blutspuren gekommen sein kann. Im ersten Augenblicke läßt sich dies meistens mit Sicherheit erheben, später wissen es die Leute nicht mehr. Liegt die Möglichkeit vor, daß neue Blutspuren erzeugt wurden, so besichtige man die Beschuhung der betreffenden Leute, vermesse das Schuhwerk genau und versichere sich desselben, wenn anders möglich. Erst wenn alle diese Sicherungsarbeiten geschehen sind, mache man sich an das Aufsuchen der Spuren, was mit denkbarster Sorgsamkeit geschehen muß. Auch jetzt trachte man, etwa durch Anstoßen, Anlehnen, Anstreifen keine Spritzer an den Wänden zu schädigen, man verlasse sich nicht auf seine eigene Augen, sondern bediene sich der Hilfe einer findigen Vertrauensperson und dehne den Kreis seiner Nachforschungen thunlichst weit aus, da auch entfernt gelegene Spuren wichtig sein können. Handelt es sich um Spuren im Freien, so bediene man sich der Hilfe eines verläßlichen und erfahrenen Jägers, der im Aufsuchen von Blutspuren der richtige Sachverständige ist; müssen Spuren auf größere Entfernung gesucht werden, so ist die Hilfe eines guten Schweißhundes fast unerläßlich; gerade in neuerer Zeit sind zahlreiche Fälle bekannt geworden, in welchen die Lösung der Frage nur durch gute Hunde erzielt wurde. Besonders gute Dienste leistet in allen solchen Fällen eine gute Lupe, mit der man Stellen, die Spuren haben können, sorgfältig, Zoll für Zoll, absucht. In geschlossenen Räumen, besonders beim Absuchen von braunpolierten oder gestrichenen Möbeln bediene man sich stets, auch bei Tage, künstlichen Lichtes, einer Kerze. Trockenes Blut auf braunem Holze hat fast die gleiche Farbe mit der Unterlage und ist bei Tageslicht schwer zu sehen; leuchtet man aber mit der Kerze hin und her, so kann der firnisartige Glanz trockener Blutspuren nicht übersehen werden.

Auch bezüglich der Objekte, an denen gesucht wird, thut peinliche Sorgfalt not; man vergesse nicht, die Unterseite von Schubladen, in der der Thäter Geld 2c. gesucht haben mag, nach verschmiertem Blut abzusuchen, ebenso die Unterseite der vorstehenden Tischplatte, an welcher sich Leute so überaus häufig beschmutzte Finger abwischen. An umherliegenden Tüchern 2c. kann sich der Thäter die blutigen Hände gereinigt haben, ebenso in Gefäßen mit Wasser, die etwa im Zimmer stehen. Jedes Papierschnitzel im Raume ist anzusehen, auch im Ofen Nachschau zu halten, ob nicht blutiges Papier 2c. hineingeworfen wurde.

Besondere Sorgfalt beanspruchen natürlich die Wände dann, wenn sie mit dunklerer Farbe bemalt oder mit dunklen Tapeten bespannt sind, da in dem krausen Gewirre eines kleinen Musters Blutspritzer sehr schwer zu entdecken sind; deshalb bediene man sich auch hier einer Kerze und vergesse nicht, daß gerade an den Wänden Blut keineswegs immer die bekannte braunrote Farbe haben muß, sondern auch rosa, schwarz, grün, blau, ja selbst grauweiß aussehen kann. Die verschiedenen Farben der Zimmermalerei oder der Tapeten werden im Blutspritzer gelöst und wirken ändernd oder reduzierend auf denselben; so wird z. B. Blut auf Goldbronce der Tapeten durch das sofort erzeugte Kupferoxyd sehr bald deutlich grün. Blutstropfen auf gewissen Stoffen werden sehr bald grau, wenn das Objekt der Sonne ausgesetzt wird.

Selbstverständlich wird man auch Leute, die schon früher da waren, um wahrgenommene Blutspuren befragen; man vergesse nicht, daß die (verhältnismäßig häufig vorkommenden) Farbenblinden, die rot und grün nicht scheiden können, z. B. Blut auf Gras nicht wahrnehmen.

Bezüglich der Form von Blutspuren merke man:

1. Wichtig ist namentlich alles, was Abdruck ist oder sein kann: von Fingern, von Stoffmustern (wenn z. B. der Thäter zuerst sich in Blut und dann auf das Opfer gekniet hat), von Werkzeugen Schuhen 2c.

2. Spritzer an der Wand gestatten die Annahme, daß sie möglicherweise von einer verletzten Arterie herrühren (verletzte Venen fließen, Arterien spritzen); eine solche Feststellung kann Wert haben, wenn es sich um die Stellung von Thäter und Opfer handelt.

3. Findet man eine Tropfspur, so kann es wichtig sein, festzustellen, ob dieselbe im Stehen oder in Bewegung und im letzteren Fall in welcher Richtung, entstanden ist. Fast jede Tropfspur besteht aus einem Haupttropfen und aus Seitenspritzern. Ist die Spur entstanden, während der Blutende stand, so ist der Haupttropfen annähernd kreisrund, die Seitenspritzer gleichmäßig um den Haupttropfen nach allen Richtungen strahlenförmig ausgehend. War der Blutende aber in Bewegung, so ist der Haupttropfen länglich (Längsaxe in der Richtung der Bewegung) und die Seitenspritzer gehen aber sämtlich nach vorwärts, in der Richtung, in der sich der Betreffende bewegte. Je energischer und schärfer die Seitenspritzer nach vorne gehen, desto energischer und schärfer ist der Blutende gegangen oder gelaufen. Von dieser wichtigen Regel gibt es nur eine einzige Ausnahme: hat einer eine Verletzung an der Hand, schlenkert er mit derselben während des Gehens und fällt der Blutstropfen gerade dann ab, wenn er die Hand nach rückwärts schlenkert, so muß der Blutstropfen sich natürlich verkehrt gestalten. In solchen Fällen findet man aber in der Regel mehrere Tropfspuren und alle werden nicht gerade unter solchen Verhältnissen entstanden sein, so daß man auf den besonderen Vorgang aufmerksam wird.

Unschätzbare Hilfe beim Suchen von Blutspuren bietet die Photographie, namentlich deshalb, weil die photographische Platte für rotbraun besonders empfindlich ist, und dieses mit großer Deutlichkeit wiedergibt; Blutspritzer auf rauher Unterlage: Holz, Steinen, Felsen, Erde, Wänden 2c., die kein menschliches Auge sieht, zeigt die Photographie mit voller Deutlichkeit. Ebenso verrät sie ausgewaschene Blutflecken auf Leinwand, ja sogar ausgetrennte Zeichen, wenn von der roten Merkwolle auch nur unbedeutende Fäserchen im Stoffe zurückgeblieben sind; dann: unbedeutende Kratzer, Würgespuren, Stockhiebe 2c., die für das Auge unsichtbar sind, treten auf der Photographie deutlich und dunkel hervor (Flachhiebe von Studentenmensuren treten noch nach Jahren auf einer Photographie hervor, als ob sie dicke rote Narben wären).

Ist daher ein Fall wichtig und ein Photograph zu beschaffen, so muß er herangezogen werden und wenn es sich um nichts anderes handelt, als um das Aufsuchen von Blutspuren.

Was endlich die Sachverständigen (Aerzte, Mikroskopiker und Chemiker) heute über Blutspuren sagen können, ist verhältnismäßig sehr viel: sie unterscheiden unter Umständen arterielles und venöses Blut, Blut aus Wunden von Nasenbluten, Hämorrhoiden, Menstruen, Wanzenbissen 2c., ja heute auch schon Menschenblut von Tierblut. Allerdings muß den Sachverständigen vorgearbeitet und ihnen das Material reichlich, sorgfältig verzeichnet, nach Thunlichkeit gut verwahrt und rasch geliefert werden. Mit konfuse beschriebenem, übelverwahrtem und lange verlegenem Material erschwert man den Sachverständigen die Arbeit oder macht sie ganz unmöglich.

2. Das Zeichnen.

Wie bei allen Feststellungen, ist auch hier das Zeichnen von größtem Wert — auch die einfachste, aber sorgfältig gemachte Zeichnung ist durch keine Beschreibung zu ersetzen. Selbstverständlich muß jede Zeichnung eine genaue Beschreibung voraussetzen, einerseits weil durch sie die Zeichnung erst verständlich wird, andererseits weil auch durch das Zeichnen an der Spur selbst etwas verdorben werden kann.

Das Zeichnen von Blutspuren im Freien wird sich in der Regel auf eine Skizze beschränken, auf der alle Gegenstände, die um die Blutspur vorhanden waren, angegeben werden, worauf die Punkte eingezeichnet werden, auf welchen Blutspuren zu finden waren. Da ja nur die gegenseitige Lage fixiert sein soll, ist hier die Hauptaufgabe darin bestehend, daß mit größter Genauigkeit die Entfernungen gemessen und eingezeichnet werden.

Anders bei Blutspuren in einem gedeckten Raume, Zimmer 2c. Daß von einem solchen Raume eine Skizze mit allen darin befindlichen Möbeln 2c. angefertigt wird, ist selbstverständlich; handelt es sich nun darum, die dort befindlichen Blutspuren zu zeichnen, so rät es sich nicht, direkt in diese Skizze die Blutspuren einzuzeichnen, da hiedurch die Uebersichtlichkeit leidet. Am besten macht man die „Blutskizze" abgesondert. Man legt auf die Zimmerskizze ein Blatt recht durchsichtiges, aber widerstandsfähiges Pauspapier, wie man es heute in jeder Papierhandlung vortrefflich bekommt; dann zeichnet man von der Zimmerskizze bloß die vier Mauern, Thüren und Fenster (mit schwarzer Tinte), nicht aber die Möbel und sonstige Gegenstände durch, und gibt dann (auf dem Pauspapier, das noch auf der Zimmerskizze liegt) an der richtigen Stelle mit roter Tinte die einzelnen Blutspuren in entsprechender Größe an, gleichviel, ob sie sich auf den Fußboden, an Möbeln, Oefen 2c. befinden.

Für Blutspuren an den Wänden müssen natürlich Sonderskizzen angelegt werden, ebenso wie für den Grundriß. Man macht eine Skizze von dieser Wand, zeichnet die darin stehenden Möbel, Ofen 2c. flächenförmig ein und macht ebenso, wie früher angegeben, mit Pauspapier eine besondere „Blutskizze". Wer dann den Akt liest, orientiert sich vorerst im allgemeinen an der Hauptskizze und legt zuletzt die „Blutskizze" auf die Hauptskizze, um die Lage der Blutspuren wahrzunehmen.

Außer diesen zwei Skizzen wird häufig noch das Anlegen von Detailskizzen nötig sein, wenn z. B. auf einem Schrank, einem Ofenkachel 2c. mehrere Spritzer zu finden waren, die auf der Hauptskizze nicht deutlich genug dargestellt werden konnten. Auf der Hauptskizze sind die einzelnen Objekte natürlich mit Buchstaben bezeichnet (Th = Thüre, O = Ofen, T = Tisch 2c.). Im Detail heißt es dann: „Detailskizze zu Th.", oder . . . . . „zu O." 2c.

3. Das Sichern.

Als Regel gilt: in natura mitnehmen, was in natura mitgenommen werden kann; kleinere Möbelstücke, Fensterflügel, kleinere

Thüren, Steine, Holzstücke ꝛc. werden ganz mitgenommen, wenn sie Blutspuren tragen. Stücke des Bodens werden sorgfältig auf die Richtung bezeichnet und dann herausgestemmt; Ecken von (wertlosen) Möbeln abgesägt; wenn Verdacht vorhanden ist, daß Blutspuren vom Boden aufgewaschen wurden, wird dieser abgehobelt, die Dielenritzen ausgekratzt und Späne und Mist mitgenommen. Tapeten mit Blutspuren werden sorgfältig abgelöst, ebenso Mauerteile mit Blut; im letzteren Falle geht es nur leicht, wenn die Mauer wiederholt getüncht wurde, so daß sich diese Lagen gut abblättern lassen; ist dies nicht der Fall, so muß der entsprechende Teil ausgestemmt werden. Immer, wenn Mauer abgelöst werden soll, muß die Blutspur eher gesichert werden, was sich übrigens auch bei Spuren auf Tapeten empfiehlt, wenn das Blut so dick aufgetrocknet ist, daß Abspringen befürchtet werden kann. Die Sicherung besteht darin, daß man vor Beginn der Arbeit auf die Stelle, wo der Blutfleck sichtbar ist, ein Stück Pauspapier (etwa 8—10 mal so groß als die Spur selbst) klebt, und vollkommen trocknen läßt. Als Klebemittel darf (wegen der etwa nötigen Arbeit der Chemiker) nur reiner arabischer Gummi, recht dickflüssig, verwendet werden. Ist das Ablösen gelungen, so wird auch die Rückseite durch aufgeklebtes Pauspapier gesichert, so daß das ganze Objekt eingeschlossen ist.

Gelangte Blut auf den Erdboden, und soll dies mitgenommen werden, so muß man vor allem mit einer Stange oder einem Steine wiederholt rund herum auf den Boden schlagen, wodurch sich die Regenwürmer entfernen (unterließe man dies und man kriegt einen Regenwurm mit, so verzehrt er das Blut). Dann wird die Erde ausgestochen und in einer Kiste oder Schachtel verwahrt.

Ist Blut auf Gras, Blättern ꝛc. wichtig und mitzunehmen, so schneidet man die betreffenden Pfanzen mit scharfem Instrument ab, und frischt sie sofort in Kalkwasser oder besser in ein Gemenge von Wasser und Glycerin; hiedurch werden die Pflanzen zwar dunkel, grünschwarz, aber sie vertrocknen nicht. Trocknen sie, so fallen die Blutspuren in ganzen Schollen ab.

Von großer Wichtigkeit sind Blutspuren auf dem Leibe der Verdächtigten, die merkwürdiger Weise in der Beseitigung derselben oft sehr unvorsichtig zu Werke gehen; namentlich an der Haar- und Bartgrenze, in den Nagelbetten der Finger, an den Unterarmen findet man oft verhältnismäßig lange nach der That noch deutliche Spuren. Diese ohne weiters zu belassen, wäre sehr unvorsichtig. Sind sie auf der Haut, so hebe man sie vorsichtig mit einem Messer (über untergehaltenem Papier) ab; das Nagelbett schabe man ab, den Schmutz unter den Nägeln gewinne man mit einem stumpfen Hölzchen (abgebranntes Zündholz). Sollte sich auf dem Fingernagel ein ganzer Blutspritzer finden, so bestreicht man ein Streifchen Papier recht trocken mit sehr dicker Gummilösung, drücke das Papier auf den Nagel und ziehe das Papier sorgfältig ab: der Tropfen bleibt auf dem Papier, wenn nicht beim ersten, so beim nächsten Versuche. — Beim Absuchen von Gesicht, Kopf und Händen bediene man sich jedesfalls einer scharfen Lupe. —

Ebenso sorgfältig müssen Kleider (namentlich dunkle) und Stiefel untersucht werden, da die Leute diesfalls wenig ängstlich im Beseitigen sind. Wurde doch gesucht, diese Spuren zu beseitigen, so vergesse man nicht, daß (namentlich Männer) zu diesem Zwecke heißes Wasser nehmen, wodurch der Blutstoff niedergeschlagen und schwer ganz zu beseitigen wird. Mitunter wird Kleesalz (Oxalsäure) benutzt, welches der Chemiker leicht nachweist — damit ist fast ebensoviel dargethan, als wenn Blut gefunden wurde. Endlich versäume man nie, alle Taschen genau nach Blut zu untersuchen, und wenn Waschversuche gemacht wurden, auch die Säume auftrennen zu lassen, da sich hier noch Blutrestchen hineingeschwemmt erhalten haben können.

Bei Mauern 2c. ist auf abgekratzte oder frischgetünchte, bemalte Stellen zu achten, da hier in der Regel doch ganz kleine Nebenspritzer zu beseitigen vergessen werden, und ist anzunehmen, daß ein Fußboden sorgfältig gereinigt wurde, so lasse man den Chemiker dort auf Spuren von Schwefelsäure und Soda suchen, da die Kenntnis dieser Tilgungsmittel im Volke ziemlich verbreitet ist.

Ueberhaupt merke man: der Nachweis, daß Blut beseitigt wurde oder beseitigt werden wollte, ist fast ebensoviel wert als der Nachweis von Blut selbst, zumal dann die Behauptung: das Blut sei harmlosen Herkommens (Nasenbluten, eigene kleine Verletzung, Tierblut 2c.) schwer aufrecht zu halten sein wird.

C. Papillarlinien.

So heißen jene feinen krausen Linien, die jeder Mensch an der Fußsohle und an der Innenseite der Hand, namentlich aber an der Innenseite der Fingerspitzen, also hinter den Fingernägeln, aufweist. Diese feinen Linien, die im großen und ganzen einander parallel laufen, aber doch verschiedene Schlingen, Rundungen und Inselchen bilden, haben nun die zwei höchst merkwürdigen Eigenschaften, daß sie erstens bei jedem Menschen von frühester Kindheit bis zum Tode gleich bleiben (wenn sie nicht etwa durch Verletzungen vernarben) und daß sie zweitens bei jedem Menschen anders verlaufen. Obwohl man es trotz genauer Studien noch nicht beobachtet hat, daß die Papillarlinien z. B. der rechten Zeigefinger zweier Menschen gleich sind, so kann man wenigstens mit Sicherheit sagen, daß man unbedingt sicher Verschiedenheiten findet, wenn man die Papillarlinien aller fünf Finger einer Hand mit den fünf Abdrücken der entsprechenden Hand irgend eines anderen Menschen vergleicht. Man hat daher im Orient, namentlich in Indien und China Fingerabdrücke schon seit unvordenklicher Zeit zu Erkennungszwecken verwendet, heute benützt man sie auch in fast allen Kulturstaaten bei den polizeilichen Erkennungsämtern in der sog. Bertillonage, Anthropometrie. Für uns haben diese seltsamen Zeichnungen besonders dadurch Wert, daß sie viel häufiger, als man in der Regel annimmt, vom Thäter auf dem

Thatorte zurückgelassen werden, zumal sie in sehr verschiedener Art entstehen können. Will man absichtlich welche zu Vergleichszwecken erzeugen, so thut man am besten, wenn man auf einer recht glatten Unterlage — Glas, Porzellan, Metall, Stein ꝛc. — etwas schwarze Oelfarbe, am einfachsten Druckerschwärze, dünn und gleichmäßig aufstreicht; dann läßt man die Versuchsperson mit der Fingerspitze auf diese aufgestrichene Oelfarbe und dann so oft auf reines, weißes Papier aufdrücken und (ohne zu wischen) wieder abziehen, bis man einen recht deutlichen Abdruck erhalten hat, der weder zu viel noch zu wenig Farbe aufweist. Nicht absichtlich entstehen solche Abdrücke auf die verschiedenste Weise, vor allem, wenn einer in färbende Flüssigkeit, Tinte, Farbe, hauptsächlich aber Blut gegriffen und dann auf irgend einer mehr oder weniger glatten Fläche die Fingerspitze abgedruckt hat. Ebenso entstehen solche Spuren durch Aufdrücken auf eine weiche, plastische Masse: Wachs, warmes Siegellack, Teig, Lehm, Thon, Unschlitt, Brotkrumme ꝛc., und dort, wo durch Aufdrücken eine Wegnahme des vorhandenen Farbstoffes allein geschah, also wenn jemand eine noch nicht getrocknete, frisch gestrichene Fläche, oder einen berußten Gegenstand ꝛc. angefaßt hat.

Aber auch ganz ohne Farbstoff entstehen Spuren von Papillarlinien, da die Oberfläche unserer Haut mit fein verteiltem Fettstoff überzogen ist. Dies kann man am deutlichsten sehen, wenn man recht rasch und fest den heißen Cylinder einer Petroleumlampe mit Daumen und Zeigefinger einen Augenblick anfaßt: der Fettstoff der Hautoberfläche bleibt am Glase haften, bräunt sich sofort dunkel, und man sieht auf dem Cylinder die deutlichsten Papillarlinien. Ebenso entstehen sie, wenn man die Fingerspitzen gegen die Fensterscheibe drückt und diese Stelle dann mit recht feinem Farbstoff (irgend ein feines Pulver, auch Mehl) bestäubt; das Pulver bleibt am Fettstoff haften und zeigt die Papillarlinien.

Hat man Verdacht, daß wenigstens möglicherweise Abdrücke von solchen Linien auf anderen Flächen, namentlich auf glattem Holz, Papier ꝛc. (ohne Farbstoff) bloß durch Andrücken der Finger oder der ganzen Hand entstanden sein könnten, so versichere man sich dieser Objekte und verwahre sie so, daß ihre Oberfläche keinerlei Druck oder Reibung oder überhaupt einer Berührung ausgesetzt ist: unter Umständen kann der Chemiker die Spuren durch Behandlung mit Silberlösungen zum Vorschein bringen.

Hat man halbwegs deutliche Papillarlinien erlangt, die vom Thäter herrühren *können*, so kann man damit natürlich nicht in der Welt herumlaufen und den dazugehörigen Menschen suchen. Wird aber ein Verdächtiger gefunden, so vermag ein Vergleich seines Fingerabdruckes mit dem am Thatorte gefundenen auf den ersten Blick seine Schuld oder Unschuld beweisen. Für halbwegs verläßliche Vergleiche und Untersuchungen muß allerdings beides, Originalspur und Vergleichsspur (bei scharfer, seitlicher Beleuchtung) photographiert und die Photographie soviel als möglich vergrößert werden. Vergleicht man dann beide Vergrößerungen, so zweifelt nicht einmal ein Geschworner.

D. Schießspuren.

So wichtig diese unter Umständen sein können, so sehr werden sie häufig insoferne vernachlässigt, als man sich lediglich darum kümmert, welche Spuren das Geschoß am getroffenen Menschen hinterlassen hat. Die Spuren an anderen Gegenständen sind aber wegen der Beweisführung oft fast ebenso wichtig, und es kann z. B. bei Schrotschüssen unter Umständen ganz objektiv ein Anhaltspunkt dafür gefunden werden, ob beim Schuße Zufall, böse Absicht, Notwehr rc. vorlag. In solchen Fällen muß nach Thunlichkeit der sogen. Streukegel gesucht und bestimmt werden; darunter versteht man den von einem Schrotschuß durch die auseinandergehenden Schrotkörner bestrichenen Raum, der durch Aufsuchen der verletzten Gegenstände (Mauern, Wände, Bäume, Blätter rc.) festgestellt werden kann. Findet man solche (an Felsen, Mauern, Steinen als bleistiftähnliche Striche) und weiß man, wo der Verletzte gestanden ist, so ist behauptetes zufälliges Losgehen des Gewehres umso wahrscheinlicher, als sich der Beschossene mehr am Rande des festgestellten Streukegels befunden hat. Aehnliche Feststellungen können auch bei behaupteter Notwehr wichtig werden.

Unbedingt gesucht und gefunden werden muß die Ablenkungsstelle, wenn Prellschüsse sogen. „Geller" behauptet werden. Sie entstehen, wenn das Geschoß auf einen Stein, eine Mauer, hartes Holz, Erde, (angeblich unter Umständen schräg auf eine Wasserfläche) trifft und dann (Einfallswinkel = Reflexionswinkel) abgelenkt weiterfliegt. Da also ein getroffener, widerstehender Körper vorliegen muß und da man auch aus dem Stande des Schießenden und Getroffenen ungefähr berechnen kann, wo die Kugel abgeprallt sein mag, so muß meistens die Stelle gefunden werden. Sind schwierige Fragen zu beantworten oder Berechnungen vorzunehmen, so ist der Physiker heranzuziehen.

Von Wichtigkeit sind Schüsse durch Fensterscheiben, da nicht selten durch geschlossene Fenster in ebenerdige Räume geschossen wird; man merke:

1. Wenn man die im Zimmer getroffene Stelle mit dem Schußloch in der Fensterscheibe durch eine Gerade verbindet und diese nach außen verlängert, so muß man die Stelle finden, wo der Schießende gestanden ist. Wurden zwei Scheiben (Doppelfenster) durchschossen, so ist die Konstruktion noch sicherer.
2. Ein Kugelschuß auf eine Glasscheibe reißt an der Austrittsstelle um die Oeffnung herum kleine, muschelförmige Lamellen von der Scheibenoberfläche los. Jene Seite, auf der also diese charakteristischen Substanzverluste zu sehen (und noch deutlicher zu fühlen) sind, ist immer die Austrittsstelle.
3. Wurde senkrecht gegen die Scheibe geschossen, so sind diese muschelförmig abgesprengten Teile ziemlich gleichförmig um das Loch herum angebracht; wurde von rechts geschossen, so

sind auf der rechten Seite der Austrittsöffnung wenig muschelförmige Verluste, dagegen viele auf der linken zu sehen und zwar je mehr schräge von rechts geschossen wurde, umsomehr Verletzungen sind links. Umgekehrt, wenn von links, entsprechend wenn von oben oder unten geschossen wurde. Also: die Kugel reißt immer dort ab, wo sie a u s tritt und zwar immer auf der Seite mehr, auf der sie weiterfliegt (also links. wenn sie von rechts nach links geht).

4. Sehr nahe abgegebene (Kugel- oder Schrot-) Schüsse zertrümmern die Scheibe durch den Druck der Pulvergase vollständig.

5. Schrotschüsse aus geringer Entfernung wirken überhaupt wie Kugelschüsse und machen in der Scheibe ein großes Loch (weil alle Schrote noch beisammen sind).

6. Aus etwas größerer Entfernung durchbohren bisweilen einzelne Schrotkörner die Scheibe ganz scharf.

7. Kleine, sehr scharf geworfene Steine wirken wie Kugelschüsse, doch sind die muschelförmig abgesprengten Lamellen nicht so gut sichtbar.

8. Kleine, runde, gegen sehr dicke Scheiben geworfene Steine bewirken merkwürdigerweise kegelförmige Aussprengungen. Die Spitze eines solchen herausfallenden Glaskegels steht an der g e t r o f f e n e n Seite der Scheibe, die Grundfläche des Kegels an der entgegengesetzten Fläche derselben.

9. Wurde eine Scheibe zwei oder mehrere male durchschossen oder durchworfen, so läßt sich die Reihenfolge der Löcher fast immer bestimmen. Das Schußloch ist in der Regel nicht scharf, sondern sendet lange Sprünge strahlenförmig nach allen Richtungen. Beim ersten Loch gehen diese Sprünge ungehindert in der eingeschlagenen Richtung; die Strahlen des zweiten Loches finden aber irgendwo schon einen oder mehrere Strahlen vom ersten Loch und können über die schon vorhandenen Strahlen nicht weiter: sie bilden mit ihnen zwei Winkel. Die Strahlen des dritten Loches stoßen schon auf die Strahlen der zwei ersten Löcher und werden da im Weiterspringen gehindert u. s. f. Diese Bestimmungen sind eben so leicht zu machen, wie unter Umständen sehr wichtig.

10. Durchschossene, durchworfene oder sonstwie von Bedeutung gewordene Spuren an Fensterscheiben sind stets zu sichern und mitzunehmen, was wohl in der Regel durch Mitnahme des betreffenden Fensterflügels geschehen wird; nur ausnahmsweise wird man die Scheibe durch den Glaser herausnehmen lassen. Jedenfalls sichert man sich den Gegenstand aber dadurch, daß man die geschädigte Scheibe mit einem Blatt starken Papieres, Leinwand ꝛc. überklebt, damit keine weiteren Scherben und Splitter abfallen können. Man kann dann auch trachten, die schon abgefallenen Glasteile wieder an ihre frühere Stelle zu

bringen. Diese müssen aber besonders bezeichnet werden, damit später kein Zweifel darüber entsteht, was ursprünglich fix war, und was erst später dazu kam.

E. Sonstige Spuren.

Auch Spuren von Tieren, Rädern, Gehstöcken rc. können von Wert sein und verdienen — wenn sie anders mit der That in Zusammenhang stehen — stets sorgfältige Beachtung. Hufspuren von Pferden sind schwer zu behandeln, namentlich ist es nicht leicht, die vier zusammengehörigen Hufe zusammenzusuchen und Vorderhuf von Hinterhuf zu unterscheiden (Vorderhuf ist mehr rund und geschlossen, Hinterhuf mehr länglich und offen).

Fragt es sich um die Richtung, in der Räder sich bewegt haben, so achte man auf die feinen Schollen, die namentlich in feinem Staub, halbtrockenem Kot, Schnee rc. entstanden sind: Will man diese beseitigt denken, d. h. wissen, in welcher Richtung der Wagen gekommen ist, so muß man das Rad in Gedanken in entgegengesetzter Richtung laufen lassen, als es gekommen ist.

Oft noch wichtiger sind Spuren von gebrauchten Werkzeugen, von Anstoßen, Anfahren, Anschlagen, Anschießen rc., die alle sorgfältig gesucht, gezeichnet, vermessen, beschrieben und verwahrt werden müssen. —

Zum Schlusse seien noch einige Worte über das Verwahren und Versenden von gewonnenen Spuren oder deren Formen erwähnt; so überflüssig dies scheinen kann, so sehr wird in dieser Richtung gesündigt.

Vor allem befleißige man sich einer pedantisch-peinlichen Genauigkeit und Umständlichkeit im Bezeichnen jeden Objektes. Zur Zeit, als man dasselbe gewonnen hat, weiß man allerdings sehr gut, was es ist und vorstellt, woher man es genommen hat, wie es gelegen ist und welche sonstigen Nebenumstände dazu gehören: aber in kürzester Zeit weiß man es eben nicht mehr und ergänzt die Daten entweder gar nicht, oder, was noch gefährlicher ist, falsch. Außerdem haben mit diesen Objekten auch noch andere zu arbeiten: erkennende Richter, Staatsanwalt, Verteidiger rc., diese waren nicht dabei, wie das Objekt gewonnen wurde und diese brauchen umständliche Beschreibung. Die Erfahrung lehrt täglich, daß durch mangelhafte Daten Objekte wertlos oder sogar für die Wahrheit höchst gefährlich wurden, obwohl sie an sich von größter Wichtigkeit wären. Verwechslungen, falsche Orientierung, Mißverständnisse und arge Irrtümer entstehen alle Augenblicke, nur weil man sich im Anfange gedacht hat: „Das merke ich mir doch!" — man merkt es sich eben nicht, und die Verwirrung ist fertig. Daher die Grundregel: „Immer und ausnamslos das erste Objekt sofort genauestens bezeichnen, ehe man zum nächsten übergeht".

Das zweite, strenge zu berücksichtigende, sieht noch kleinlicher aus, ist aber fast ebenso wichtig: „Mit Packmaterial nicht sparen!"

Es muß alles nicht zusammengehörige besonders, und alles zusammengehörige sorgsam verpackt werden. Nichts darf sich gegenseitig stoßen oder reiben, alles muß gegen Beschädigung von außen geschützt sein, sehr feine Dinge, Pulver, Geschabsel 2c. müssen in besonders glattem Papier (wie vom Apotheker die Pulver) verwahrt werden, Flüssigkeiten gehören in gut verschlossene Glasflaschen, überall, namentlich dort, wo noch der Chemiker zu thun haben wird, muß äußerste Reinlichkeit zur Pflicht gemacht sein — die Verantwortung ist zu groß! Besondere Sorgfalt verlangen aber auch große, schwere Gegenstände, namentlich, wenn sie Blutspuren tragen, oder tragen können: Hacken, Beile, Stangen, große Steine 2c. Häufig werden solche wichtige Gegenstände „dem Gemeindeamte" zur Beförderung übergeben, und von diesem aber oft in nachlässigster Weise versendet, sodaß Spuren verloren gehen oder gar neue dazukommen. Ja, es geschehen sogar Verwechslungen, und die Sachverständigen untersuchen dann auf das Sorgfältigste z. B. die harmlose Axt des Bürgermeisters und dieser behält die des Mörders im Gebrauche.

Solche Gegenstände müssen nicht bloß in Kisten verwahrt, sondern auch (durch Löcher in einer Kistenwand) festgebunden werden, damit keine Blutspur 2c. gescheuert werden kann. Nur allzu große Objekte z. B. lange Stangen können unverpackt bleiben. Dann müssen aber neben der Blutspur oder einer anderen wichtigen Stelle Schutzbacken festgebunden werden, erst dann darf darüber die eigentliche Hülle befestigt werden.

Zu vergessen ist endlich nicht, daß bei allen organischen Gegenständen, die von Chemikern, Botanikern, Mikroskopikern 2c. untersucht werden sollen, Eile notthut; diese können oft das Wichtigste sagen, wenn sie das Objekt bald bekommen, gar nichts, wenn viel Zeit vergangen ist. Dies gilt namentlich von Blut, Eiter, Samen, Mageninhalt, pflanzlichen oder tierischen Giften, Schmutzflecken, Exkrementen 2c.

X. Abschnitt.

Zeichnen und Verwandtes.

1. Allgemeines.

Wer jemals Akten durchgesehen und darauf gemerkt hat, wodurch man über das Dargestellte am besten Verständnis erlangt, der wird bemerkt haben, wie schwer man sich auch mit der besten Beschreibung zurechtfindet, und wie einfach und sicher Klarheit gewonnen wird, wenn eine, auch noch so unbeholfene Zeichnung, ein Abdruck oder eine ähnliche Darstellung beigelegt wurde, ja, manche Dinge lassen sich überhaupt gar nicht beschreiben, man begreift sie nur, wenn sie in natura oder in einer Darstellung vorgeführt werden. Man stelle sich z. B. nur vor, welche umständliche Beschreibung, sagen wir, das erste, beste Zimmer erfordert, wenn man sich darüber klar werden soll, was in demselben steht, welchen Raum jeder Gegenstand beansprucht und wie die einzelnen Verhältnisse gegeneinander zu denken sind; und hat man die langatmige Beschreibung studiert, so ist gewöhnlich noch keine oder eine falsche Vorstellung gewonnen. Wie rasch, sicher und verläßlich ist man aber über alles unterrichtet, wenn mit einigen, noch so kunstlosen Strichen eine Skizze des Zimmers angefertigt wurde. Nehmen wir weiter an, durch irgend ein Werkzeug sei bei einem Einbruchdiebstahle an der erbrochenen Lade ein Eindruck hervorgerufen worden, oder man fände anläßlich eines Mordes an einer Thüre oder einem Baume eine kleine Verletzung, die vielleicht von einer Pistolenkugel herrühren kann: kein Mensch kann eine solche Beschädigung derart beschreiben, daß sich der Leser auch nur ungefähr ein Bild davon machen kann. Nimmt man aber ein Stückchen erwärmtes Wachs und bildet in noch so simpler Weise einen Abdruck von der verletzten Stelle, so erregt ein Blick auf diesen vorgelegten Abdruck nahezu vollständig die Ansicht der verletzten Stelle selbst.

Aber auch für den Arbeitenden selbst hat die bildliche Darstellung großen Wert. Abgesehen von der Beruhigung, die es ihm gibt, wenn er weiß, daß auch die anderen die Sache möglichst genau sehen können, thut er sich selbst viel leichter, wenn er schon vor der Beschreibung eine Skizze aufgenommen und bezeichnet hat, sodaß er bei der Beschreibung oder bei den zahlreichen späteren Zeugenvernehmungen sich lediglich auf die Bezeichnung der Skizze beziehen kann. Hat er keine Skizze, so muß er z. B. sagen: „Die an der nordwestlichen Seite des Hauses befindliche zweite Thüre von der Straße aus gerechnet". Vernimmt man nun nach einigen Wochen einen Zeugen, so hat man diese Bezeichnung vielleicht vergessen und nennt dieselbe Thüre: „Die gegen den Bach führende näher gegen das Dorf Altenberg gelegene Thüre". Ist aber eine Skizze vorgelegen, so heißt diese Thüre ein für allemal: „Die Thüre Th." Welche Erleichterung dies für den Beschreibenden und jeden Lesenden mit sich bringt und wie sehr dadurch Irrungen ausgeschlossen werden, ist nicht weiter zu erörtern.

Es kann daher im allgemeinen nur dringend geraten werden, daß man sich bemüht, die wenigen notwendigen Handgriffe zu erlernen und daß man keine Gelegenheit versäumt, aufmerksam zuzusehen, wenn man bei anderen solche Vornahmen sehen kann; manches ist auch hier aus Beschreibungen schwer zu lernen, während man es richtig machen kann, wenn man es ein einziges mal gesehen hat; im folgenden soll nur von jenen einfachen Dingen die Rede sein, die mit wenigen Worten mitgeteilt werden können und wobei es weder auf Geschicklichkeit noch Vorkenntnisse, sondern nur auf guten Willen und Aufmerken ankommt.

2. Das Zeichnen.

Das Nachfolgende ist weder für Leute berechnet, die ohnehin zeichnen können, noch sollen solche, die nicht wissen, wie man einen Bleistift angreift zu geübten Zeichnern herangebildet werden; es will nur jenen, die einige, wenn auch sehr geringe Vorkenntnisse haben, mitgeteilt werden, auf was es in unseren Fällen ankommt. Selbstverständlich soll hier in keiner Weise von kunstvollen Darstellungen die Rede sein; es handelt sich nur um das, was man eine Skizze nennt, wie sie jeder machen kann. Muß ausnahmsweise wirklich einmal eine bildliche Darstellung gemacht werden, so ist ja ohnehin ein wirklicher Zeichner, ein Techniker oder ein Photograph heranzuziehen; wir sprechen also nur von dem, was jeder nicht allzu ungeschickte Mensch leisten kann; allzu ungeschickte Leute sind aber für unsere Arbeiten überhaupt nicht zu brauchen.

Merke:

a) Man skizziere einfach alles, was sich nur überhaupt durch eine Zeichnung darstellen läßt und wenn es auch nur einige wenige Striche oder Punkte sind, welche Richtungen oder Lageverhältnisse darstellen. Sagen wir, es handelt sich z. B. um drei Kratzer, die auf einer Mauer wahrgenommen werden: macht man auf einem Blatt Papier drei Striche, welche das Längenverhältnis, die Richtung und Neigung der Striche darstellen und vermerkt man, wo oben und unten, Norden und Süden ist, so hat man alles geleistet, was zu leisten ist, und die Sicherheit und Klarheit erscheint wesentlich gefördert. Oder es befinden sich irgend wo die Merkmale von mehreren Schrottkörnern: man macht auf einem Blatt Papier wieder einzelne Punkte mit Tinte, in der gleichen Zahl wie die Schrottkörner verbindet die einzelnen Punkte mit geraden Bleistiftstrichen und schreibt auf diese die sorgfältig vermessenen Entfernungen in cm. Das kann jeder machen und es ist alles geleistet, was geleistet werden soll.

Im allgemeinen mache man es sich zum Grundsatz, so viel als möglich zu zeichnen; im Anfang hat man nie eine Vorstellung davon, was wichtig ist und es werden kann und später bedauert man oft lebhaft, daß man eine nicht mehr nachzuholende Aufnahme versäumt hat; ist eine Skizze wirklich überflüssig, so braucht man sie ja weiter nicht vorzulegen und viel Zeit ist damit nicht verloren worden, ein zuviel kann hiebei nie schaden und immer klärt man sich selbst durch Zeichnen der Sache am besten auf.

b) Unbedingte Notwendigkeit ist peinlichste Genauigkeit im Messen. Unter Umständen kommt es allerdings auf ein paar Centimeter durchaus nicht an, ob dies aber im einzelnen Falle so ist, weiß man im Anfange niemals, wohl aber ist es sicher, daß es unter Umständen lediglich gerade auf diese paar Centimeter ankommt. Sehr häufig macht man sich auch durch Ungenauigkeit im Messen selbst erhebliche Schwierigkeiten, weil es dann, wie man zu sagen pflegt, irgend wo nicht ausgeht, oder weil die fertige Skizze nicht den richtigen Eindruck macht. Entweder kann man dann wieder von vorne anfangen, oder man liefert etwas Falsches. Hiebei sind wieder namentlich zwei Punkte wichtig:

Man zeichne nie zum Teile nach dem Augenmaße, zum Teile nach sorgfältiger Vermessung. Unter Umständen wird eine ganz nach Augenmaß gemachte Skizze nicht nur genügen, sondern auch das Gewollte besser darstellen, als eine sorgfältig gemessene steife Darstellung; wird aber nur teilweise gemessen, so entsteht nie etwas Brauchbares. Sagen wir, es mißt einer Länge und Breite eines Zimmers, Lage und Größe der Thüren auf den Millimeter genau ab und stellt sie auch so genau dar. Dann zeichnet er aber die einzelnen Einrichtungsstücke bloß ungefähr nach dem Augenmaße ein, irgendwo stimmt es dann sicher nicht: entweder ist an den Wänden zu viel oder zu wenig Raum geblieben oder es stimmt in der Mitte mit dem freien Platz nicht, kurz die Arbeit ist wertlos, vielleicht sogar schädlich, weil sich der Beschauer falsche Vorstellungen machen kann. Also: entweder alles nach dem Augenmaß zeichnen (und diesen Umstand vermerken) oder alles genau messen und hienach zeichnen.

Ein weiterer oft begangener Fehler besteht darin, daß man mit einem nur ungefähr richtigen Maße mißt und ein vollkommen genaues Maß einsetzt. Z. B. es wird nur mit Schritten gemessen und hiebei z. B. siebzig Schritte gefunden. Diese werden auf Meter umgerechnet und in die Skizze werden dann 56 Meter eingesetzt. Wurde mit Schritten gemessen, so muß der Leser auch wissen, daß es sich nur um ein ungefähr richtiges Maß handelt, liest er aber 56 Meter, so glaubt er, daß es sich wirklich genau um soviel handelt.

c) Man suche über das zu Skizzierende einen vollen Ueberblick zu gewinnen, bevor man mit dem Zeichnen anfängt. Daß dies in der Regel nicht geschieht, merkt man an so vielen Skizzen: es wurde bei irgend einem Zipfel zu zeichnen angefangen und gezeichnet bis das Papier zu Ende war. So macht man es beim Schreiben aber nicht beim Zeichnen, denn sonst kommt Unwichtiges deutlich und auf den besten Platz, Wichtiges aber nebensächlich untergebracht oder gar nicht. Kann man sich daher das zu Zeichnende nicht vorher vollständig im Kopfe vorstellen, so lasse man sich die Mühe nicht verdrießen, vorerst ein Paar denkbar flüchtige Probeskizzen zu machen und mit der Ausführung erst zu beginnen, wenn man mit dem Aufzunehmenden zufrieden ist. So erspart man viele Arbeit oder die Lieferung von etwas Unbrauchbarem.

d) Man suche den richtigen Zeitpunkt zu finden, wann die Skizze aufzunehmen ist. Wie eben erwähnt, darf man nicht anfangen bevor man weiß, was wichtig ist und was gezeichnet werden muß, aber man soll die Skizze schon fertig haben, wenn man mit der Beschreibung und Zeugenvernehmung beginnt. Es kann ja sein, daß dieser Zeitpunkt unter Umständen sich als zu früh gewählt herausstellen mag, man kann aber in solchen Fällen durch Ergänzungen oder eine zweite Seitenskizze oder durch

Detailzeichnungen immer abhelfen; der Vorteil, den man aber hat, wenn man bei Beschreibung und Vernehmung sich schon auf die Skizze berufen kann, ist so groß, daß man auf ihn nicht verzichten soll. Wie oben erwähnt, kann man bei Vorliegen der Skizze sich leicht und jede Verwechslung ausschließend auf die Thüre Th, auf den Baum B, auf den Kasten K beziehen. Außerdem gelingt auch die Verständigung mit den Zeugen viel leichter, wenn man ihnen bei der Besprechung die Skizze vorlegen kann. Endlich hat man noch den großen Vorteil, daß sich bei der Beschreibung der Skizze oder bei der Zeugenvernehmung Mängel, Auslassungen und Fehler herausstellen, die man dann noch rechtzeitig zu verbessern vermag.

e) Man unterlasse es nie, auf jeder Skizze von feststehenden Dingen die Weltgegend anzugeben, auch wenn die Skizze nur aus einem einzigen Striche bestünde. Dabei darf man diese Angabe aber nur nach der Magnetnadel machen; geschieht dies ausnahmsweise nur ungefähr nach dem Sonnenstande, so muß dies bemerkt werden.

f) Man zeichne nichts Ueberflüssiges und plage sich nicht mit Schönheiten, Schattierungen und sonstigem Aufputz: je einfacher und schmuckloser, desto besser.

g) Man mache es sich zur Regel, nur ganz ausnahmsweise eine Skizze in die Beschreibung selbst aufzunehmen, dieselbe muß immer auf einem abgesonderten Papier gezeichnet werden; einerseits ist die Benützung derselben für jeden Lesenden weitaus bequemer und anderseits arbeitet man auch viel leichter, weil man eine etwa mißlungene, abgesonderte Skizze wieder wegwerfen kann, dies aber nicht leicht thut, wenn man schon einige Seiten Beschreibung aufgenommen hat.

h) Der Maßstab ist stets im Dezimalmaße zu halten und wenn möglich, in einem leicht umzurechnenden Verhältnisse zur Natur zu gestalten (1:10, 1:100, 1:1000). Das Verhältnis ist natürlich auf der Skizze anzugeben.

i) Die Buchstabenbezeichnung wird viel bequemer, wenn man die Anfangsbuchstaben des betreffenden Gegenstandes wählt (Tisch mit T, Thüre mit Th, Baum mit B, Fichte mit F ꝛc.). Bei der Aufnahme macht man natürlich alles mit Bleistift, bei der Ausführung wird die Zeichnung mit schwarzer Tinte veranlaßt, während man die Buchstaben wenn möglich mit roter Tinte einsetzt; hiedurch gewinnt die Deutlichkeit der Zeichnung wesentlich.

k) Man verlasse sich nie, grundsätzlich nie darauf, daß man die Sache später zu Hause genauer ausführen werde. Dies sagt man sich häufig, wenn man für heute genug hat, und wenn Kälte, Hitze, vorgerückte Zeit und mangelnde Bequemlichkeit lästig werden. Man merkt sich die Dinge eben nur solange, als man sie vor Augen hat und jederzeit Ergänzungen machen kann. Zu Hause weiß man sie eben nicht mehr und ergänzt dann gar nicht oder in gefährlicher Weise falsch.

l) Sehr zweckmäßig ist es, wenn man eine fertige Zeichnung, die später in die Hände von vielen Zeugen, Geschworenen ꝛc. kommen kann, vor allerlei Schädigungen schützt. Dies kann man leicht thun, wenn man sie entweder mit einer Lösung von einem Teil Stearin in drei Teilen Collodium übergießt und dann eine Viertelstunde trocknen läßt, oder wenn man die Zeichnung mit Zaponlack tränkt, den man bei Händlern mit photographischen Bedarfsartikeln billig bekommt. Zaponlack ist äußerst feuergefährlich, schützt Papier aber ganz vortrefflich. (Also nie bei künstlichem Lichte damit arbeiten.)

A. Skizzieren eines Innenraumes.

Dies ist eine häufig vorkommende und verhältnismäßig noch leichte Arbeit. In der Regel genügt ein Verhältnis von 100:1, sodaß ein Meter der Natur einem Centimeter auf dem Papiere entspricht. Man mache sich zur Regel, daß der Umfang des Zimmers besonders genau gemessen und dargestellt werde, sonst hat man immer Schwierigkeiten. Zuerst überzeugt man sich (am einfachsten durch Hineinschieben eines viereckigen Tisches ꝛc.), ob die Ecken des Zimmers rechtwinklig sind; ist dies nicht der Fall, so findet man den betreffenden Winkel am leichtesten, wenn man ein steifes Blatt Papier solange in den Winkel hält und zuschneidet, bis es paßt — dann überträgt man diesen Winkel auf die Zeichnung. Hat man alle vier Ecken festgestellt, so mißt man eine Seite und trägt das in Metern erhaltene Maß in Centimetern auf die Skizze, dann errichtet man auf dieser Linie dem Winkel entsprechend die zwei Seitenwände, vermißt sie und verbindet die Endpunkte. Zuletzt wird diese vierte Seite auf dem Papier und in natura gemessen und beide miteinander verglichen, stimmen die Maße nicht, so steckt irgendwo ein Fehler, der unbedingt gesucht und verbessert werden muß. Dann werden ebenfalls mit dem Maßstab Thüren, Fenster und der Ofen vermessen und eingezeichnet und zuletzt die Einrichtungsstücke dargestellt. Dies geschieht in der Weise, daß immer jener Raum gezeichnet wird, welchen dieselben auf dem Fußboden beanspruchen. Es wird also zum Beispiel ein Bett durch ein Rechteck dargestellt, dessen Länge und Breite der äußeren Länge und Breite des Bettes entspricht. Handelt es sich um besondere Genauigkeit z. B. darum, ob in der Mitte eines Zimmers dies und jenes geschehen konnte, ob ein Einrichtungsstück für einen Vorgang hinderlich war ꝛc., so müssen zuletzt noch Prüfungsmaße vorgenommen werden, indem die Entfernung der einzeln wichtigen Gegenstände voneinander nachgemessen und überprüft werden. Zuletzt gibt man auch die Mauerdicke an, die entweder bei den Fenstern und Thüren oder von außen gemessen werden muß.

B. Skizzieren einer Wohnung.

Diese bietet ungleich mehr Schwierigkeiten als jene auch vieler einzelner Zimmer, weil die Lage der Zimmer zueinander häufig nicht leicht zu entnehmen ist. Verhältnismäßig wenig Schwierigkeiten bietet die Sache, wenn man zuerst das ganze Haus von außen messen und zeichnen kann, weil man dann schließlich doch nur dieses im Innern einzuteilen hat und jeden Fehler entdeckt, wenn die Einzelmaße der Räume mit dem Gesamtmaße des Hauses nicht stimmen. Kann man dies also thun, so mißt und zeichnet man zuerst das Haus von außen, trägt die Mauerdicken ein und beginnt von innen in jener Ecke zu zeichnen, wo sich voraussichtlich die wenigsten Schwierigkeiten ergeben werden. Sagen wir, es liege eine Seite des zuerst aufgenommenen Eckzimmers gegen Westen, so bleibe man bei der Westseite des Hauses und nehme nacheinander alle an dieser Westseite des Hauses gelegenen Räume in Angriff. Hat man den nordwestlichen Eckraum eingezeichnet, so gehe man grundsätzlich nicht eher weiter, als bis man sicher ist, daß die Einzelausdehnung der nach Westen gelegenen Räume zusammen der Gesamtausdehnung des Hauses entsprechen; steckt und bleibt hier schon ein Fehler, so kommt die Arbeit zu keinem Ziele. Dann nimmt man die nach Norden gelegenen Räume, dann die östlichen, dann die südlichen in Angriff und gehe zu der nächsten Seite immer erst über, wenn die vorhergehende überprüft und richtiggestellt worden ist. Bleiben dann in der Mitte noch Räume, so müssen sich deren Maße von selbst ergeben. Man merke, daß Zeitverlust durch genaues Messen immer noch Zeitgewinn darstellt, denn wenn man jedes einzelne Maß peinlich genau nimmt, so ist man nach dem letzten Raume auch wirklich fertig; eine einzige Ungenauigkeit macht aber endlose Verbesserungen, vielleicht sogar Neuaufnahme der ganzen Arbeit notwendig.

Ist ein Haus, wie es wohl meistens der Fall sein wird, nicht ringsum zugänglich, so kann man doch zum mindesten in allen Fällen eine Seite von außen vermessen; man thut dies, und beginnt dann bei der Innenseite mit jenen Räumen, welche an der vermessenen Seite gelegen sind. War dies z. B. die Westseite, so nimmt man zuerst diese, dann die Nord- und Südseite und erst zuletzt die Ostseite und die Mittelräume; so gewinnt man doch immerhin einige Kontrollmaße, man muß aber womöglich noch genauer vorgehen als dann, wenn man durch sämtliche Außenmaße sichere Anhaltspunkte gewonnen hat.

Auch bei diesen Aufnahmen kommt man am leichtesten auf Irrwege, wenn es mit den Ecken der Räume nicht stimmt und wenn dieselben nicht rechte Winkel darstellen. Am sichersten geht man in der oben genannten Weise mit dem zuzuschneidenden Papier zu Werke. Handelt es sich um viele Winkel, so kann man sich auch für ungefähre Maße mit einem zusammenlegbaren Maßstabe helfen, dessen einzelne Glieder noch ziemlich stramm aneinandergehen. Man biegt ihn in der Mitte ab, paßt den so erhaltenen Winkel in die Ecken, und prüft den jetzt erhaltenen Winkel an einem sicher rechtwinkeligem Gegenstande

(Tischplatte ꝛc.). Wird der Winkel als kein rechter befunden, so kann man ihn mit dem Maßstabe, den man in der gefundenen Neigung beläßt, sofort auf das Papier übertragen.

Hat man mehrere Stockwerke zu zeichnen, so kann man allerdings die Zeichnung des einen für das darunter oder darüber liegende benützen, muß aber genaue Nachmessungen vornehmen. Vorerst merke man, daß die Mauern in jedem höheren Stockwerke um einen Ziegel dünner sind als in dem darunterliegenden Raume; die Räume sind also oben nicht unwesentlich größer. Mauern, die in einem Stockwerk vorhanden sind, können im oberen fehlen, ist aber oben eine Zwischenmauer mehr, so erkennt man dies unten durch das Vorhandensein eines Bogens, einer Gurte oder eines eisernen Trägers. Nur dünne Riegelwände oder die modernen leichten Mauern aus Gipsdielen werden direkt auf den Fußboden gestellt.

Eine wesentliche Erleichterung kann man sich verschaffen, wenn man den häufig beim Hause verwahrten Bauplan erhalten kann. Aber eine genaue Ueberprüfung ist auch hier nötig, da nicht nur später Veränderungen vorgenommen worden sein können, sondern da man sich auch schon während des Baues häufig nicht genau an denselben gehalten hat; namentlich Thüren, auch Oefen und Fenster sind oft an anderen Stellen angebracht, als es im Plane beantragt war.

C. Skizzieren der Umgebung eines Hauses.

Diese ist entweder so gedacht, daß man sie um die genaue Zeichnung eines Hauses anbringt, oder daß diese eine besondere Zeichnung darstellt, während auf der Umgebungsskizze das Haus bloß von außen und ganz klein eingezeichnet wird. Auf jeden Fall ist es hier besonders wichtig, daß man sich vor allem mit dem Raume abfindet, den man für die Skizze auf dem Papiere zur Verfügung hat. Man muß sich also zuerst darüber klar sein, wieviel dargestellt werden muß; diesen Raum schreitet man ab, und weiß nun die Länge und Breite des zu Zeichnenden, wenn man die Umwandlung der Schritte in Meter vorgenommen hat. (Ein Schritt = 80 Centimeter.) Sagen wir, der Raum wäre 30 Schritt lang und 20 Schritt breit = 24 × 16 Meter; wir hätten einen halben Bogen Papier zur Verfügung (meist 34 × 21 Centimeter), so können wir, im Verhältnis von 100:1 darstellend, so zeichnen, daß oben und unten je 5 Centimeter, rechts und links je 4½ Centimeter frei bleiben (den Bogen quer gelegt). Diese Feststellung ist in wenigen Minuten gemacht und erleichtert die Arbeit ungemein. Selbstverständlich sucht man dann irgend einen Ausgangspunkt für den Anfang der Aufnahme, der zweckmäßig ungefähr die Mitte des Papieres einnehmen soll; man mißt nun ab, wie weit dieser Gegenstand z. B. ein Baum, vom Rande der Skizze nach oben und (z. B.) nach rechts entfernt ist, überträgt dies auf seinen Maßstab und zeichnet dann den Baum am entsprechenden Platze ein. Nun verbleibt man bei diesem Anhaltspunkte: man mißt z. B. das diesem Baum Zunächstliegende, überträgt den Maßstab und zeichnet ein; von diesem geht man wieder weiter, bis man auf dieser Seite fertig ist. Am meisten empfiehlt es sich, vom Mittelpunkte aus zuerst nach hinauf, dann nach links, dann rechts, zuletzt nach unten zu gehen. So hat man immer Ueberblick und verdeckt sich nichts schon Gezeichnetes.

Ist alles fertig, so empfiehlt es sich sehr, die sogen. militärischen konventionellen Bezeichnungen (für Wald, Feld, Wiese 2c., dann für die verschiedenen Straßen und Wege, Gebäude 2c.) einzusetzen, was die Uebersichtlichkeit und Verwendbarkeit der Zeichnung wesentlich erhöht. Man erhält in jeder Buchhandlung ein Taschenbuch hiefür, nötigenfalles zeigt es jeder Offizier; die Zeichen sind sehr einfach, leicht zu machen und werden überall verstanden; sie entsprechen ihrer Bedeutung derart, daß man die meisten versteht, auch wenn man sie nicht erklärt erhalten hat.

D. Skizzieren eines größeren Teiles der Landschaft.

Will man Ueberblick auf einen größeren Terrainteil bringen, so geht man im allgemeinen genau so vor, wie eben dargestellt, nur genügt nicht ein Gegenstand in der Mitte, man muß trachten, eine Mittellinie zu finden. Vorerst hat allerdings das Maßstabsuchen eine gewisse Schwierigkeit, namentlich, wenn man keine Auswahl mit Papier hat, und in der Regel wohl darauf beschränkt sein wird, auf einem halben Bogen Papier (im gewöhnlichen Ausmaße von 34 × 21 Centimeter) zu zeichnen. Vorerst muß selbstverständlich der Raum, den man zeichnen will, der Länge und Breite nach abgeschritten werden. Sagen wir, es ergibt sich: 920 Schritt Länge und 615 Schritt Breite, also 73600 Centimeter × 49200 Centimeter. Dividieren wir natürliche Länge (73600) durch Papierlänge (34) so ergibt sich die Zahl 2165, d. h. ein Centimeter Papier muß ungefähr 2000 Centimeter = 20 Meter darstellen. Nun zeichnet man einen Maßstab d. h. man macht nach dem Maßstab einen Strich von 10 Centimetern, teilt ihn in 10 Teile und bezeichnet die Teilstriche mit: 0, 20, 40, 60, 80, 100, 120, 140, ... Meter. Nun sucht man sich in der Natur eine Linie, die möglichst gerade und möglichst in der Mitte durch das zu zeichnende Terrain quer durchgeht — irgend etwas findet sich: Straße, Bach, Kulturgrenzen, äußersten Falles bloß eine gedachte Linie zwischen mehreren Gegenständen: einem Baum, einem Wegkreuz, einer Feldecke. Diese Linie zeichnet man auf seinem Papier ein und sie bildet die Grundlinie für die ganze weitere Arbeit. Man denkt sich nämlich von jedem Punkte, der auf der Skizze ersichtlich sein soll, eine Senkrechte auf die genannte Grundlinie (also von jedem Baum, jeder Hausecke, dem Beginn und dem Ende einer Kulturgattung 2c.), schreitet die Senkrechte ab, und von dem Punkte, wo diese getroffen wird, wieder die Grundlinie bis zu ihrem Beginn. Die zwei Zahlen werden in Meter und diese in Centimeter nach dem Maßstabe umgewandelt, diese werden auf dem Papiere aufgetragen und man weiß nun aus diesen zwei Linien, wo der Punkt zu fixieren ist. Als Beispiel: Meine Grundlinie ist eine Straße, die quer durch das Terrain läuft; ich will zuerst einen Baum einzeichnen, der oberhalb der Straße liegt; ich gehe auf der Straße solange, bis ich den Baum senkrecht ober der Straße habe — ich bin 50 Meter gegangen. Nun schreite ich direkt auf den Baum (von der Straße weg) zu — macht 60 Meter. Ich messe also auf meiner Straße auf dem Papier $2^1/_2$ Centimeter (= 50 Meter), von da senkrecht nach aufwärts 3 Centimeter (= 60 Meter) und hier muß der Baum eingezeichnet werden.

In dieser Weise geht die Arbeit zwar nicht sehr rasch, die aufgewendete Mühe bezahlt sich aber durch die Verläßlichkeit des Geleisteten; um dem Leser eine Andeutung darüber zu geben, wie weit die Aufnahme richtig ist, empfiehlt sich ein Vermerk: „Aufgenommen nach dem Koordinatensystem". —

3. Das Netzzeichnen.

Soll bei irgend einer Zeichnung eine wesentliche Vergrößerung oder Verkleinerung vorgenommen werden, so leistet das bekannte Netzzeichnen gute, mitunter unersetzliche Dienste. Es beruht auf der Thatsache, daß man umso leichter arbeitet als das Darzustellende eingeschränkt ist. Man kann das Netzzeichnen sowohl zum Vergrößern als zum Verkleinern benützen. Wollte man irgend eine Erscheinung direkt zeichnen, so verliert sie sich im Raume, während durch ein darübergelegtes Netz eine Menge von Anhaltspunkten gegeben werden; allerdings ist die Anwendung nur möglich, wenn die abzuzeichnende Fläche eben, zugänglich und nicht zu groß ist. Wir nehmen als Beispiel Blutspuren, die auf einem Zimmerboden in der Ausdehnung von mehreren Quadratmetern verbreitet sind und die abgezeichnet werden sollen. Es handelt sich darum vorerst über diese Fläche ein Netz aus gleichen Quadraten zu breiten. Man zeichnet nun um die zu zeichnende Fläche etwa mit Kreide vorerst zwei aneinanderstoßende Seiten eines Quadrates oder Rechtecks, je nachdem es die Ausdehnung der Spuren erfordert, und trägt von der Ecke ausgehend auf diesen zwei Seiten gleich große Teilstriche auf, sagen wir von je 25 Centimeter. Ist man hiemit beiderseits soweit gekommen, daß alle Spuren in den Rahmen fallen werden, so errichtet man an den Endpunkten Senkrechte, sodaß das ganze zu Zeichnende in einem Rechteck oder Quadrat eingeschlossen ist. Auf den zwei neu gezeichneten Seiten wird die gleiche Einteilung aufgetragen, schließlich werden die Teilstriche verbunden und nun ist der ganze Raum in Quadrate eingeteilt. In der Regel wird es unzulässig sein, die Striche direkt zu machen, man wird sich also besser mit Fäden behelfen, indem man an den Teilstrichen Nägel einschlägt und diese mit dem ersten besten Faden verbindet. Auf Holzboden wird man eiserne, im Freien hölzerne Nägel einschlagen. Ist das Einschlagen aus irgend einem Grunde unzulässig, so muß man um den aufzunehmenden Raum vier Bretter legen, diese flüchtig zusammennageln oder beschweren und die Eisennägel auf ihnen einschlagen.

Sagen wir, man hätte auf der Längsseite 6, auf der Schmalseite 4 Teilstriche aufgetragen und hätte also 24 Quadrate erhalten. Nun zeichnet man sich auf dem Papier das gleiche Netz, aber viel kleiner, also etwa auf der Schmalseite mit vier Teilen zu je 5 Centimeter, auf der Langseite mit sechs Teilen ebenfalls zu 5 Centimeter. Man hat also wieder 24 Quadrate im fünften Teil der Naturgröße, und hat nun in jedes Quadrat auf dem Papier das zu zeichnen, was im entsprechenden großen Quadrate in der Natur enthalten ist. Selbstverständlich geht die Arbeit umso leichter und sicherer, je mehr und je kleinere Quadrate man gezeichnet hat; die Schwierigkeiten des Zeichners sind natürlich hiedurch nicht behoben, aber so wesentlich verringert, daß dies auch ein ungeschickter Mensch zuwege bringen muß.

Eine wesentliche Vereinfachung, die allerdings nicht für horizontale Flächen zu brauchen ist, bieten die sogenannten Netzspiegel, die billig bei jedem Optiker zu haben sind. Es sind dies kleine, schwarze Spiegel, die wesentlich verkleinert wiedergeben; gewöhnlich sind die Gläser etwa 15 Centimeter lang und 10 Centimeter breit, in schmalen Holzrahmen, sodaß sie leicht eingesteckt werden können. Der Holzrahmen ist mehrfach derart durchbohrt, daß mittels durchgezogener Fäden der Spiegel in Quadrate geteilt erscheint. Bei Benützung stellt man den Spiegel senkrecht vor das zu Zeichnende, und zwar umso näher, je größer das zu Zeichnende ausfallen soll. Auf dem Papier zeichnet man sich wieder ein Quadratnetz und zeichnet in jedes der Quadrate dasjenige, was sich im entsprechenden Quadrate des Spiegels abspiegelt. Mit diesem empfehlenswerten Apparate arbeitet man leicht und sicher, er ist vielfach zu verwenden.

Außerdem gibt es für diese und ähnliche Zwecke eine Menge mehr oder weniger schwierig zu behandelnde Vorrichtungen: Storchschnabel, Pantograph, Mechanograph, Dikatopter, Camera lucida ꝛc., die gute Dienste leisten, aber zur Verwendung ziemlich viel Geschicklichkeit erfordern. Wer sich eine solche Vorrichtung anschafft, erhält ohnehin eine Gebrauchsanweisung mit, sodaß hierauf nicht näher eingegangen zu werden braucht.

4. Das Modellieren.

Hierunter ist nur von der Darstellung sogenannter Reliefkarten die Rede, deren Anfertigung nicht leicht aber immerhin einfacher ist, als es den Anschein hat. Der Wert solcher Darstellungen für das Verständnis ist so groß, daß niemand gegebenen Falles deren Herstellung versäumen sollte, der es zuwege bringen kann.

Es sind verschiedene Systeme denkbar.

a) Das Plattensystem.

Auf jeder sogenannten Spezialkarte sind sogenannte Isohypsen angebracht, d. h. feine, kreisähnliche Linien, welche alle jene Punkte um eine Erhebung herum verbinden, welche gleich hoch über der Meeresfläche liegen; sie sind daher zum Teile nebeneinander, zum Teile aber ineinander gezeichnet. Will man nun einen bestimmten Teil aus der Spezialkarte plastisch darstellen, so zeichnet man zuerst mittels Pauspapier sämtliche auf dem betreffenden Kartenteile vorkommenden Isohypsen durch. Dann schwärzt man die Rückseite des Pauspapieres mit Kohle, legt dasselbe auf Pappendeckel und fährt mit einem harten Bleistift jede Isohypse stark aufdrückend nach; hiebei werden die Isohypsen aber nicht mehr ineinander, sondern alle nebeneinander gezeichnet. Nun werden dieselben sämtlich mit einem scharfen Messer ausgeschnitten, und auf einem Brett oder einen Pappendeckel genau so nebeneinander und aufeinander festgeleimt, wie sie auf der Karte ersichtlich sind. Die nun vorhandenen und etwas störenden Stufen kann man dadurch beseitigen, daß man sie mit irgend einer Formmasse verstreicht (z. B. fein gepulverter Lehm, Mehl und Leimwasser gemengt).

Wäre der Maßstab in dieser Weise zu klein, so müßte die Spezialkarte zuerst in irgend einer Weise z. B. mit dem Netze vergrößert werden.

b) Das Nagelsystem.

Dies ist viel leichter und rascher zu machen. Außer den Isohypsen haben die Spezialkarten auch Höhenangaben, indem an vielen Punkten mit feiner Schrift Zahlen eingetragen sind, welche die Höhe des betreffenden Punktes in Metern ausdrücken. Für dieses System muß die Karte vorerst mindestens zehnmal vergrößert werden; ist dies geschehen, so legt man die Vergrößerung auf ein glattes Brett und durchsticht und bezeichnet jeden Punkt, der eine Höhenangabe enthält. Die betreffenden Höhenzahlen werden dann auf dem Brett vermerkt. Ist man hiemit zu Ende, so nimmt man Nägel verschiedener Länge und schlägt bei jeder Höhenangabe einen ein. Da Höhe etwas Relatives ist, so kommt es nur auf des Verhältnis der Nägel untereinander an, und wir können bei zehnfacher Vergrößerung einer Karte (1 : 75000) 1 Centimeter Nagel = 50 Meter Höhe annehmen. Ist die Höhenangabe also mit 175 Meter angesetzt, so wird der Nagel 3,5 Centimeter hoch sein. Sind alle Nägel eingeschlagen und nochmals mit dem Millimetermaße richtig gestellt, so nimmt man irgend eine Knetmasse und trägt dieselbe solange auf, bis alle Nägelköpfe verschwunden sind, aber auch nicht mehr. Ist dies fertig, so muß die Karte vollkommen der Wirklichkeit entsprechen.

Als solche Knetmasse darf Lehm allein nicht genommen werden, weil er sich zusammenzieht und die Nägel schief drückt; zur Not thut es Lehm, Mehl und Leimwasser, besser ist Lehm, Chamottemehl und Leimwasser; vortrefflich eine Mischung von 8 Teilen Cement, 16 Teilen Kreide, 2 Teilen starkes Leimwasser und 1 Teil Petroleum. Diese Masse wird sehr hart und springt nicht.

c) Das Aufnehmen nach dem Augenmaß.

Wer dies zusammenbringt, liefert eine zwar nicht genaue, aber den Anblick in der Regel am besten wiedergebende Arbeit. Sie kann richtig nur an Ort und Stelle, zur Not auch nach der Spezialkarte angefertigt werden. Man nimmt eine entsprechende Menge von Modelliermasse (am besten Lehm, Chamottemehl, Leimwasser und etwas Glycerin, um das rasche Trocknen zu verhindern) und sucht die Formen von Berg und Thal, wie sie die Natur oder die Karte darstellen, nach Möglichkeit treu wieder zu geben. Da die Modelliermasse sich immer ändern und verbessern läßt, so ist nie etwas verdorben und man modelt und drückt eben so lange bis die Sache einen richtigen Eindruck macht. In der Regel gelingt es überraschend gut.

Ist die nach einem der genannten Systeme hergestellte Reliefkarte trocken, so kann man ein übriges thun, wenn man dieselbe zur größeren Deutlichkeit mit Wasserfarben bemalt: Felder gelb, Wiesen hellgrün, Wälder dunkelgrün, Wege braun, Gewässer blau, Gebäude rot; auch sollen die konventionellen Bezeichnungen mit Tusch aufgesetzt werden.

Ist es möglich, so kann man ja zu diesen Arbeiten einen Gipsgießer, Bildhauer oder Modellierer heranziehen; jedenfalls suche man die Herstellung solcher Reliefmodelle zu ermöglichen, wenn es sich um Verständigung über Höhenverhältnisse handelt und der Fall von größerer Wichtigkeit ist.

5. Abformen.

Darunter sind hier kleine Handgriffe gemeint, die ebenso leicht zu machen, als wichtig und unter Umständen sehr wertvoll sind. Wie schon früher erwähnt, lassen sich gewisse kleine, aber plastische Spuren weder beschreiben noch zeichnen, wohl aber mit geringer Mühe so gut abformen, daß die gewonnene Form ebensoviel bietet, als der Gegenstand selbst. Hieher gehören Spuren von Geschossen, von Einbruchwerkzeugen, Beschädigungen an Mauern, Steinen, Bäumen, Zäunen und sonstigem Holzwerk, von Schlüsseln, Gittersprossen, Bruchstellen 2c.; dann Gebiß und Fingernägel, auch von Werkzeugen selbst, da man die durch sie hervorgebrachten Eindrücke und Beschädigungen mit dem Abdruck leichter vergleicht, als mit dem Werkzeug selbst.

Der Vorgang ist hiebei sehr einfach: man fettet das Abzudruckende leicht ein und drückt die zur Verfügung stehende Masse gut an, vergleicht das Erhaltene sorgfältig mit dem Original und wiederholt die Arbeit so lange, bis sie vollkommen gelungen erscheint. Zumeist wird man Wachs hiezu benützen, es hat aber den Fehler, daß es im ganz kalten Zustande zu hart und spröde, im weichen Zustande aber zu nachgiebig, schmierig und klebrig wird; auch sind die Formen in der Regel zu zart und zu wenig widerstandsfähig. Im äußersten Notfalle kann man feinen Lehm, Mehlteig und geknetete Krume frischen Brotes nehmen, sie haben aber alle den Fehler, daß sie sich beim Trocknen wesentlich verkleinern, krümmen und verziehen, so daß man nichts Verläßliches erhält. Wenn möglich, suche man sich eine der wirklichen, namentlich von Graveuren benützten Knetmassen zu ververschaffen, z. B. 100 T. Kautschuk, 20 T. Schwefel, 40 T. Magnesia, 40 T. Goldschwefel und 40 T. Steinkohlenpech vorsichtig zusammengeschmolzen; oder: 40 g Wachs, 60 g Kolophonium und 20 g Schwefelblume zusammengeschmolzen (ist sehr gut, muß aber warm verwendet werden); oder: 3 T. Wachs und 1 T. Schellack zusammengeschmolzen; oder: 1 T. Wachs, 1/2 T. Oel und 1 T. Roggenmehl in Wasser gemengt; oder: 6 T. Leim, 2 T. weißes Pech, 2 T. Terpentin und soviel Kreide und Leinölfirniß, daß die Maße knetbar wird.

Für größere Gegenstände empfiehlt sich ein Gemenge von feiner Holzasche, Mehlkleister und zerstampftes Fließ-(Lösch-)papier.

6. Abklatschen.

Noch mehr Verwendung findet das sogen. Abklatschen, welches kaum mehr Geschicklichkeit erfordert, als das Abformen. Es beruht auf dem Umstande, daß sich nasses Fließpapier unebenen Flächen leicht und gut anschmiegt und trocken die angenommene Form behält; es findet seine Anwendung dort, wo es sich um die Wiedergabe von größeren, unebenen Flächen, z. B. Steinplatten, Ofenflächen, Holzplatten 2c., dann von Kanten und Ecken, Hervorragungen und ähnlichen Formen handelt. Man geht so vor: ungeleimtes Druckpapier, gutes Fließ- oder Seidenpapier, Filtrierpapier, am weitaus besten aber das ausgezeichnete, nur für diesen Zweck erzeugte Abklatschpapier*), wird naß gemacht und auf den betreffenden Gegenstand gelegt. Wäre der Gegenstand, z. B. eine Steinplatte, so groß, daß ein einziger Bogen nicht ausreicht, so wird ein zweites Stück genommen, das den ersten Bogen etwa daumenbreit überdeckt. Hiebei, und auch bei allen folgenden Stückelarbeiten merke man, daß die Ränder des Papieres nicht geschnitten, sondern gerissen werden müssen, weil sich so beide Teile viel besser vereinigen. Sobald das Abzuformende überdeckt ist, klopft man mit einer steifen Bürste das Papier fest auf seine Unterlage (also mit den Spitzen der Borsten). Natürlich reißt das Papier an allen Stellen, wo nennenswerte Erhabenheiten oder Vertiefungen darunter liegen, da es sehr wenig dehnbar ist. Auf alle gerissenen Stellen legt man entsprechend große Stücke desselben befeuchteten Papieres (Ränder gerissen) und klopft sie wieder mit der Bürste fest, wodurch sich das unten liegende Papier und die aufgeklopften Flicke fast vollständig miteinander vereinigen. Entstehen irgendwo neue Risse, so werden sie in der gleichen Weise geflickt, und damit fortgefahren, bis von der Unterlage nirgends etwas durchzusehen ist. Nun kommt eine zweite Lage desselben Papieres, das aber nicht mit Wasser, sondern einem guten aber dünnen Klebstoffe befeuchtet wurde: Leim, Kleister, Gummi, Dextrin 2c. Jetzt wird wieder mit der Bürste sorgfältig geklopft, Risse durch, mit Klebstoff versehene Flicke ausgebessert und wieder mit der Bürste geklopft. Hat man starkes Papier genommen, so genügt diese zweite Auflage, war es sehr dünn, so muß noch eine zweite oder dritte erfolgen (ebenfalls Klebstoff, ebenfalls Klopfen mit der Bürste).

*) Dasselbe, welches Professor Mommsen zum Abklatschen vieler Tausender römischer Steininschriften verwendete; zu bekommen bei Brüder Ebart, Berlin, Mohrenstraße 13/14, um 10 Pfennig per Bogen.

Dann läßt man vollständig trocken werden, was bei großer Eile durch darüber gehaltenes, heißes Blech, daneben angemachtes Feuer rc. beschleunigt werden kann; zuletzt zieht man den Abklatsch ab und hat nun einen Abdruck erhalten, der fast ebenso genau ist wie Gips, dabei leicht und dauerhaft; er läßt sich rollen und werfen, einfach verpacken, kurz diese Art der Abklatsche kann nicht dringend genug empfohlen werden.

7. Abformen von Fußspuren.

Eine besondere hieher gehörige Arbeit ist die Konservierung von Fußspuren.

Handelt es sich um Abdrücke, so läßt sich diesfalls nicht viel mehr sagen, als daß sie in natura mitgenommen werden müssen; es muß also der Holzboden ausgestemmt, Lehmboden ausgehoben, eine Steinplatte abgenommen werden rc.; im äußersten Falle, wenn das Mitnehmen in natura nicht möglich sein sollte, muß unbedingt zuerst photographiert und dann ein Abzug versucht werden (z. B. ein Fußabdruck auf einer Felsplatte). Zuerst muß festgestellt werden, woraus der Abdruck besteht, d. h. worin der Farbstoff löslich ist. Das Lösungsmittel wird entweder Wasser, oder Spiritus, oder Terpentin, oder Benzin sein. Mit dem betreffenden Stoff befeuchtet man ein entsprechend großes Stück Löschpapier oder Filtrierpapier, legt es auf die Spur und klopft nun mit einer Bürste so lange, bis sich das Papier an die Unterlage vollkommen angeschlossen hat. Ist das Lösungsmittel mittlerweile verdunstet (z. B. Benzin), so kann man vorsichtig das Papier auf der Oberseite nochmals mit demselben Lösungsmittel besprengen. Dann wartet man das Trocknen ab und zieht das Papier langsam in die Höhe. Mitunter erhält man ganz gute Bilder, häufig ist die Spur aber ganz verdorben und deshalb muß erst photographiert worden sein.

Handelt es sich aber um Eindrücke (von menschlichen Füßen, Tierfüßen, Gehstöcken rc.), so muß ein Abguß des Abdruckes gemacht werden. Was man hiezu benützt, wird von den Umständen, d. h. davon abhängen, was man zur Verfügung hat, und auch davon, worin die Spur abgedruckt wurde.

a) Tischlerleim.

Dies ist für sehr weiche Spuren, also solche in lockerem Schnee, weichen Kot, Schlamm rc. meines Wissens das einzige Mittel. Man läßt sich gewöhnlichen Tischlerleim so dick als möglich kochen, nimmt ihn vom Feuer und läßt ihn so lange abkühlen, bis sich an der Oberfläche eine Haut gebildet hat; Diese wird durchstochen und die dicke, halb warme Masse vorsichtig in die Spur gegossen; Schnee z. B. schmilzt zwar, aber zuvor ist der Leim doch so weit fest geworden, daß die Spur erhalten ist. Die gewonnene Form ist recht genau, und widerstandsfähig, verzieht und verkleinert sich aber beim Trocknen, sodaß sie möglichst bald in Gips abgeformt werden muß. War die Spur in Kot, Schlamm, Morast rc., so ist zwar ein vorheriges, vorsichtiges Einfetten zweckmäßig, aber meistens nicht durchzuführen, weil man die Spur hiebei zerstören würde. Kann man also nicht einfetten, so wird die Leimspur herausgehoben und mit einem Pinsel von anhängendem Kot ꝛc. gereinigt.

b) S t e a r i n.

Dieses ist wieder das einzige Mittel, um Spuren in Sand, Staub, Mehl ꝛc. zu retten, weil das Eingießen jeder anderen Masse die zarte Spur zerdrücken würde. Man nimmt eine gewöhnliche Stearinkerze und schabt mit einem Messer feine Flocken direkt in die Spur. Je zarter diese ist, desto feinere Flocken muß man schaben und desto näher über die Spur muß man die Kerze halten. Ist die Spur mit den feinen Stearinflocken bedeckt, so hält man über dieselbe ein heißes Eisen (Blech, Pflugschar, Schaufel, oder Plätteisen) solange, bis das Stearin geschmolzen und in die Spur (Sand, Staub, Mehl) eingedrungen ist. Wo Stellen nicht betroffen wurden, schabt man wieder Stearin auf und erwärmt abermals. Ist das Stearin erkaltet, so kann man die Kruste aus Sand, Staub, Mehl und Stearin allerdings herausheben und mitnehmen, sie ist aber doch ein so zartes Ding, daß es sich empfiehlt, dieselbe vor dem Herausnehmen mit Gips auszugießen. Hat man keinen Gips zur Hand, so muß man das Aufschaben von Stearin und das Erwärmen so oft als möglich wiederholen: hiedurch dringt das Stearin immer tiefer in den Staub ꝛc. ein und man erhält so wenigstens eine recht dicke Kruste, die aber noch immer äußerst vorsichtig behandelt werden will.

c) G i p s.

Für alle anderen Fälle also, die am häufigsten vorkommenden Spuren in Erde, Lehm, steifen Kot, festen Schnee ꝛc., ist in erster Linie Gips zu empfehlen. Dieser soll möglichst frisch gebrannter, bester Bildhauergips sein, den man niemals frei, sondern in einer erwärmten und nach dem Füllen g u t verkorkten Flasche aufbewahren soll. Bevor man an die Arbeit geht, muß man aus der Spur alles später hineingekommene entfernen: Steinchen, Hölzchen ꝛc., stehendes Wasser muß mit Löschpapier ausgesaugt werden; wenn möglich, soll man die Spur fester machen, d. h. mit einer Lösung von Schellack in Spiritus (gewöhnliche Tischlerpolitur) bespritzen, oder sorgsam befeuchten. Dies ist namentlich zweckmäßig, wenn die Spur noch sehr weich oder brühig ist. Sobald der Schellack festgeworden ist, muß die ganze Form sorgfältig mit Oel, besser mit weichem Fett (ganz gleichgiltig welches) gleichmäßig, aber dünn bestrichen werden (mit einem Pinsel, einer Feder, oder einem an einem Stäbchen befestigten Wattebäuschchen). Auch nicht mit Schellack bestrichene Spuren sollen eingefettet werden, unbedingt nötig ist dies nicht. Dann richtet man sich eine Anzahl von Hölzchen: ein bis zwei, etwas kürzer als die Länge der Spur, und eine größere Anzahl etwas kürzer als die Breite derselben. Diese müssen entweder von grünem Holze stammen, oder zuvor in Wasser gelegt werden; ebenso richtet man sich einige 2 bis 3 Spannen lange, ebenfalls befeuchtete Schnüre. Nun wird die Gipsmasse bereitet und merke man bezüglich der Menge, daß man für eine Spur eines erwachsenen Menschen ungefähr 600 Gramm Gips und einen starken Viertelliter Wasser braucht. (Zwei Teile Gips, ein Teil Wasser.) 600 Gramm Gips entsprechen ungefähr der Menge, die man mit beiden aneinandergehaltenen Hohlhänden (gehäuft) auf einmal fassen kann. Beim Mischen von Gips und Wasser schütte man den Gips langsam in das Wasser (gewiß nicht das Wasser auf den Gips), dann wird rasch umgerührt, vorsichtig in die Spur gegossen, verteilt, und womöglich während des Eingießens durch eine zweite Person das Einlegen der genannten Hölzchen und der Schnüre in die Gipsmasse besorgt; hat man keinen Gehilfen, so muß dieses Einlegen und Eindrücken sofort nach dem Eingießen besorgt werden. Diese Hölzchen bilden in der Spur eine Art Gerippe und verleihen Festigkeit, die Schnüre geben Zähigkeit. Ist der Gips gut, so muß er in wenigen Minuten halbfest und warm, in fünf bis zehn Minuten ganz fest werden. Dann wird er herausgenommen, man überzeugt sich, ob die Spur und der gewonnene Abdruck genau stimmen und notiert etwa wahrgenommene Fehler, Auslassungen 2c.

Wollte man haben, daß der Gips langsamer erhärtet (wenn man z. B. eine größere Reihe von Stockspuren abzuformen hätte), so setzt man entweder dem Wasser etwas Spiritus oder dem Gips etwas gepulverten, frisch gebrannten Kalk zu. (Auf je 600 Gramm eine Messerspitze voll.)

Will man später die erhaltene Gipsspur härten, und widerstandsfähig machen, so macht man eine Mischung von ein Teil Alaun und fünf Teilen Wasser und läßt die Gipsspur in der heißen Lösung 15 bis 30 Minuten liegen.

d) Hat man keinen Gips, so muß man zu Cement greifen. Man nimmt zwei Volumteile Cement, ein Volumteil zuverlässig lehmfreien Sand und einen halben Teil reines, ja nicht lehmtrübes Wasser. Hat man reinen, trockenen Sand, so mischt man zuerst Cement und Sand und gießt dann Wasser zu, mußte man den Sand waschen, oder ist er sonst naß, so mische man zuerst Sand und Wasser und schüttet den Cement in diesen Brei. Das Ganze wird in die Spur gegossen, die Erhärtung dauert nach Beschaffenheit des Cements länger oder kürzer, die erhaltenen Spuren sind nie so genau als die von Gips, aber sehr fest.

e) Schwefelspuren.

Diese sind leicht, fest und genau, überdies ist Schwefel (gemeiner Stangenschwefel) auch auf dem Lande fast überall zu bekommen.

Für je eine Spur eines Erwachsenen braucht man etwa 400 Gramm Schwefel, der in einer eisernen Pfanne auf einem Feuer geschmolzen wird, welches wegen der erstickenden Dämpfe im Freien angemacht werden muß. Sobald der Schwefel unter Umrühren geschmolzen ist, so wird er in die Spur gegossen, wo er rasch erhärtet. Hat man ihn zu lange auf dem Feuer gelassen, so fängt er zu brennen an und brennt auch in der Spur weiter; besonders bei heller Beleuchtung sieht man das Brennen wegen der ganz schwach blauen Farbe der Flamme aber nicht; es ist daher zweckmäßig, gleich nach dem Eingießen eine dünne Schichte Sand oder feine Erde über die ganze Oberfläche zu streuen; man kann auch etwas Wasser daraufgießen, muß sich aber vor dem Umherspritzen des heißen Schwefels in acht nehmen. Ebenso wie Schwefel ist:

f) Wachs sehr zu empfehlen, besonders für recht ungeschickte Leute. Rohes Bienenwachs oder eine Wachskerze erhält man auf dem Lande wohl überall. Das Wachs wird in irgend einem Gefäß geschmolzen und möglichst kühl in die Spur gegossen; ist es zu heiß, so dringt es in das umgebende Material zu tief ein. Sobald das Wachs fest ist, wird (etwa eine Hand breit von der Spur entfernt) diese samt der umgebenden Erde, Lehm rc. mittels einer Schaufel herausgestochen und der ganze Klumpen in Wasser gelegt: Erde und Lehm löst sich, und die reine Wachsspur bleibt zurück. Sie direkt auszuheben, ist wegen der Brüchigkeit des Wachses gefährlich, kann aber zuerst versucht werden.

g) Pech und Harz, wie man es entweder von Bierbrauern oder bei Landleuten oder aber direkt von Nadelholzbäumen bekommt, thut im Notfalle recht gute Dienste; die Verwendung geschieht gerade so wie bei Wachs; während des Schmelzens entfernt man etwa beigemengte, obenauf schwimmende Holz- und Rindenstückchen.

h) Sonstige Behelfe. Hat man alles Genannte nicht zur Verfügung, so kann man zur äußersten Not Unschlitt, Lehm, Mehlteig und geknetete Brotkrume verwenden; Unschlitt wird wie Wachs behandelt und ist wohl nur bei kaltem Wetter zu verwenden, aber in diesem Falle und bei aufgewendeter großer Sorgsamkeit immerhin zu verwerten.

Lehm, Teig und die geknetete Krume frischen Brotes kann man selbstverständlich nur verwenden, wenn die Spur fest oder mit Schellack und Spiritus fest gemacht worden ist. In diesem Falle drückt man das genannte Material nach und nach in die zuvor eingefettete Spur und zwar so fest, als es möglich ist, ohne die Spur zu beschädigen. Hat man so die ganze Spur ausgefüllt, so hebt man diese Ausfüllung heraus, läßt sie aber zu Hause sofort in Gips abgießen, da Lehm, Teig und Krume sich beim Trocknen verzieht und wesentlich kleiner wird. Zu empfehlen ist es in diesem Falle, jedes neue Stückchen Krume, Teig oder Lehm, welches man als zweite und folgende Lage auf das schon eingebrachte Material aufdrückt, zuvor mit Gummilösung zu befeuchten, damit es sich mit dem anderen Materiale gut verbindet.

8. Vervielfältigen von Schriften, Zeichnungen rc.

Handelt es sich um rasche und ganz genaue Vervielfältigung von einseitig Beschriebenem, Gezeichnetem oder Gedrucktem, so ist das so sehr vereinfachte Lichtpausverfahren außerordentlich wertvoll; man kann es zwar selbst machen, wenn man das nötige Papier und einen Kopierrahmen besitzt, wird aber in der Regel besser thun, wenn man sich an eine jener Lichtpauseanstalten wendet, die es in jeder größeren Stadt gibt, und die diese Arbeit rasch und billig besorgen.

In gewissen Fällen leistet das sogen. Indigopapier, blaues Pauspapier, treffliche Dienste, wenn man sehr rasch eine Zuschrift, einen Auftrag ꝛc. in mehreren Ausfertigungen braucht. Man legt abwechselnd ein Blatt dünnes Schreibpapier und ein Blatt Kopier- (Paus-)papier aufeinander, zu oberst kommt ein Blatt des ersteren, auf welchem man nun mit hartem Bleistift festaufdrückend schreibt. Man hat dann sofort so viele Ausfertigungen, als man Kopierblätter hatte. Je nach der Güte derselben kann man 3—6 Ausfertigungen erhalten. (Die Verwendung kann übrigens jeder Post- oder Eisenbahnbeamte zeigen, da diese Manipulation dort seit langem mit bestem Erfolge geübt wird.)

9. Zusammensetzung zerrissener Papiere.

Diese Arbeit kommt häufig vor und ist in der Regel um so schwieriger, als der Inhalt des Zerrissenen wichtig ist, da man gleichgiltige Papiere nicht sorgfältig zu zerreißen pflegt. Hat man eine solche Arbeit zu machen, so gelte der Grundsatz, daß man mit der Fixierung erst vorgeht, wenn der Platz jedes Stückchens sicher bestimmt ist, und daß Lesbarkeit und Ausschluß von Zweifeln das Wichtigste ist. Vor allem sorge man für eine reine, glatte und möglichst gleichfärbige dunkle Unterlage und breite auf dieser den ganzen Vorrat von Papierfleckchen aus; womöglich berühre man sie wenig direkt mit der Hand (namentlich, wenn es sich um leicht verwischbare Bleistiftschrift handelt), sondern benützt eine große, gut fassende und sehr weich federnde Pinzette. Dann suche man für jedes Stück das Vorne und Hinten zu bestimmen; leicht geht das, wenn bloß eine Seite beschrieben ist; ist das nicht der Fall, so kümmere man sich um den Text vorerst gar nicht, sondern suche zu bestimmen, ob nicht eine Seite mehr beschmutzt oder sonst von der anderen zu unterscheiden ist. Sehr häufig ist schon von der Fabrikation her eine Seite des Papieres anders beschaffen als die andere (z. B. glatter oder rauher, mit gewissen Linien versehen ꝛc.), was man leicht mit einer scharfen Lupe herausbringt. Wird man auf diese Art über das Vorne und Hinten nicht klar, so muß man sich mit dem Text zurecht finden. Was man auf eine dieser Arten bestimmen kann, bringt man zusammen. Was unbestimmbar bleibt, legt man einstweilen zurück. Dann sucht man sich vor allem die Eckstücke, weil diese einen sicheren Anhaltspunkt bieten. Sind diese bestimmt, so werden die Randstücke gesucht (also oben und unten, links und rechts) und ungefähr dorthin gelegt, wo sie hingehören. Dann werden nach und nach die bezüglich des Vorne und Hinten bestimmten eingerückt und hat man auf diese Art eine genügende Anzahl von Anhaltspunkten, so findet man sich später auch mit den nicht bestimmten Stücken allmählich zurecht. Hat man den richtigen

Platz für jedes Stück gefunden und bestehen keine Zweifel, so wird das Fixieren und Konservieren besorgt. Dies muß deshalb in bestimmter Weise erfolgen, weil die Rückseite auch dann nicht abgedeckt werden darf, wenn sie unbeschrieben ist; man kann nicht wissen, ob nicht auch dieser Umstand später untersucht werden muß, es darf daher nur vorne und hinten Glas zur Konservierung benützt werden. Man bestimmt also ungefähr die Größe, welche das Papierblatt bekommen wird und verschafft sich zwei ganz gleichgroße, rein weiße Glasplatten, nicht unwesentlich größer als das Papierblatt sein wird. Die Platten werden sorgfältig, am besten mit Spiritus und sehr feiner Kreide, gereinigt und dann wird auf einer derselben ein Stückchen nach dem anderen gelegt, nachdem man es in ganz reines Wasser getaucht und abtropfen ließ. Hiebei achte man darauf, daß die Fleckchen, welche schief gerissene Ränder haben, beim Aneinanderschieben in der richtigen Weise über und untereinander geschoben werden. Ist man mit dieser mühsamen Arbeit fertig, so wird die zweite Platte darauf gelegt. Da die Ränder beider Platten gut aufeinander passen müssen, so muß dies sehr sorgfältig geschehen, denn ein Hin- und Herschieben ist durchaus ausgeschlossen. Nun läßt man in vollkommener Ruhe trocknen, was sehr lange dauert, weil das Wasser nur langsam an den Rändern verdunsten kann. Ist die Trocknung zuverlässig beendet, so vereinigt man die Platten mit vier Streifen von aufgeklebtem sehr zähen Papier.

Sehr mißlich ist es, wenn die Schrift auf dem Papiere fließende Tintenschrift ist. Dann darf man die Fleckchen natürlich nicht befeuchten, sondern muß sie trocken aneinander legen, und so zwischen den Platten einschließen, wodurch allerdings nie etwas Sauberes zustande kommt. Ist in einem solchen Falle das Papier nur einseitig beschrieben, so macht man mit einem Fleckchen den Versuch, ob es Tränken in reinem Speiseöl verträgt; bejahenden Falles kann man dann ein Fleckchen nach dem anderen in Oel tränken und in dieser Weise das Auf- und Aneinanderlegen besorgen. Dies gelingt unter Umständen fast besser als mit Wasser, aber wie bemerkt, nur wenn das Beschreiben einseitig geschehen war.

Hier sei auch darauf aufmerksam gemacht, daß man häufig Papiere in die Hand bekommt, die ohne Schutz bald zu Grunde gehen; es sind dies solche, welche übel behandelt wurden, z. B. klein zusammengefaltet in schmutzigen Taschen verwahrt waren, oder die man im Wasser, oder in der Erde, oder bei Leichen gefunden hat. Solche Papiere sind der Nährboden für verschiedene Bakterien, welche dem Papiere ein rasches Ende bereiten, wenn es einerseits im Dunklen (in den Akten) verwahrt wird, andererseits aber oft angesehen, auseinandergelegt und wieder zusammengefaltet werden muß; es kommt dann vor, daß ein solches Schriftstück, welches zur Zeit der Auffindung sich noch im leidlichen Zustande befand, bei der Verhandlung schon unleserlich ist. Solche Papiere sind zuverlässig zu retten, wenn man sie möglichst bald mit Zaponlack*) hinten und vorne bestreicht. Hiedurch wird das Papier zäh und haltbar, alle Bakterien sind getötet und beinahe schon zerstörtes Papier wird überraschend widerstandsfähig. Zur Sicherheit ist aber jedesmal, bevor man eine solche Zaponbehandlung vornimmt, der Gerichtschemiker um seine Zustimmung zu befragen, da hiedurch später etwa nötige Untersuchungen gestört werden können.

10. Verkohltes Papier.

Die verdrießliche Arbeit, solches Papier lesbar zu machen, muß dann geleistet werden, wenn der Verdächtigte etwa in Vorahnung einer Haussuchung wichtige Papiere verbrannt hat, oder wenn solche in einer feuersicheren Kasse verkohlt wurden ꝛc. In der Regel wird sich derlei verkohltes Papier im Ofen oder Küchenherd vorfinden; man wird sich mit demselben selten sofort befassen können, man muß aber unbedingt gleich nach der Entdeckung, daß sich hier verkohltes Papier befindet, der weiteren Zerstörung dadurch vorbeugen, daß man den Luftzug im Ofen unterbricht: man schließt die Rauchklappe oder nimmt die Ofenröhre heraus und verstopft sie: sonst reißt der Luftzug nach und nach immer mehr Stücke des verkohlten Papieres fort. Kommt man dann zur Arbeit, so handelt es sich darum, die verkohlten Papierstücke mit einer sicheren Unterlage zu versehen; viel Brauchbares wird selten zustande kommen, aber mitunter gelingt es doch, die wichtigsten Beweise herzustellen.

Für die Konservierung gibt es verschiedene Arten, von denen ich nur mehr zu einer einzigen rate.

Vor allem hebt man die einzelnen verkohlten Stücke, am besten mittels schmaler, steifer Papierstreifen, aus dem Ofen, breitet sie auf einzelne Papierbogen und stürzt einstweilen zum Schutze Gläser, Schachteln ꝛc. darüber. Dann sucht man sich über den Inhalt soweit klar zu werden, daß man z. B. Gedrucktes zur Seite legt, wenn man bloß nach Briefen fahndet. — Das Gesuchte kann sehr verschieden aussehen: das Papier kann schwarz verkohlt oder rein weiße Asche geworden sein; ebenso kann Schrift oder Druck glänzend schwarz, grau wie schmutzigweiß sein — dies hängt von Papier, Tinte, Druckerschwärze und den verschiedenen Verbrennungsverhältnissen ab. Ob das Geschriebene oder Gedruckte gut oder schlecht leserlich ist, sei einstweilen gleichgiltig, da sich dies nach der Konservierung ändern kann. Am wichtigsten ist es, ob sich die Papierkohle im Wasser mit demselben vollsäuft oder nicht, denn die immer krumm gezogenen Papierstücke müssen erweicht und geglättet werden, sonst ist ein Aufkleben unmöglich. Man versucht daher mit einem kleinen Stückchen der Papierkohle, ob sie weich wird und sich flach auslegt, wenn man sie auf Wasser legt. Will sie auch nach längerer Zeit kein Wasser aufnehmen, so muß man mit Brennspiritus arbeiten. Nehmen wir an, die

*) In jeder Handlung für photographische Bedarfsgegenstände zu bekommen; ist wie schon erwähnt sehr feuergefährlich.

Papierkohle säuft sich mit Wasser an, man kann also mit Wasser arbeiten. Nun nimmt man gutes, recht durchsichtiges Pauspapier, bestreicht es mit Gummilösung, läßt trocknen und zerschneidet es in schmälere und breitere Streifen; dann nimmt man ein innen weißes Waschbecken, füllt es fast bis zum Rande mit Wasser und legt dann ein Stückchen Papierkohle auf die Oberfläche. Nimmt es überhaupt Wasser an, so glättet es sich, dehnt sich und liegt flach auf dem Wasser; häufig sinkt es auch bald unter. Sobald es ganz flach wurde, oder zu sinken beginnt, unterfährt man es mit einem der genannten Pauspapierstreifen (gummierte Seite nach oben) und hebt das verkohlte Papierstück sorgsam heraus; hat man Glück gehabt, so ist es auf dem gummierten Papier gut ausgebreitet und festgeklebt; hat man es nicht erwischt, bevor es zu Boden gesunken ist, so bleibt das betreffende Stück allerdings meistens verloren. Man kann freilich versuchen, das Stückchen auf dem gummierten Papier vom Boden des Beckens aufzuheben, dies gelingt aber selten, oder wenigstens nicht gut. Den Papierstreifen mit dem gehobenen Stück läßt man trocknen und fährt in der gleichen Weise fort bis man die ganze Papierkohle derart aufgefischt hat. Ist alles trocken, so schneidet man von den einzelnen Pauspapierstreifen alles übrige weg, so daß um die einzelnen Stücke von Papierkohle möglichst wenig Rand verbleibt; diese Stücke müssen dann zusammengesetzt werden.

Will die Papierkohle kein Wasser aufnehmen, so nimmt sie zuverlässig Spiritus an. Man verfährt dann mit dem Spiritus ebenso, wie mit Wasser, nur wird man ein kleineres Gefäß nehmen (Teller) und wird das Pauspapier nicht mit Gummilösung, sondern mit einer Lösung von Schellak mit Spiritus bestreichen.

Das Verwahren des Zusammengesetzten soll auch zwischen Glasplatten geschehen, dieselben dürfen aber nicht fix verbunden werden, weil man die Papierkohle zum Lesen doch wieder aus den Gläsern herausnehmen muß.

Handelt es sich um verkohlte Bücher oder Hefte, wie sie z. B. in Kassen, die dem Feuer ausgesetzt waren, vorkommen, so müssen die oft fest zusammengebackenen Massen vorsichtig mit Wasser befeuchtet und dann großer Hitze z. B. auf der Herdplatte, besser in einem Gasofen ausgesetzt werden. Es heben sich dann die Blätter eines nach dem andern von selbst und Schrift und Druck werden überraschend gut leserlich. Freilich zerfallen solche Objekte bald vollständig, es muß daher mit dem Abschreiben oder Photographieren geeilt werden.

Zu bemerken ist noch, daß größere Mengen frischer Papierkohle sehr leicht von selbst zu brennen anfangen, was bei der Verwahrung solcher Dinge nicht vergessen werden darf.

Besonderer Teil.

XI. Abschnitt.

Ueber Körperbeschädigung.

1. Wunden.

So sehr sich jeder Kriminalist unbedingt und strenge vor jeder Pfuscherei hüten muß, d. h. nichts thun darf, was nicht seines Amtes ist, so muß er doch häufig rasch eine Entscheidung treffen, bevor er Sachverständige, namentlich Aerzte zur Seite hat. Eine Verhaftung, eine Verfolgung, eine Hausdurchsuchung, irgend eine Sicherheitsvorkehrung kann eine Strafsache in die richtige Bahn bringen, wenn rasch gehandelt wird, die ganze Untersuchung kann verloren sein, wenn im Anfange gezögert oder ein Fehlgriff gemacht wird. Ob das eine oder das andere geschieht, wird in vielen Fällen davon abhängen, ob sich der Kriminalist, der ohne ärztlichen Beistand etwas verfügen muß, nicht verblüffen läßt, und ob er, namentlich in medizinischen Fällen, bei Körperverletzungen und Tötungen, sich nicht von falschen Vorstellungen, die verbreitet genug sind, leiten läßt. Es soll daher im folgenden lediglich in Schlagworten darauf hingewiesen werden, welche Fragen im ersten Augenblicke, also bevor man noch die Hilfe des Arztes zur Verfügung hat, wichtig sein können, und wie man arge Mißgriffe vermeiden kann.

Man merke hauptsächlich:

1. Verletzungen durch Schlag oder Stoß mit stumpfen Werkzeugen lassen sich in der Regel von Fall oder Wurf auf stumpfe, harte Unterlage nicht unterscheiden; die Annahme der Entstehung auf die eine oder andere Art darf ohne ärztliche Untersuchung nie ausgeschlossen werden.

2. Die durch stumpfe Werkzeuge erzeugten Verletzungen müssen nicht immer auf den ersten Anblick auf solche schließen lassen, es können auch hiebei scharfrandige Wunden entstehen:

a) vor allem, wenn das stumpfe Werkzeug doch scharfe Kanten oder Spitzen hat, oder zur Zeit der That hatte; so kann z. B. ein Stück Holz fast ganz rund sein und nur an einer kleinen, kaum merkbaren Stelle eine Kante besitzen, die eine Verletzung hervorruft, als ob ein Beil oder Säbel verwendet worden wäre. Ein

Zaunpfahl kann einen Nagel, ein Prügel ein scharfes Aststümpfchen, ein Knüttel einen abstehenden kurzen, scharfen Splitter tragen. Beim Wegwerfen des Werkzeuges nach der That kann der Nagel herausfallen, das Aststümpfchen, der Splitter abbrechen.

b) Aber auch ganz stumpfe Werkzeuge können scharfrandige Wunden hervorrufen, wenn sie Körperteile treffen, auf denen die Haut über den Knochen ohne wesentliche Zwischenlage gespannt ist, z. B. auf dem Schädel, an der Achsel, auf dem Schienbein; durch kräftigen Schlag z. B. mit der Flachseite eines Brettes, einer Stange ꝛc. kann die Haut so platzen, daß man einen Messerschnitt zu sehen glaubt. Auch die Bauchdecke kann durch sehr heftige, stumpfe Gewalt das Aussehen bekommen, als ob sie mit scharfem Werkzeuge geschlitzt worden wäre.

3. Blutunterlaufungen beweisen für die aufgewendete Gewalt nicht viel; an manchen Körperstellen und bei manchen Menschen (z. B. Kindern und Greisen) entstehen bei geringer Veranlassung ausgedehnte Unterlaufungen, wie sie in anderen Fällen nur bei schweren Angriffen zu entstehen pflegen.

4. Hat das stumpfe Werkzeug eine Wunde erzeugt, so sieht diese gequetscht aus, wenn die Wirkung mehr oder weniger senkrecht war, sie hat lappenförmiges Aussehen, wenn das Werkzeug abgeglitten ist.

5. Ist Ruptur eines inneren Organes erfolgt (Berstung des Magens, Riß in der Leber, Abreißen des Darmes ꝛc.), so erfolgt zwar in der Regel der Tod, der Verletzte kann deshalb aber doch tagelang leben. Auch bei Herzverletzungen muß der Verwundete nicht sofort sterben.

6. Bei plötzlicher Einwirkung sehr großer Gewalt, bei Stürzen, Zerdrückung, Verschüttung ꝛc. können ausgedehnte innere Verletzungen entstehen, ohne daß man außen etwas davon wahrnimmt; aber auch ohne innere Verletzung kann hiebei Tod eintreten (Nervenshoc.).

7. Sehr zahlreiche und ausgedehnte Blutunterlaufungen können zusammen schwere Erfolge, selbst den Tod hervorrufen, wenn auch jede für sich von geringer Bedeutung wäre.

8. Bei Bißwunden sind die Ränder gequetscht und gerissen, es können hiebei unwahrscheinlich aussehende Verletzungen vorkommen, z. B. Daumenglieder abgebissen werden.

9. Bei aufgefundenen Leichen beobachtete Blutung ist immer wichtig, es muß Vorsorge getroffen werden, daß deren Besichtigung später den Gerichtsärzten möglich gemacht wird. In der Regel beweist starke Blutung, daß die Verletzung im Leben zugefügt wurde; aber auch an Leichen hervorgebrachte Verletzungen können Blutungen größeren Umfanges bewirken, wenn z. B. der Schädel zertrümmert wurde, oder wenn tiefgehende Verletzungen abhängiger Körperpartien vorgekommen sind (z. B. an den Beinen bei mit dem Kopfe nach aufwärts gelagerten Leichen).

10. Bei einigen Verletzungen, die durch schneidende Werkzeuge entstanden sind, kann man auf das Werkzeug Schlüsse ziehen. Abgesehen davon, daß man Verletzungen, die von besonders scharfen Werkzeugen stammen, als solche erkennt, z. B. von Rasiermessern, ist auch öfter die Form charakteristisch. So sehen Verletzungen von zerbrochenen Gläsern (häufig bei Gasthausraufereien) so aus, als ob sie aus lauter kleinen Bögen zusammengesetzt wären (fast ebenso muschelig wie der Bruch des Glases). Auch erkennt man leicht die zackenförmigen, abgesetzten Schnitte, die von der gehämmerten Schneide der Sensen und Sicheln herstammen.

11. Bei Hieb- und Stichwunden lasse man sich nicht beirren, wenn die Form der Wunde ganz anders aussieht, als das vermutlich verwendete Werkzeug; auch die frische Wunde wird durch Zusammenziehung der Muskel wesentlich in der Form geändert, und die eigentlich sofort nach der Verletzung beginnende Heilung macht die Erscheinung der Verletzung wenigstens für den Laien bezüglich des Werkzeuges ganz unkenntlich. Bei Stichwunden kommt noch etwas anderes dazu. Vor allem wird z. B. ein Messer nicht so herausgezogen wie es hineingestoßen wurde, sodaß hiebei fast immer die Wunde vergrößert wird. Weiters ist nicht zu vergessen, daß die menschliche Haut spaltbar ist; der Rücken eines stechenden Messers drängt daher die Haut auseinander und reißt sie ein, sodaß die Wunden von Messern sehr oft zweispitzig sind und den Gebrauch eines zweischneidigen Dolches vortäuschen.

Es können aber auch Wunden kleinere Eingangsöffnung haben, als es dem gebrauchten stechenden Werkzeuge zu entsprechen scheint. Dies kommt dort vor, wo die Haut nicht über Knochen gespannt ist, z. B. Bauch, Hals, Brust zwischen den Rippen ꝛc. Besonders wenn das Werkzeug nicht sehr spitz ist, buchtet es zuerst die dehnbare Haut ein, und durchsticht sie erst, wenn sie schon sehr gespannt ist; nach dem Herausziehen zieht sich die Haut wieder zusammen und das Loch ist kleiner als das Werkzeug breit ist.

12. Unter Umständen kann ein einziger Schnitt das Aussehen mehrerer oder vieler Schnitte hervorbringen (man denke sich einen Schnitt über ein zusammengeballtes Tuch); solche Täuschungen kommen daher an Körperstellen mit faltiger, loser Haut vor, z. B. am Halse alter Leute. Ebenso läßt ein Schnitt durch das Ohr dieses wie zerfranst aussehen, weil sich die drei Lagen der Ohrmuschel dann verschieden zusammenziehen, sodaß man sechs Hautzipfel zu sehen bekommt.

13. Die Frage, in welcher Richtung ein Schnitt geführt wurde, kann der Arzt aus der Wunde selbst nicht immer beurteilen; hier ist die Lage der Leiche, ein feiner Blutspritzer, Anordnung der Kleider ꝛc. sehr wichtig, weshalb oft alles verdorben ist, wenn auf solche Kleinigkeiten im Anfange nicht geachtet wurde.

14. Tödliche Stichwunden können außen oft so klein und ohne Blutung sein, daß sie entweder ganz übersehen, oder als gleichgiltig

betrachtet werden. Als äußerster Fall wird jener genannt, in welcher ein Anatomiediener seine betrunkene Frau durch einen Stich mit einer langen Nadel getötet hatte; der Stich führte unter der stark entwickelten herabhängenden linken Brust ins Herz und wurde bei der Totenbeschau völlig übersehen.

15. Bei allen Kopfwunden merke man sich den richtigen Ausspruch der Chirurgen: „Keine Kopfverletzung ist so leicht, um nicht tödlich werden zu können, und keine so schwer, um unbedingt tödlich sein zu müssen."

16. Scharf geschliffene Messer müssen nicht immer scharfe Schnittwunden bei der Verwendung erzeugen; werden sie nämlich nicht nach der Schneide, sondern stark aufdrückend nach der Breite über die Haut geführt, so erzeugen sie zackige, gerissene Verletzungen.

17. Kratzwunden sind oft, und namentlich dann von Bedeutung, wenn sie in wichtigen Fällen von Gegenwehr herrühren. Findet man beim Verletzten oder Verdächtigten Spuren von Kratzwunden, so ist es unbedingt notwendig, sich des Schmutzes unter den Nägeln des Gegners zu versichern. Dieser wird mittels eines reinen spitzen Hölzchens gesammelt, und in reinem, glatten Papier (für jeden Finger abgesondert und entsprechend bezeichnet) aufbewahrt; finden dann die Gerichtsärzte Spuren von Blut oder Hautschüppchen, so hat man ein wichtiges Beweismittel gewonnen.

18. Man merke die eigentümliche Erscheinung, daß selbst geständige Thäter, die das gebrauchte Werkzeug vorweisen, oft nicht das richtige abgeben; überraschend oft wird das gebrauchte Werkzeug, namentlich Messer, als verloren bezeichnet.

Bezüglich vorkommender Schußverletzungen merke man:

1. Aus der Wirkung allein läßt sich im allgemeinen weder auf die Entfernung, noch auf die Güte des gebrauchten Werkzeuges schließen, da häufig Nahschuß aus schlechtem Gewehr und Fernschuß aus guter Waffe gleichmäßig wirken.

2. Unmittelbaren Nahschuß kennzeichnet die große, durch die nachdringenden Pulvergase zerrissene Eingangsöffnung, das Verbrennen oder Versengen von Haaren oder Kleidungsstücken, Schwärzung durch den Pulverschmauch und eingedrungene Pulverkörner, die schrotartig in die Haut eingeschossen werden. Kein Beweis für die Nähe des Schusses ist der sogenannte Brandsaum, d. i. ein vertrockneter Rand um die Einschußöffnung. Die eingedrungenen Pulverkörner sind übrigens auch deshalb wichtig, weil sie einen entfernten Schluß auf die verwendete Waffe gestatten; je besser die Kugel in den Lauf paßte und je enger sie sich aus demselben herauswinden mußte, desto vollständiger wird das Pulver verbrannt sein, und desto weniger Pulverkörner können in die Haut unverbrannt eingesprengt werden. Die Angaben, aus welcher Entfernung noch Pulverkörner in die Haut dringen können, schwanken zwischen ein bis zwei Meter.

3. Schüsse mit kleinen Spitzkugeln können namentlich aus der Entfernung von mehreren Metern abgegeben, kleine schlitzförmige Oeffnungen erzeugen und sogar dem Arzt eine Stichwunde vortäuschen.

4. Schrotschüsse aus geringer Entfernung abgegeben, können das Aussehen von Kugelschüssen erzeugen, wenn die Schrotkörner noch beisammen geblieben sind. Auf welche Entfernung dies der Fall ist, hängt ganz vom Gewehr und der Ladung ab.

5. Ob Schrotkörner tief in den Körper eingedrungen sind und hier arge Verletzungen hervorgerufen haben, hängt nicht bloß von der Entfernung, sondern wahrscheinlich am meisten von der innern Oberfläche des Laufes ab. Ist dieselbe glatt oder gar eingefettet, so gleiten die Schrotkörner nur mit Vorwärtsbewegung heraus und richten verhältnismäßig wenig Schaden an. Ist der Lauf innen rauh oder verrostet, so erhalten die Schrotkörner auch drehende Bewegung um die eigene Achse und dringen bohrend und reißend ein. Findet man, daß die in den Körper gedrungenen Schrotkörner Haare, Kleidfetzen ꝛc. um sich gewickelt und in den Körper mitgerissen haben, so darf man annehmen, daß man nach einem Gewehre zu suchen hat, dessen Lauf innen verrostet oder sonst gerauht ist. Nicht zu vergessen ist es, daß unter Umständen ausgedehnte Verletzungen, auch Knochenzerschmetterungen vorkommen können, ohne daß das betreffende Kleidungsstück verletzt wurde. Matte Kugeln können z. B. starkes Tuch oder weiches Leder einstülpen, den darunterliegenden Knochen zerschmettern, das Tuch oder das Leder aber nicht durchdringen. Bei der ersten Hilfeleistung oder beim Wenden und Tragen der Leiche kann der eingestülpte Stoff herausgezogen und die Kugel verloren werden.

Es wird auch behauptet, daß Kugeln, die man aus Blei, Antimon und Quecksilber zusammenschmilzt und tagelang erhärten läßt, beim Aufschlagen auf einen menschlichen Körper die darunter liegenden Knochen zerschmettern, aber selbst in kleinste Teilchen zerfliegen, sodaß niemand einen Schuß annimmt.

6. Das Vorkommen von sogenannten Luftstreifschüssen, bei welchen z. B. jemand erblinden soll, wenn ihm eine Kugel knapp an den Augen vorbeifliegt, wird heute allgemein in Abrede gestellt.

7. Bezüglich der häufigen kleinkalibrigen Geschosse müssen ganz unerwartete Ergebnisse noch als möglich bezeichnet werden. Man weiß Fälle, bei welchen Leute auf Entfernungen von fast einer Gehstunde Weges getötet wurden. Die Wirkungen dieser kleinkalibrigen Gewehre sind außerordentlich verschieden. Manches Mal geht die Kugel mit winziger Ein- und Austrittsöffnung glatt durch, verletzt oft unbedingt tödlich, obwohl der Getroffene noch längere Zeit die Verletzung kaum merkt, bis er plötzlich tot zusammenfällt. Manches Mal wieder werden so ausgedehnte Ein- und Austrittsöffnungen bewirkt, daß man nicht an einen Schuß, sondern die Wirkung einer Explosion denkt.

8. Streifschüsse können rinnenförmige Schußkanäle erzeugen, die eine Riß- oder Schnittwunde vortäuschen; unter Umständen sieht die Wirkung wie ein Striemen aus, sodaß man an einen kräftigen Stockhieb glaubt.

2. Marken bei Erdrosselten und Erhängten.

Die diesfälligen Fragen sind für uns deshalb wichtig, weil eine Menge von Morden dadurch verdeckt wird, daß Selbstmord durch Aufhängen vorgetäuscht wird. In solchen Fällen achte man insbesondere auf die Form der sogenannten Hängemarke, des Eindruckes des Strickes um den Hals. Diese verläuft in der Regel quer über den Vorderhals, steigt beiderseits ziemlich steil hinter die Ohren und verliert sich in der behaarten Kopfhaut. Allerdings kommt es auch vor, daß dieselbe vom Nacken gegen die Kehle verläuft, oder daß andere Formen auftreten. Jedenfalls ist es wichtig, daß die Lage, in der der Erhängte gefunden wurde, nach Möglichkeit sichergestellt wird. Weiters ist zu bemerken, daß die Unterscheidung von Strangfurchen oder Würgespuren in der Richtung: ob im Leben oder im Tode erzeugt, schon für den Arzt schwierig, für den Laien unmöglich zu machen ist. Die genaueste Feststellung aller umgebenden Verhältnisse ist nirgends so wichtig als gerade in solchen Fällen.

Erwürgen und erdrosseln kommt, wenn auch selten, als Selbstmord vor.

3. Leichen im Wasser gefunden.

Werden Leichen im Wasser gefunden, so können verschiedene Delikte vorliegen: Fahrlässigkeit durch mangelhafte Beaufsichtigung oder Verwahrlosung eines Steges oder Weges, es kann jemand absichtlich lebend in das Wasser geworfen worden sein, es kann aber auch anderweitige Tötung erfolgt sein, bevor der Leichnam in das Wasser gelangte. Für solche Fälle wäre genaueste Feststellung über die Lage der Leiche notwendig, es wird dies aber sehr selten möglich sein, da im Wasser gefundene Leichen in der Regel zu Bergungs- oder Wiederbelebungsversuchen aus dem Wasser gebracht werden. Wiederbelebungsversuche werden oft an Leichen vorgenommen, die schon Fäulniserscheinungen an sich tragen.

Will man sich darüber klar werden, ob die Leiche lebend oder tot in das Wasser kam, so kann dies aus den Erscheinungen am Körper nicht entnommen werden, alles, was man diesfalls als Beweismittel angeführt hat, kann nur sicherstellen, daß die Leiche im Wasser gelegen ist, nicht aber, daß der Betreffende ertrunken ist. Deshalb sind auch hier alle erdenkbaren äußeren Umstände: Lage, Kleidung, Inhalt der Taschen oder der geschlossenen Faust, Schmutz unter den Fingernägeln 2c. von der größten Wichtigkeit. Hiebei hüte man sich vor übereilten Schlüssen: deshalb, weil eine Wasserleiche z. B. einen Schuß im Kopfe trägt, muß kein Mord vorliegen, weil sich Selbstmörder häufig so erschießen, daß der Körper nach dem Schusse ins

Wasser fällt; ebenso ist man häufig vorschnell mit dem Schlusse auf „Ertrunken beim Baden“ fertig, wenn im Sommer eine nackte Wasserleiche gefunden wird. Hiebei ist nicht zu vergessen, daß Leichen in reißenden Gebirgswässern oft alle Kleider verlieren, mit Ausnahme der Schuhe: der Fuß schwillt an, das Leder schrumpft, und so gehen Schuhe hiebei nur ausnahmsweise verloren. Endlich sind auch Fälle bekannt, in welchen ein Ermordeter lediglich mit einer Schwimmhose bekleidet und ins Wasser geworfen wurde, sodaß natürlich Ertrinken beim Baden angenommen wurde.

Nicht beweisend sind Verletzungen an der Leiche: diese können ebenso gut von Mörderhand zugefügt worden, als auch dadurch entstanden sein, daß der lebende oder tote Körper an Steine, Aeste und sonstige Holzteile angeschleudert wurde; hiebei kommen mitunter Verletzungen, wie von Dolchstichen herrührend vor. Uebrigens darf gerade in solchen Fällen Selbstmord oder Zufall niemals voreilig angenommen werden.

Bemerkt sei noch, daß dann, wenn der Leichnam eine Taschenuhr bei sich trägt, dies mitunter ein wichtiger Anhaltspunkt zur Feststellung der Zeit sein kann, wann der Leichnam ins Wasser gelangte. Nur sehr sorgfältig gearbeitete Uhren gehen noch eine Zeit lang im Wasser weiter, die meisten bleiben im Wasser sofort stehen. Ist die Frage in einem besonderen Fall maßgebend, so müßte mit derselben Uhr ein Versuch gemacht werden. Das Werk wird selten wieder in Stand zu setzen sein, ist aber hier auch nicht wichtig, den Ausschlag gibt das Gehäuse; man könnte also in das Gehäuse irgend ein zur Not gehendes Werk einfügen lassen und dann die Uhr in Wasser tauchen, um zu sehen, wie gut das Gehäuse schließt, d. h. wie lange die Uhr noch weiter geht.

4. Vergiftungen.

In allen den oft schwierigen Vergiftungsfällen hängt häufig die ganze Frage, ob der Arzt oder der Mikroskopiker etwas sagen kann, allein davon ab, ob und wie ihm bei den Erhebungen geholfen wurde. Vergiftungen mit mineralischen Giften (Arsen, Kupfer, Quecksilber 2c.) geben freilich nicht viele Schwierigkeiten und unsere Aufgabe beschränkt sich hauptsächlich darauf, daß bei Haussuchungen und Nachfragen vorsichtig und eingehend gearbeitet wird. Sehr bedeutend sind aber die Schwierigkeiten, wenn pflanzliche Gifte in Verwendung kamen. Es wird viel zu wenig berücksichtigt, daß sich jeder Mensch bei uns eine Menge der gefährlichsten Giftpflanzen (giftige Pilze, Tollkirsche, Bilsenkraut, Stechapfel, Schierling 2c.) mit Leichtigkeit verschaffen kann und daß der Nachweis über die Verwendung dieser Gifte nur sehr schwer zu erbringen ist. Ebenso kann sich aber auch einer durch Zusammensparen gewisser Medikamente die bedenklichsten Stoffe verschaffen.

Bezüglich der Pflanzengifte merke man vor allem, daß der Nachweis häufig nicht auf chemischem, sondern mikroskopischem Wege erbracht werden kann, daß aber vom Mikroskopiker mit Hilfe des Botanikers alles gesagt werden kann, wenn man z. B. in dem Erbrochenen oder in dem Sacktuch, mit welchem sich der Vergiftete nach dem Erbrechen den Mund abgewischt hat, oder auf dem Kopfpolster, oder vielleicht an seinen Lippen eine winzige Blattspitze oder sonst einen Pflanzenrest gefunden hat. Auf solche Dinge muß mit größter Sorgfalt geachtet werden; namentlich ist nach Spuren des Erbrochenen unbedingt zu forschen: Gefäße, in welche erbrochen wurde, sind in natura mitzunehmen, der Fußboden, auf welchen erbrochen wurde, ist abzuhobeln und das Abgehobelte, sowie der Inhalt der Dielenritzen ist mitzunehmen und das Möglichste daran zu setzen, um dort, wohin das Erbrochene gebracht wurde, noch Spuren desselben zu finden. Bei Haussuchungen ist sorgfältig vorzugehen und lieber zu viel als zu wenig mitzunehmen; getrocknete Kräuter, angebliche Theesorten, Fläschchen oder Schachteln mit Medikamenten sind unbedingt zu nehmen; man vergesse auch nicht, daß eine Menge ausländischer, oft höchst giftiger Samen, z. B. die sogenannte Calabarbohne, Crotonsamen ꝛc. unbegreiflicher Weise häufig in den Besitz der Leute gelangen, sodaß bedenkliche Verwendung derselben möglich ist. Auch Dinge, welche im Haushalte notwendig sind, aber zu Vergiftungen verwendet werden können, versäume man nie zu berücksichtigen, z. B. Vitriol, Laugenessenz, Zuckersäure ꝛc.; liegt Verdacht vor, läßt sich aber kein Gift finden, so erhält man vielleicht wichtige Aufklärungen durch genaues Befragen von Nachbarn ꝛc., die den Verdächtigten etwa im Besitze von Giftstoffen sahen oder wissen, daß er solche sammelte, oder sich für dieselben interessierte. Sehr viel hilft in dieser Richtung die Kenntnis dessen, welche Auffassung in dieser Richtung unter den Leuten herrscht; auffallender Weise wird in manchen Gegenden nur einer einzigen Giftpflanze besondere Wirkung zugeschrieben, z. B. der Tollkirsche oder dem Bilsenkraut; weiß man dies, so kann man seine Erhebungen wesentlich einschränken. Außerdem kümmere man sich auch um gewisse abergläubische Vorstellungen, die unter den Leuten herrschen; manchesmal glauben die Leute, daß gewisse Pflanzengifte, z. B. nur Männern oder nur Weibern ꝛc. schaden; oder es herrscht der Glaube, daß ein gewisser Stoff keine Vergiftungserscheinungen, sondern nur Schwindsucht hervorrufen ꝛc.; derlei Meinungen können häufig zu Entdeckungen führen.

Ueberhaupt merke man, daß Vergiftungen sicher viel häufiger vorkommen, als wir glauben, und daß Erkrankungen, welche gewöhnlich als Vergiftungserscheinungen bezeichnet werden (Ueblichkeiten, Schwindel, Kopfschmerz, brennender Durst ꝛc.) bei sehr vielen Vergiftungen, aber nicht bei allen, auftreten. Von großer Wichtigkeit ist es auch, daß man Gelegenheit suche, das Aussehen der wichtigsten pflanzlichen oder mineralischen Gifte kennen zu lernen. Thut man dies nicht, so hat man nicht bloß bei den Haussuchungen, sondern auch bei der Vernehmung des Beschuldigten und der Zeugen die größten Schwierigkeiten.

Daß bei der Verwahrung und Bezeichnung aufgefundener, verdächtiger Substanzen, die größte Sorgsamkeit herrschen muß, ist selbstverständlich; man bezeichne auch stets genau den Ort, wo das Betreffende gefunden wurde; es genügt nicht, zu sagen: „im Besitze des A gefunden", es muß z. B. heißen: „gefunden in der Truhe des A (zugegebenermaßen ihm gehörig) ganz unten, in einem Hemde eingewickelt."

Beim Verpacken solcher Dinge sei man mit dem Gebrauche von Siegellack vorsichtig, da dasselbe oft mit giftigen Farben (Zinnober) versetzt ist. Hat man einen Pflanzenrest gefunden, der nicht ohnehin schon vollkommen trocken ist, so hindert man, wie schon erwähnt, dessen Vertrocknen und Unkenntlichwerden dadurch, daß man ihn in einem reinen Fläschchen mit einigen Tropfen r e i n e n Wasser verwahrt.

5. Abtreibung der Leibesfrucht.

Unter den Verbrechen, welche überaus häufig begangen und verhältnismäßig verschwindend selten zur Entdeckung und Anzeige gelangen, steht die Abtreibung der Leibesfrucht in oberster Reihe, und da die Heimlichkeit, mit der es betrieben wird, keine größere ist, als die bei vielen anderen Verbrechen, so muß der Grund der seltenen Entdeckung in den mangelhaften Erhebungen liegen, und diese werden wieder dadurch erklärt, daß die wenigsten, die mit denselben zu thun haben, darüber unterrichtet sind, auf was sie zu sehen und was sie zu suchen haben.

Die Mittel, welche zum Abtreiben verwendet werden, lassen sich in drei Gruppen einteilen: solche, die auf den Körper von außen angewendet werden, solche, die direkt in die weiblichen Geschlechtsteile eingeführt werden, und solche, die innerlich zu nehmen sind, also durch den Magen wirken sollen.

a) Zur ersten Gruppe gehören alle heftigen Bewegungen, denen sich die Schwangere aussetzt: Laufen, Tanzen, Springen; dann das Heben (namentlich hochheben über den Kopf) schwerer Lasten, endlich das Kneten, Drücken und Stoßen des Unterleibes, sehr oft unter dem Titel „Massieren" empfohlen und angewendet — alles Mittel, welche unter Umständen eine Abtreibung bewirken können. Daß solche Mittel angewendet wurden, wird sich allerdings bisweilen feststellen lassen, es wird aber nur ausnahmsweise möglich sein, nachzuweisen, daß es in der fraglichen Absicht geschehen ist.

b) Die Mittel der zweiten Gruppe bestehen entweder darin, daß scharfe oder reizende Dinge in die Scheide eingeführt werden (Glycerin, warmes Wasser, Oel, verdünnte Säuren, Knoblauch rc.), oder daß außen ziehende Pflaster, z. B. aus Krotonöl, Terpentin, Koloquinten, Iriswurzel rc. aufgelegt werden, oder daß durch eine Operation zu wirken gesucht wird: Eihautstich (oft nur mit einer Stricknadel), Einlegen von Preßschwamm, Einführen von Wasser mit besonderen Apparaten rc. In dieser Richtung sind Entdeckungen wesentlich leichter zu machen, indem entweder die Medikamente oder die Werkzeuge aufgefunden werden. Auf was in dieser Richtung das Augenmerk zu richten ist, läßt sich aus dem Gesagten ungefähr entnehmen. Zu dieser Gruppe können auch die überaus häufig angewendeten, sogenannten ableitenden Mittel gerechnet werden, welche hauptsächlich in heißen Fußbädern, die mit scharfen Substanzen (Asche, Salz, Pfeffer, Senfmehl 2c.) versetzt werden, bestehen. Auch gewisse Zugpflaster gehören hieher.

c) Die Medikamente werden wohl am häufigsten verwendet; ihre Anzahl ist unübersehbar, sodaß im allgemeinen gesagt werden kann, daß wohl alle scharfen, tierischen, pflanzlichen und mineralischen Stoffe zu dem fraglichen Zwecke verwendet worden sind. Wissenschaftlich steht fest, daß allerdings jeder heftig wirkende Stoff, namentlich starke Abführmittel, eine Abtreibung bewirken **kann**, jedoch nur dann, wenn er in solcher Menge genossen wird, **daß er auch das Leben der Mutter gefährdet.** Ein sicher wirkendes inneres Abtreibungsmittel, das für die Mutter unschädlich oder wenigstens nicht gefährlich wäre, ist bis jetzt **nicht bekannt.**

Im allgemeinen wird man sich vorerst darüber zu unterrichten haben, was in der betreffenden Gegend als Abtreibungsmittel bekannt ist, dann wird man aber, z. B. bei einer Haussuchung, nicht bloß scharfe Stoffe, dann Abführ-, Brech- und urintreibende Mittel beachten, sondern überhaupt alles was als Medikament dienen könnte.

Beispielsweise seien von den gebräuchlichen Mitteln genannt:

Tierische Mittel: Spanische Fliegen, Rosenkäfer, Wasserdrehkäfer und der sogen. Maiwurm.

Mineralische Stoffe: Brechweinstein, verdünnte mineralische Säuren, Phosphor, Arsen und alle eisenhaltige Mittel (so z. B. das Wasser im Schleifsteintroge).

Pflanzliche Stoffe: Am meisten verwendet sind die frischen Zweigspitzen des sogenannten Jungfrauenrosmarin, Sebenbaum, oder des Eibenbaums und der Thuje; fast ebenso beliebt ist die Raute, der Rainfarn und Sennesblätter (sogenannte Mutterblätter). Auch der Wachholder, Safran, Nieswurz, Osterluzei, Mutterkorn, Zwiebel und Knoblauch, Kellerhalsblätter — alles mit Wein angesetzt, sind beliebte Abtreibungsmittel.

Alle diese Mittel lassen sich zum größten Teile leicht selbst suchen; ist dies nicht möglich, so werden sie in der Apotheke, beim Kräuterhändler 2c. unter dem Namen von Abführ- oder Brechmitteln verlangt. Muß sich die Schwangere aber doch an einen Kurpfuscher um Hilfe wenden, so wird etwas verlangt, was „die in Unordnung gekommene monatliche Zeit" oder „das gestockte Geblüt" wieder in Ordnung bringt. Vorkommenden Falles richte man seine Nachforschungen hierauf ein.

6. Selbstmord.

Es dürfte nicht übertrieben sein, wenn man eine recht große Anzahl der vielen sogenannten „mysteriösen, motivlosen und überraschenden" Selbstmorde als maskierte Mordthaten auffaßt. Wird jemand gefunden, der durch Selbstmord geendet haben soll, so wird der Vorfall mit Rücksicht und Verhinderung von allem Aufsehen angefaßt, man will die Angehörigen nicht belästigen, der Selbstmord ist zweifellos und es erfolgt Beerdigung ohne viele Feststellungen. Es soll nicht behauptet werden, daß man in jedem Falle von Selbstmord sofort großen Lärm schlagen und Aufsehen erregen soll, wohl wird aber geraten, bei allen diesen Fällen von der Möglichkeit auszugehen, daß der Selbstmord nur vorgetäuscht wurde, und daß eine strafbare Handlung vorliegen kann.

Als Grundregel gelte: Man halte die Augen offen, lasse sich nicht verblüffen und stelle sich den Hergang so, wie er sich ereignet zu haben scheint, während seiner Ereignung recht lebhaft vor. Dieses letztere Mittel wirkt nahezu untrüglich, da sich hinterdrein die Vorgänge selten so gestalten lassen, wie sie sich wirklich ereignet haben. Hält man sich dann vor Augen, wie der Verstorbene alles gemacht haben soll, was er gemacht zu haben scheint, wie sich die Verhältnisse aneinander gereiht haben sollen und wie das Bild entstanden sein kann, welches man heute vor sich hat, so wird sich, falls die Sache nicht in Ordnung ist, irgendwo eine Schwierigkeit, eine Unmöglichkeit oder zum mindesten etwas Unwahrscheinliches finden, sodaß Zweifel rege werden; sind aber diese vorhanden, dann hat man das Recht, sich die Sache genauer anzusehen und nach weiteren Anhaltspunkten zu forschen. Auf der anderen Seite merke man aber auch, daß in der That echte Selbstmorde in unwahrscheinlicher Weise, mit seltsamen, scheinbar ungenügenden Werkzeugen und mit auffallenden Erfolgen unternommen werden; dies ist namentlich dann der Fall, wenn der Betreffende geisteskrank oder wenigstens nicht normal gewesen ist. In allen diesen Fällen ist Vorsicht doppelt geboten, da man ja auch ungerechtfertigte Verdächtigungen auf das Aeußerste zu vermeiden hat.

Hiebei darf auch nicht vergessen werden, daß es verhältnismäßig nicht selten vorkommt, daß Selbstmorde wieder als solche maskiert werden; dies geschieht mitunter vom Selbstmörder schon vor der That, wenn er den Seinigen z. B. eine Pension, oder eine Versicherungssumme retten wollte. Mitunter geschieht dies auch von den Angehörigen, entweder aus demselben eben angeführten Grunde, oder um der „Schande" wegen des Selbstmordes zu entgehen; mitunter geschieht es auch vom Wartepersonale, welches nicht aufkommen lassen will, daß es den nun Verstorbenen übel beaufsichtigt hat. Man kennt genug Beispiele, in welchen das Verheimlichen eines begangenen Selbstmordes so ungeschickt gemacht wurde, daß Mord angenommen wurde; dies ist namentlich dann möglich, wenn Fußspuren oder ähnliches gefälscht, die Zeit des Todes geändert oder sonstige Täuschungen vorgenommen werden sollten, die dann nach und nach entdeckt werden.

Im allgemeinen lassen sich nur wenige Mittel angeben, welche diesfalls aus der oft recht schwierigen Sachlage heraushelfen. Abgesehen von dem früher erwähnten Vorstellen des Herganges, ist das nächst Wichtige, daß man die Situation, wenn nur irgend möglich, photographieren läßt. Freilich müßte hiezu alles in dem Zustande geblieben sein, in welchem man es gefunden hat; dies wird aber selten vorkommen, da man in der Regel Rettungsversuche oder sonstige Aenderungen vorgenommen hat. Aber auch dann ist das Photographieren noch immer von unschätzbarem Werte, besonders deshalb, weil manche Kleinigkeiten, die im Bilde festgehalten sind, erst später von Wert sein können.

Außerdem halte man sich gewisse Erfahrungsthatsachen vor Augen, welche natürlich niemals Beweise, wohl aber, wenn auch ganz schwache Anhältspunkte bieten können. So weiß man z. B., daß Selbstmorde wesentlich häufiger bei Tag als bei Nacht vorkommen; ebenso ist es bekannt, daß die meisten Selbstmorde im Mai unternommen werden; man glaubt, daß hieran Siroccowetter und tiefer Barometerstand Schuld tragen, welche beide Ursachen auf sehr nervöse Leute deprimierend wirken; Nervosität, Depressionen, Mangel an Lebensfreude und Selbstmord hängen aber häufig zusammen. Herrschte also zur Zeit des angeblichen Selbstmordes Sirocco, so ist Selbstmord um eine Spur wahrscheinlicher.

Nicht ganz gleichgiltig ist die Art des Selbstmordes in Beziehung auf die Person des Verstorbenen; ein Soldat oder Jäger wird sich erschießen, ein Arzt vergiften; Frauen stürzen sich ins Wasser, bei niederen Volksstämmen ist Erhängen das Häufigste, bei jugendlichen Personen Herabstürzen aus größeren Höhen. Stimmt also Todesart und Person gar nicht (erhängter Offizier), so ist man zu Verdacht berechtigt.

Bei Doppelselbstmorden weiß man, daß sie häufig bei Liebespaaren, mitunter bei Ehepaaren, selten bei Personen desselben Geschlechtes vorkommen, merkwürdig selten kommt es bei einem Doppelselbstmord vor, daß die beiden verschiedene Todesart gewählt hätten: hätten sich nicht beide erhängt, erschossen, vergiftet, sondern etwa eines sich erschossen, das andere sich den Hals abgeschnitten, so wäre dies zum mindesten auffallend und näheren Besehens wert.

Einen sehr wichtigen Anhaltspunkt bieten aber die zurückgelassenen Briefe der Selbstmörder, die schon unzählige Male gefälscht worden sind. Wenn möglich verschaffe man sich zum Vergleiche zweifellose Handschrift des Verstorbenen oder stelle wenigstens einen Vergleich dahin an, ob der Stand des Verstorbenen und seine Schrift, sein Stil und Orthographie ungefähr zusammenstimmen. Ist im Briefe ein Grund angegeben, dessen Richtigkeit sich nachweisen läßt (körperliches Leiden, Geldverlust, Familiensorgen), so suche man so rasch als möglich sich über das Vorhandensein dieses Grundes zu vergewissern; wird etwas nicht Ueberprüfbares angegeben (Lebensüberdruß, Furcht vor etwas nicht Ausgedrücktem 2c.), so wird man umso vorsichtiger werden, als vielleicht schon andere verdächtige Momente zu Tage getreten sind. Von größter Wichtigkeit ist es dann festzustellen, woher Papier, Tinte und Feder des Abschiedsbriefes stammen; ist der Tote in seiner Wohnung gefunden worden, so wird ein Vergleich mit den vorhandenen Vorräten leicht und schnell zu machen sein. Wurde er auswärts gefunden, so muß diese Untersuchung gleichwohl gemacht werden.

Die übrigen Beobachtungen betreffen dann die Todesart.

Bei Schußverletzungen merke man, daß Selbstmörder die Mündung der Waffe zwar in der Regel gegen die Schläfe, Stirne, Mund oder Herz richten, daß aber auch genug der abenteuerlichsten Schüsse bei Selbstmördern vorgekommen sind, z. B. auf den Scheitel, Hinterkopf, Magen rc.; Vielfach sind hiebei eigentümliche Vorstellungen des Selbstmörders schuld, häufig kommen aber auch sogenannte verrissene Schüsse vor, namentlich, wenn die Waffe mit zuviel Pulver geladen und fest an den Körper angedrückt wurde; es kann dann kommen, daß die Mündung zwar an die Schläfe angesetzt wurde, daß der Schuß aber den Kiefer traf, oder, daß aus einem beabsichtigten Herzschuß ein Magenschuß wurde. Ebenso beweist das Vorliegen mehrerer tödlicher Schüsse allein, noch nicht Mord, da selbst nach sehr gefährlichen Schüssen der Tod nicht so rasch eintritt, daß nicht noch ein zweiter Schuß abgegeben werden könnte; wie es im besonderen Falle war, wird später der Arzt sagen. Ist die Waffe zersprungen, so darf wohl Selbstmord angenommen werden; dies geschieht entweder durch Ueberladen der Waffe, oder durch zu festes Andrücken derselben an den Körper: Beides wird wohl nur der Selbstmörder thun. Ebenso kommt es überraschend oft vor, daß S e l b st mörder in der Aufregung vergessen das Projektil zu laden; solche blinde Schüsse können oft furchtbare Verwüstungen anrichten, es wird aber kaum vorkommen, daß der M ö r d e r auf das Projektil vergißt.

Sehr wichtig ist es, darauf zu merken, ob der Verstorbene pulvergeschwärzte Hände hat; ist dies bei beiden Händen der Fall, so ist anzunehmen, daß die rechte Hand durch rückströmende Pulvergase, die linke dadurch geschwärzt wurde, daß sie die Mündung der Waffe gehalten hat. Ist an beiden Händen keine Spur von Pulverschwärzung zu finden, so sei dies immer eine Mahnung zur Vorsicht.

Das Auffinden der Waffe beweist gar nichts; es wäre denn, daß der seltene Fall eintritt, in welchem die aufgefundene Waffe und das verwendete Projektil nicht zusammenstimmt. Hält der Tote die Waffe krampfhaft in der Hand, so beweist dies nur, daß er sie schon zu Lebzeiten in der Hand gehalten hat; einen Toten kann man einen Gegenstand nie mehr so in die Hand pressen, daß er sie krampfhaft zu halten scheint. Aber Selbstmord beweist das krampfhafte Halten der Pistole auch nicht unbedingt: er kann sie zu Verteidigungszwecken ergriffen haben, ja er kann auch im Duell gefallen sein. Wurde die Leiche an einem allgemein zugänglichen Orte gefunden, so beweist auch das Fehlen der Waffe nichts, weil diese gestohlen worden sein kann (es soll dies häufig zu abergläubischen Zwecken geschehen).

Uebrigens kennt man auch Fälle, in welchen Leute, um Selbstmord zu maskieren, das Verschwinden der Waffe bewerkstelligt haben; es ist wiederholt vorgekommen, daß sich einer auf einer Brücke erschossen hat, wobei er die Pistole mit einer langen Schnur an einem schweren über das Brückengeländer gehängten Stein befestigt hat: Nach dem Schusse zog der Stein die Pistole über das Geländer in das Wasser.

Häufige Maskierungen von Mordthaten geschehen durch Aufhängen des Getöteten. Abgesehen von den nicht seltenen Fällen, in welchen einer einfach überfallen, überwältigt und aufgehängt wurde (wohl nur bei Betrunkenen 2c. vorkommend), lassen sich Fälle denken, in welchen der Mord in anderer Weise geschah und dann durch Aufhängen gedeckt wurde. Selbstverständlich darf es nicht Erschießen, Erstechen 2c. sein, obwohl man auch Fälle kennt, in welchen Leute mit feinen Instrumenten erstochen und dann aufgehängt wurden; meistens wird es sich um Erwürgte, Erstickte und besonders um Vergiftete handeln. Die Fälle, in welchen man bei Erhängten eine Untersuchung auf Vergiftung gemacht hat, sind verschwindend klein und doch werden Mordthaten in dieser Art häufig genug vorkommen.

Wie es bei Erhängten mit der Strangfurche und mit den Erscheinungen des Hängetodes steht, werden die Aerzte bestimmen — unsere Aufgabe kann es nur sein, die Sachlage zu prüfen und auch hier festzustellen, ob der Verstorbene alles das machen konnte, was er scheinbar gemacht haben soll, wie es mit dem Abschiedsbriefe steht, ob das Strangulationswerkzeug aus seinem Besitze oder woher sonst stammt 2c. Einen kleinen Anhaltspunkt, über welchen sich auch der Laie Gewißheit verschaffen kann, bildet die Färbung der Beine des Erhängten: sind dieselben dunkel gefärbt (rot oder rotblau), hat sich also das Blut stark in dieselben gesenkt, so ist dies ein Beweis dafür, daß der Körper mindestens einige Stunden aufgehängt war. Bei Verletzungen mit scharfen Werkzeugen ist wenig sicheres zu sagen, da Selbstmörder gerade in dieser Richtung unglaubliches leisten: es kommt vor, daß sich Leute selbst durch Beilhiebe oder Hammerschläge oder durch Schnitte in den Nacken oder Bauch getötet haben. Bei Halswunden ist allerdings die Lage und Führung der Wunde sehr wichtig; auch hier wird sich oft der Laie vollkommen klar, wenn er sich den Hergang in der einen und der anderen Weise vorzustellen sucht. Selbstmord durch Erstechen ist auffallend selten, um so häufiger wird Mord in dieser Weise begangen. Ein Anhaltspunkt in dieser Richtung kann außer durch die ganze Situation dadurch gegeben werden, daß die Kleider an der betreffenden Stelle auseinandergeschoben wurden, welcher Umstand wohl auf Selbstmord zu schließen erlaubt.

Uebermäßige Bedeutung wird bei solchen Fällen der Frage beigemessen, ob der Verstorbene mit Blut besudelte Hände besitzt, da dies ein Zeichen eigener Handanlegung sein soll; man weiß aus Erfahrung, daß Leute, die von anderen angegriffen werden, unwillkürlich nach der verletzten Stelle greifen, und so blutige Hände bekommen.

Kombinierter Selbstmord kommt häufig vor: Entweder hat der Selbstmörder nach einem anderen Mittel gegriffen, wenn das erstgebrauchte nicht rasch wirkte, oder er hat von Anfang an zwei oder mehrere Mittel in Verwendung gebracht: Sich z. B. vergiftet und dann mit der Schlinge um den Hals oder auf der Fensterbrüstung erschossen. Die größten Schwierigkeiten ergeben sich da bei aufgefundenen Wasserleichen, welche Schußverletzungen oder sonstige tödliche Beschädigungen aufweisen. Ausgeschlossen ist Selbstmord auch hier nicht, da sich der Betreffende auch im oder am Wasser erschossen oder vergiftet haben kann.

XII. Abschnitt.

Diebstahl.

A. Allgemeines.

Der Diebstahl bildet so ziemlich den größten Teil unserer Arbeit, und wenn wir nach der Güte derselben fragen, so werden wir zur Ueberzeugung kommen, daß dieselbe nicht sehr hoch zu veranschlagen ist; wir werden sogar zugeben müssen, daß eine noch viel größere Zahl von Diebstählen unentdeckt blieben, wenn die Diebe sich beherrschen könnten und die Früchte ihrer That erst genießen würden, wenn schon einige Zeit vergangen und der Diebstahl vergessen ist. So aber hilft uns noch immer der einfache Kunstgriff auf die Ausgaben des Verdächtigten oder noch besser seiner Geliebten aufzupassen.

Der Hauptgrund, warum so wenige Diebstähle entdeckt werden, liegt darin, daß wir selbst die einfachen, langweiligen Diebstähle oberflächlich behandeln und es somit versäumen, für die großen schwierigen Fälle an den einfachen gelernt zu haben. Fragt man den ersten besten alten Dieb, der einmal aufrichtig sein will, so wird man erfahren, daß zwischen dem ersten Diebstahl einer alten Spindeluhr und dem letzten raffinierten und großartigen Kasseneinbruch kein wesentlicher Unterschied besteht, und daß er an dem ersten für den letzten gelernt hat. So müssen wir es aber auch machen und es wird daher nur derjenige etwas leisten, der schon dem unbedeutenden und einfachsten Diebstahl Aufmerksamkeit zugewendet hat.

B. Besonderes.

1. Auskundschaften.

Dieses ist für den Dieb und für uns das Wichtigste: Für den Dieb, weil hievon meistens der ganze Erfolg abhängt, für uns, weil häufig beim Auskundschaften der einzige Anhaltspunkt für die Feststellung des Thäters zu finden ist. Man vergesse nicht, daß ein nennenswerter Diebstahl ohne Kenntnis der Verhältnisse kaum auszuführen ist, und daß daher diese im Voraus festgestellt werden müssen. Es ist auch nicht zu viel gesagt, wenn man annimmt, daß jeder Mensch, der unbekannt und unberufen in eine Wohnung kommt, ein Kundschafter wenigstens sein kann: der Bettler, der Hausierer, der Kolporteur, der Eckensteher, der Handlungsreisende, der verkleidete Polizeidiener, das junge Mädchen, das um Arbeit oder Rat bittet, das alte Mütterchen, welches ein Anliegen vorbringt — sie alle können Kundschafter sein, und wenn später wirklich ein Diebstahl verübt wird, so war auch eines von ihnen wahrscheinlich ein solcher. Sie schauen um das woher und wohin, das hinein und hinaus, sie studieren die Lage der Wohnung, der Verbindungen, der Thüren, des Schreibtisches, die Zahl der Leute, angebrachte Telegraphen, sie nehmen vielleicht den Wachsabdruck eines Schlosses, drücken den Riegel einer Hinterthüre zurück, oder schieben einen Blumentopf auf dem Fensterbrett vom Oeffnungsflügel zum Stehflügel — kurz sie erfahren eine Menge und bereiten Wichtiges vor, sodaß der eigentliche Dieb weniger Schwierigkeiten hat. Den Dieb hat man aber nicht gesehen, den Kundschafter wohl, und so muß man sich um letzteren kümmern. Hiebei ist es wichtig, daß die Leute vom Kundschafter selten etwas sagen und immer meinen, daß er nicht zur Sache gehört. Man muß daher selbst bei intelligenten Zeugen wie bei einem Kinde abfragen: ob ein Bettler, ein Reisender, ein Kind, ein Mädchen, ein Polizeimann 2c. da war. Bejahenden Falles erhebe man in dieser Richtung besonders genau, denn man kann wenigstens Einen der Bande gefunden haben.

In wichtigen Fällen kommen mit geteilten Aufgaben auch mehrere Kundschafter; einer kommt nie zweimal. War ein Diebstahl von größerer Bedeutung und läßt sich ein Kundschafter oder eine des Kundschaftens verdächtige Person gar nicht feststellen, so ist anzunehmen, daß die Kundschaftung entweder von außen erfolgte, oder daß sie nicht nötig war, weil einer der Beteiligten ohnehin die nötigen Kenntnisse besitzt, also wohl ein früherer Dienstbote 2c. war. Die Kundschaft von außen erfordert natürlich mehr Geschicklichkeit oder Zeit als eine andere; sie ist besonders leicht auf dem Lande durchzuführen, wo man bei der immer ziemlich ähnlichen Bauart der Häuser, aus den Thüren und Fenstern, aus den Rauchfängen und der abendlichen Beleuchtung fast alles entnehmen kann, was man zur Sache braucht; sieht man es nicht beim Vorbeigehen, so beobachtet man es aus dem nahen Walde oder sonst einem Versteck. Hierin leisten namentlich Zigeuner oft überraschendes. In der Stadt erfolgt die Beobachtung von außen aus einem bequem liegenden Schnapsladen oder Kaffeehaus, in wichtigen Fällen wird auch ein Zimmer gegenüber oder im selben Hause gemietet. Auf das Verschwinden solcher Mieter eines möblierten Zimmers nach einem großen Diebstahl im Gegenüberhause ist immer zu merken.

Auf jeden Fall erfährt der Kundschafter (wenn möglich von innen und von außen) die ganzen Verhältnisse in der betreffenden Wohnung, das Ein- und Ausgehen, das Lichtmachen und Lichtauslöschen, die Stunden der Mahlzeiten, die Gewohnheiten, Beziehungen und Verhältnisse der Hausleute und alle Umstände, welche entweder den Diebstahl erleichtern oder vielleicht annehmen lassen, daß aus gewissen Gründen ein zugegangener Diebstahl nicht angezeigt oder der Verdacht auf jemanden anderen geworfen werden wird.

Nie vergesse man, daß auch hier das sexuelle Moment eine große Rolle spielt; das Stubenmädchen hat einen Geliebten, der es nur zum Zwecke der Auskundschaftung wurde, und der Hausdiener hat eine Geliebte, deren Bruder einer von der Bande ist; der Hausherr hat eine Bekanntschaft, der man vielleicht auch den Diebstahl zutrauen kann; die Hausfrau hat vielleicht aus irgend einem Grunde öfters eine Hinterthüre offen und die Kinder des Hauses müssen gewisser Korrespondenz wegen allerlei heimlichen Boten Zutritt im Hause gewähren — alle diese Fragen sind für den Dieb von größter Wichtigkeit, er muß über sie unterrichtet sein, und wollen wir nicht irre geführt werden, so müssen auch wir davon Kenntnis bekommen. Die Fragen um solche Dinge sind nicht angenehm, im großen und ganzen geht es hiebei aber einfacher ab, als man glaubt und fragt man ernst und sachlich, so wird auch häufig ziemlich aufrichtig geantwortet — so weit eben ein Zeuge die Wahrheit sagt. —

Hat man auf jemanden Verdacht als Kundschafter bekommen, so darf diese Spur nicht mehr ausgelassen werden. Man sucht seine Thätigkeit mit der etwa festgestellten eines zweiten und dritten in Verbindung zu bringen und sieht sich unter allen Umständen die betreffende Oertlichkeit auf das hin an, was die verdächtigte Person etwa sehen konnte. Man läßt sich zeigen, wo der Betreffende im Zimmer war, man sieht sich den Schnapsladen an, in dem er gewesen sein soll, oder das Zimmer, in dem er gewohnt hat, kurz diese lokale Erhebung versäume man nie, weil sie allein darüber unterrichtet, was der Dieb sehen und wissen konnte, und wie diese Kenntnis mit dem Vorgange beim Diebstahle stimmt. Insbesondere ist es wichtig, über das Benehmen des Verdächtigten möglichst genau klar zu werden: Was er sprach und wollte, wohin er schaute und wohin er drängte, wie lang er da war, wann es war u. s. w., alles ist unter Umständen von größtem Wert, und die Richtigkeit einer Erhebung wegen Diebstahl läßt sich an nichts so gut ermessen, als an den Feststellungen über das Kundschaften.

2. Sonstige Vorbereitungen.

Es wurde schon gesagt, daß der Kundschafter nebstbei auch dafür zu sorgen hat, daß gewisse Hindernisse (Riegel, Vorlegehaken, Blumentöpfe) beseitigt, Abdrücke gemacht, Schlüssel gestohlen werden 2c. Fast ebenso wichtig ist es, daß nicht nur hindernde Sachen, sondern auch hindernde Menschen unschädlich gemacht werden. Es werden also Dienstleute in der Regel durch ein veranstaltetes Stelldichein vom Hause fortgelockt; dasselbe geschieht wohl auch mit einem oder dem andern Mitgliede der Familie selbst, wobei duftende, rosenfarbige Briefe mit falscher Unterschrift (oder auch ohne solche) unzählige Male selten versagende Dienste geleistet haben. Vor einiger Zeit war es besonders in Dresden, Berlin und Hamburg geradezu Mode geworden, ganze Familien durch zugesendete Karten für Theater, Konzerte ꝛc. aus dem Hause zu locken und während dieser Zeit die Wohnung auszuräumen.

Auf dem Lande besteht eine wichtige Vorbereitung in dem Beseitigen des Wachhundes. In der Regel wird der Hund einen oder zwei Tage vor dem Diebstahle vergiftet (Peigern nennen es die Leute). Einer vergifteten Wurst, welche z. B. ein bettelndes Mütterchen dem Hunde zuwirft, widersteht nicht leicht ein Hund. Als Mittel werden fast ausnahmslos die sogenannten Krähenaugen benützt; es sind dies die Früchte von Strychnos nux vomica, welche heftig und rasch wirken; sie sehen etwa so aus wie sogenannte gepreßte Kranzfeigen, aber viel kleiner, etwa zwei Centimeter im Durchmesser und etwa einen halben Centimeter dick; kreisrund, hellgelbgrau, hart und seidenglänzend; der Besitz solcher harmlos aussehender Früchte ist immer höchst verdächtig.

Gelingt das Vergiften des Haushundes nicht, oder besitzt der Betreffende kein Gift, so kommt oft eine läufige Hündin zur Verwendung, in der Regel unmittelbar vor dem Diebstahl; es nähert sich einer, der eine läufige Hündin an der Leine führt in der Windrichtung dem Hause und bewirkt dadurch, daß der Hund zuverlässig nicht bellt, sondern der Hündin zuläuft, dann entfernen sich alle drei und der Hund kann unterwegs unschädlich gemacht werden. Ist derselbe an der Kette, so gestattet er nicht nur Annäherung ohne Bellen, sondern er läßt sich auch gerne von der Kette lösen und mitnehmen. Aehnliche Dienste leistet der uralte Abdeckerbrauch, seine Kleider an den Geschlechtsteilen einer läufigen Hündin zu reiben.

Ist in einem Hause kurz vor einem Diebstahle der Haushund verschwunden oder getötet worden, so stelle man fest, ob und wer sich etwa von fremden Leuten mit demselben zu schaffen gemacht hat; läßt sich dies erheben, so weiß man wenigstens einen von der Bande.

3. Ausrüstung des Diebes.

Daß der Besitz von Nachschlüsseln, Brecheisen, Feilen und ähnlicher Dinge verdächtig ist, braucht nicht besprochen zu werden. Im übrigen kann überhaupt alles für verdächtig gehalten werden, dessen Notwendigkeit und harmlose Bestimmung nicht erweisbar ist. Zu nennen wären:

Leichte Pantoffel, oder ein Paar sehr dicke, kurze Strümpfe, mit welchen Gasthofdiebe ꝛc. auf den Gängen lautlos umher zu schleichen pflegen.

Ein Stück schwarzes Zeug wird oft als eine Art Larve vor das Gesicht gehängt.

Ein Lichtstümpfchen (Talg, Wachs, Stearin) hat jeder Einbrecher oder Einschleicher bei sich, um sich nötigenfalls in dunklen Räumen zurecht zu finden.

Klebrige Substanzen (Pech, Kleister, Teer, besonders aber Heftpflaster) sind immer notwendig, wenn Glasscheiben eingedrückt werden sollen, weil zuvor das Klebemittel auf ein Stück Stoff gebreitet und an das Glas gedrückt wird, damit die abfallenden Scherben nicht klirren.

Taschen, lange, sackförmige, braucht jeder Markt- und Ladendieb, um das Gestohlene unterzubringen.

Handschuhe sind namentlich dann verdächtig, wenn sie einzeln und mit langen Stulpen versehen vorgefunden werden; sie werden ausgestopft in den auch etwas gefüllten Aermel genäht und dienen als falsche Hand, wenn der Eisenbahndieb mit der echten stiehlt.

Ruten oder Fischbeinstäbchen braucht der Opferstockdieb; sie werden mit Vogelleim bestrichen und dienen zum Herausfischen von Geldstücken aus Opferstöcken. In der Regel werden die Ruten in hohlen Spazierstöcken, namentlich aus Bambusrohr, verwahrt; der Besitz eines Wanderstabes aus Rohr macht einen Landfahrer immer von weitem verdächtig: In der Regel werden solche Fischbeine ꝛc. darin verborgen sein.

Fischangeln benützen auch andere Gauner, in ähnlicher Weise wie oben von Zigeunern gesprochen (s. Seite 57).

Ringe bei Männern und Armbänder bei Frauen untersuche man immer dann genau, wenn sie auffallend dick und breit sind: Sie enthalten häufig kleine, auf Sprungfedern angebrachte Messerchen, mit welchen Taschendiebe, namentlich auf Eisenbahnen, die Taschen von außen aufzuschneiden pflegen.

Keile aus hartem Holz, sogenannte Vorleger, werden sehr häufig zum Aufsprengen von Thüren, sogar bei eisernen Kassen verwendet; die Keile aus trockenem, harten Holz (in der Regel aus Weißbuchen- oder Quittenholz) werden in schmale Spalten eingetrieben und befeuchtet, worauf sie sich mit unwiderstehlicher Gewalt ausdehnen, und Raum für immer stärkere Keile bieten.

Dünne Stricke mit eisernen Haken haben den Zweck, auf Balkone, Gänge oder Veranden geworfen zu werden, wo sich der eiserne Haken fangen und die Möglichkeit bieten soll, an dem Stricke emporzuklettern.

Aufschreibungen sehen oft harmlos aus, sind aber mitunter von Wichtigkeit, da auf ihnen Komplizen, Bestohlene oder noch zu Bestehlende verzeichnet sein können. Der Besitz eines Verzeichnisses der Jahrmärkte in der Umgebung oder einer Landkarte mit gewissen Unterstreichungen, deutet regelmäßig auf einen Marktdieb oder Professionsspieler.

4. Die Gehilfen.

a) Aufpasser.

Der wichtigste Gehilfe ist der Aufpasser, der während des Stehlens Ueberraschungen verhindert und, wie schon oben ausgeführt, nur zeitweiliges Einstellen der Arbeit oder Flucht veranlaßt. Im letzteren Falle wird also das verabredete Zeichen laut und ohne Verstellung gegeben, im ersteren etwas scheinbar Harmloses: singen, lachen, niesen, einem Hund rufen 2c. Eine besondere und wichtige Arbeit des Aufpassers ist das Aufhalten oder Weglocken von Vorübergehenden, die gefährlich werden könnten, besonders aber von Polizisten, Patrouillen, Wachposten 2c.; hiebei ist der Schlauheit und dem Witz des Aufpassers ein weites Feld geöffnet. Entweder spricht er die Entgegenkommenden an, fragt um einen Weg, die Wohnung eines Arztes, einer Hebamme, oder um die Zeit, um den nächstabgehenden Zug 2c., oder er veranlaßt, daß er angesprochen wird, indem er Krankheit, Verletzung, einen Verlust oder sonst etwas simuliert. Kommen Wachposten 2c., so teilt er ihnen etwas Wichtiges mit: Verdächtigen Rauch, herumschleichende Leute, einen wütenden Hund, einen kranken Menschen oder sonst etwas hat er gesehen, was das Einschreiten der Wache nötig macht — natürlich lockt er diese in die entgegengesetzte Seite von der, wo seine Leute arbeiten. Nützt das nichts, so muß äußersten Falles ein thunlichst unbedeutendes Delikt begangen werden: er stellt sich trunken, beschimpft die Wache, ja er begeht sogar eine Majestätsbeleidigung und redet sich dann auf Trunkenheit aus, kurz, er sucht zu erzwingen, daß man sich mit ihm befaßt und so seine arbeitenden Genossen in Ruhe läßt.

Diese Fälle sind außerordentlich häufig, kommen aber selten zur Sprache, einerseits, weil man später nicht daran denkt, den an einem Ende einer Straße begangenen Einbruchdiebstahl mit jenem betrunkenen „famosen Kerl", der die Wache am anderen Ende der Straße beschäftigt hat, in Verbindung zu bringen, andererseits, weil die Wache, die sich so irre führen ließ, es nicht gerne eingesteht, auch wenn sie an den Zusammenhang denkt. Zweifellos ist auch die Lage der Wache in einem solchen Falle recht schwierig: wird ihr z. B. von einem anständig aussehenden Menschen mitgeteilt, daß dort und da ein Kranker auf der Straße liegt, oder daß es irgendwo zu brennen scheine 2c., so kann der betreffende Schutzmann diese Anzeige doch nicht unberücksichtigt lassen, selbst wenn er sie für falsch hält — ebenso wenig wird er sich mit offenen Augen irre führen lassen. Sind zwei Wachleute beisammen, so wird der eine der Anzeige nachgeben, der andere aber erst recht in der entgegengesetzten Richtung aufpassen; ist bloß einer allein, so erübrigt nichts anderes, als auf die Meldung einzugehen und Nachschau zu pflegen, a b e r d e n A n z e i g e r m i t z u n e h m e n, am besten unter dem Vorwande, man benötige ihn als Wegweiser zur fraglichen Stelle. Ergibt sich die Anzeige als falsch, und vermag der Anzeiger nicht den Hergang zu erklären, so versichere man sich seiner Person — dann hat man wenigstens einen der Bande. Hat jemand, der ein Aufpasser sein kann, ein Delikt begangen, welches in gewiß aufdringlicher Weise sichtlich nur zum Zwecke der Verhaftung begangen wurde, dann trachte man es nicht zu bemerken, namentlich wenn es sich nur um Ausschreitung in der Trunkenheit, Wachebeleidigung 2c. handelt. Auf jeden Fall ist der Schaden geringer, wenn solch ein Ding ungesühnt bleibt, als wenn ein großer Einbruchdiebstahl ungestört verübt werden kann. —

Zu bemerken ist noch, daß die besten Aufpasser weiblichen Geschlechtes sind; sie sind aufmerksamer, sorgfältiger und verläßlicher als Männer, sie finden leicht eine Ausrede für ihre Anwesenheit — krankes Kind, vom betrunkenen Gatten verjagt, von der Stiefmutter geprügelt 2c. Sehr oft sind solche Aufpasser halbgewachsene Mädchen, die angeblich vom Hause fort mußten, obdachlos sind oder sonst eine Klage vorzubringen wissen.

Uebrigens ist auch die Kehrseite zu betrachten: wurde irgendwo ein Einbruch verübt, so ist es zu raten, festzustellen, ob nicht in derselben Nacht in der Nähe des Diebstahlsortes eine Festnehmung ob Trunkenheit, Wachebeleidigung 2c. erfolgte: eine Nachforschung, ob zwischen diesem Verhafteten und dem Diebstahl nicht Zusammenhang besteht, lohnt häufig die Mühe.

Bei den Erhebungen darüber, ob jemand etwa den Aufpasser gesehen hat und sich von ihm irre führen ließ, hat man zweierlei zu beobachten: erstens muß der räumliche Bezirk weit gezogen werden, da mitunter, namentlich bei größeren Unternehmungen, die Aufpasser oft auch in größerer Entfernung aufgestellt werden, sodaß der Laie kaum annimmt, daß seine Begegnung mit dem, in der dritten oder vierten Straße begangenen Diebstahle zusammenhängt. Zweitens muß bei den Nachforschungen viel Geduld und Vorsicht angewendet werden, weil es die Meisten (namentlich Wachorgane) nicht gerne eingestehen, daß sie sich in oft nicht einmal sehr geschickt angelegter Weise haben irre führen lassen. War der Aufpasser weiblichen Geschlechtes, so kommen öfter noch andere Gründe dazu, warum der Irregeführte sich nicht gerne meldet. Uebrigens glauben solche Leute häufig auch, daß sie dafür verantwortlich oder gar haftbar werden, wenn sie sich haben täuschen lassen, man muß also auch in dieser Richtung vorzubauen trachten.

b) Eigentliche Helfer.

Die Thätigkeit der mitarbeitenden Helfer ist nach der Art des Diebstahles eine sehr verschiedene, und nimmt auch wieder bei jeder Gattung von Diebstählen nach Bedarf verschiedene Formen an.

Beim **Taschendiebstahl** kommt namentlich vor: das „Wandmachen", das darin besteht, daß sich einer so vorstellt, daß die Vorübergehenden oder Danebenstehenden es nicht merken, daß der zweite einem dritten etwas aus der Tasche zieht. Eine andere Thätigkeit hat der, der den „wilden Mann" macht: er bekommt einen Anfall, stellt sich trunken, fängt mit Vorübergehenden Streit an, kurz er veranlaßt Stehenbleiben und Auflauf der Leute, sodaß sein Genosse im Gedränge leicht einen, meistens mehrere Taschendiebstähle verüben kann. Außerdem hat der Taschendieb häufig einen Genossen zum „zuplanten"; dies thun meistens solche Diebe, die den Behörden schon als solche bekannt sind und für die es daher besonders gefährlich wäre, wenn sie bei einer rasch vorgenommenen Untersuchung im Besitze des Gestohlenen gefunden werden. Der Gehilfe ist daher stets ein noch unbestrafter Mensch, der das Gestohlene sofort geschickt übernimmt und damit verschwindet; oft hat er zugleich auch den „Wandmacher“ abgegeben. Besondere Geschicklichkeit entwickeln hiebei weibliche Gehilfen, die leichtabstreifbare Niederschuhe, Strümpfe ohne Spitzen und Taschen an der Innenseite des Unterrockes (ganz unten, ober dem Saume des Rockes) tragen. Der Dieb läßt die gestohlene Börse sofort an seinem Körper unmerklich und lautlos zu Boden gleiten; seine Helferin stellt sich rasch darüber, zieht den Fuß aus dem Schuh, erfaßt mit den freien Zehen die Börse, hebt den Fuß und bringt die Börse in die genannte Tasche; so braucht sich keines zu bücken oder eine verdächtige Bewegung zu machen und niemand schöpft Verdacht. Manche Weiber brauchen nicht einmal die bedenklichen Taschen. Sie heben den Fuß mit der Börse mit Hilfe der außen angelegten Hand zwischen die Beine und halten sie hier mit den Schenkeln an den Geschlechtsteilen fest; dies heißt „Ritt machen“.

Sehr oft hat der Helfer die Aufgabe, den zu Bestehlenden abzulenken: er stößt gröblich an ihn, oder reißt ihn zurück, „damit er nicht überfahren werde“, oder er putzt ihn scheinbar ab ꝛc. Während der Thätigkeit des einen stiehlt der zweite, denn das Opfer lenkt seine ganze Aufmerksamkeit auf den Stoß, das Reißen, das Abgeputztwerden ꝛc.

Der Taschendieb auf der Bahn hat meistens einen weiblichen Gehilfen; dieser sitzt g e g e n ü b e r, der Dieb n e b e n dem Opfer. Die Gehilfin beschäftigt das Opfer durch Gespräch oder etwas Intimeres, der Dieb scheint zu schlafen, er hat eine echte und eine f a l s c h e Hand vorne mit einander gekreuzt und mit der zweiten echten Hand stiehlt er, schiebt das Gestohlene der Gehilfin zu, und diese steigt in der nächsten Station aus. Der Dieb bleibt in der Regel noch eine Weile sitzen, läßt sich erforderlichen Falles untersuchen und bleibt regelmäßig verdachtfrei.

Der H o t e l d i e b hat häufig einen Genossen in Gestalt eines Passagiers, der im Hotel absteigt, nötiges auskundschaftet und einspringt, wenn es der eigentliche Dieb braucht; dieser kommt als Bote, Rasierer, Hebamme, Schuster, Hühneraugenoperateur ꝛc. und kann als solcher — unter dem Vorwande, er habe die Zimmernummer vergessen oder falsch verstanden — ein Zimmer nach dem andern abklappern und stehlen, wo sich Gelegenheit ergibt. Entsteht Verdacht oder Schwierigkeit, so ruft ihn der Genosse in sein Zimmer, als zu ihm bestellt.

Der Genosse des L a d e n d i e b e s hat die verschiedenste, in Zeitungen vielfach beschriebene Thätigkeit: er beschäftigt den Juwelier mit einer großen Bestellung, während der Dieb stiehlt, er erscheint als Bettler unter der Thüre und läßt sich von der handelnden eleganten Dame einige gestohlene Ringe scheinbar als Almosen in den vorgehaltenen Hut werfen, die Gehilfin kommt als Amme mit einem Kinde und legt dieses so auf den Ladentisch, daß die „Mutter des Kindes“ dahinter stehlen kann ꝛc.

Das Aufmerken auf den Helfer ist namentlich deshalb wichtig, weil man diesen viel eher erwischen kann, als den Dieb selbst; dieser hat alle Ursache, sich verborgen zu halten, während der Helfer dies nicht so nötig hat, da er sich immer auf scheinbar harmloses Thun berufen kann. Vorkommenden Falles ist es daher notwendig, durch genaues Abfragen herauszubringen, wer von den Anwesenden oder Umstehenden als Helfer gewirkt haben kann; dies ist um so schwieriger, als die Leute selten davon zu überzeugen sind, daß diese oder jene anständig oder harmlos aussehende Person an einem Verbrechen beteiligt gewesen sein soll. Hat man aber den Helfer festgestellt, so erwischt man meistens auch den Thäter selbst.

5. Der Diebstahl selbst.

Das Wichtigste für uns ist die Thatsache, daß man bei einigem Aufmerken aus der That selbst Anhaltspunkte für die Person des Thäters finden kann, und daß die Ausrede: „der Dieb habe nun einmal nicht seine Visitkarte zurückgelassen" — keine stichhaltige ist. Es gibt eine Menge von Anhaltspunkten, die dem aufmerksamen Beobachter soviel zeigen, daß er oft beim ersten Anblick weiß, wo er zu suchen hat. Diesfalls sind mehrere Dinge von Wichtigkeit.

I. Die Gattung des Diebstahls. Die verschiedenen Arten des Diebstahls stellen so verschiedene Ansprüche an die Eigenschaften des Diebes, daß auch nur ganz verschiedene Leute verschiedene Diebstähle ausführen. Gerade so, wie niemand auf den ersten Anblick einen Grobschmied für einen Schneider halten wird, ebenso wird niemand einen Kasseneinbrecher mit einem Taschendieb verwechseln. Es ist daher begreiflich, daß jeder, der sich dem Diebshandwerk zuwendet, sich jenen Zweig desselben aussucht, der für seine Eigenschaften am besten paßt, aber auch, daß ein Dieb, der sich einmal für eine gewisse Art des Stehlens ausgebildet hat, bei derselben bleibt. Alles auf der Welt will gelernt sein, und so wird der Dieb, also ein Mensch, der nicht gerne arbeitet, die Arbeit des Lernens nicht gerne beiseite werfen und wieder von vorne zu lernen anfangen.

Wenn also der aufmerksame Kriminalist auf die Leute seines Reviers aufmerkt, so wird er bald wissen, welcher Gruppe von Leuten er einen begangenen Einbruch, einen Ladendiebstahl, ein Eisenbahnmanöver zutrauen darf, und hat man einmal die Gruppe sichergestellt, so ist die Arbeit wesentlich verkleinert. Will er dann die Gruppe wieder weiter einengen, so hat er

II. auf die Eigenheiten des Diebes zu merken. Diese sind von größerer Wichtigkeit, als man in der Regel annimmt; wer auf Eigentümlichkeiten aufpaßt, wird vorerst allerdings nur feststellen können, daß eine gewisse Anzahl von Diebstählen wahrscheinlich von demselben Thäter herrührt, wird aber dann der Thäter eines einzigen Diebstahls aus dieser Gruppe entdeckt, so darf man wenigstens vermuten, daß alle auf diese Weise verübten Diebstähle vom Verdächtigten begangen wurden. Hieher gehören vorerst die Uebergänge von den sub I genannten Fällen, also die sogenannten Spezialisten,

z. B. Dachbodeneinschleicher, Thürklinken-, Fußabstreifer-, Fensterflügeldiebe ꝛc., Winterrock- und Büchermarder, Leute, die Visitkarten von den Thüren stehlen und damit Betrügereien ausüben ꝛc.

Eine zweite Gruppe von Spezialisten sind jene, welche aus einem früheren Handwerke irgend eine Gewohnheit oder Fertigkeit mitgenommen haben, z. B. Schlosser, Schreiner, Holzschnitzer, deren Technik bei Verübung des Diebstahls zu Tage tritt. Oder bei einer bestimmten Hantierung: der Matrose, der Müller, der Fischer, der Fleischer hat seinen bestimmten und nur ihm geläufigen Griff einen Knoten zu schürzen und hat er gestohlen und ergibt sich die Notwendigkeit, einen Knoten zu machen, so wird er dies nach seiner Gewohnheit machen und hiedurch Anhaltspunkte zu weiterem geben.

Eine dritte Gruppe hat rein persönliche Eigentümlichkeiten, wie sie ja auch bei ehrlichen Leuten als Folge von Gewohnheit, körperlichen und geistigen Absonderlichkeiten ꝛc. vorkommen. Diese sind besonders wichtig, da sie häufig direkt auf einen bestimmten Menschen weisen: der eine Dieb hatte die Gewohnheit, alle Uhren in den Zimmern der erbrochenen Wohnung stehen zu lassen, der zweite ließ regelmäßig, wohl aus Aberglauben, einen Rosenkranz zurück, der dritte läßt es sich nicht verdrießen, sich die Hände im Waschbecken zu waschen und das Wasser in der Richtung der vier Ecken zu verspritzen ꝛc. Solche Kleinigkeiten müssen beobachtet, vorgemerkt und im gegebenen Falle vorsichtig verwertet werden — nicht leicht kann sonstwo sicherer Erfolg versprochen werden als hier, wenn aufgemerkt wird.

a) Einbruchdiebstahl.

Was man so den eigentlichen Einbruch nennt: Ueberfall des Hauses, sprengen der Thüre und Ueberwältigung der Bewohner, kommt nicht leicht mehr vor, auch nicht in einsamsten Gegenden zivilisierter Länder. Dagegen um so öfter Einbruch bei Nacht ohne Lärm oder in Abwesenheit der Bewohner. Auch hier ist sorgfältiges Beobachten nötig: die Art des Einbruches, die Spuren der verwendeten Werkzeuge, zurückgelassene Kleinigkeiten und Fußspuren nicht bloß in der Nähe des Thatortes, sondern so weit entfernt, als sie sich verfolgen lassen. Gerade hier lassen sich oft lediglich aus den Fußspuren weitgehende Aufklärungen gewinnen: wie viel Diebe, wie viel Aufpasser waren, welchem Geschlechte, Alter, vielleicht auch welchem Stande sie angehörten, wo die einen eindrangen und die anderen Wache standen, wo sie sich entfernten, wie die Last verteilt war, wo sie gerastet und sich getrennt haben ꝛc. — kurz, die Mühe des sorgsamen Aufmerkens erspart große Menge späterer Arbeit, ja in gewisser Beziehung ist sie überhaupt durch nichts anderes zu ersetzen.

Ist man mit diesen Feststellungen fertig, so sucht man sich über den Vorgang klar zu werden und berücksichtigt alle Eigentümlichkeiten und Besonderheiten, die etwa wahrzunehmen sind, man erhebt, ob und welche Auskundschaftereien und sonstige Vorbereitungen nötig waren, ob etwas zurückgelassen wurde, wie der Plan entworfen war, ob man aus sicherem und zielbewußtem Vorgehen auf einen Geübten, oder aus planlosem Herumarbeiten auf einen Anfänger schließen darf, ob geschickt Gelegenheiten benützt wurden (z. B. eine Leiter aus dem Hintergebäude, eine Wagenwinde des Nachbars). Hiebei merke man, daß namentlich der Meisterdieb zum Teile aus Bequemlichkeit, zum Teile aus Vorsicht, ungerne Werkzeuge mit sich trägt; Nachschlüssel und Brechwerkzeuge nimmt er erst im letzten Augenblick an sich, größere Werkzeuge (Leiter, Hebestangen, Winden ꝛc.) trägt er immer ungern und daher nur ausnahmsweise auf größere Strecken. Aus diesem Grunde ist es immer wichtig, sich um das Herkommen der verwendeten Werkzeuge zu bekümmern, festzustellen, seit wann sie auf ihrem letzten Aufbewahrungsorte waren, ob und wer sich mit denselben zu schaffen gemacht, ihretwegen Fragen gestellt oder sie nur betrachtet hat.

Bei der Untersuchung über die Handgriffe beim Einbruch verlasse man sich nie auf seine eigenen Kenntnisse, seinen eigenen Blick; die Dinge sehen oft sehr einfach, selbstverständlich und kunstlos aus, obgleich irgend eine langgewohnte Geschicklichkeit, ein sicherer Handgriff dahinter steckt, und den nimmt nur der Fachmann wahr. Ist daher der Fall halbwegs wichtig, so versäume man nicht, Handwerker heranzuziehen, die oft auf die wichtigsten Umstände aufmerksam machen.

Als solche, oft unersetzliche Sachverständige sind in der Regel die Handwerker der großen Stadt am wenigsten zu brauchen, da sie entweder Spezialisten oder bloß Verkäufer sind und, man möchte sagen, des größeren Blickes entbehren. Der kleine Landhandwerker, der nicht bloß die Dinge seines eigentlichen Faches, sondern auch Verwandtes machen muß, der keine Gesellen und Lehrjungen hat, sondern alles selber arbeitet, ist für solche Dinge der rechte Mann; er legt sich den Fall zurecht, fühlt sich in seinem Fache, oder seinen verschiedenen Fächern, und entdeckt auch Ferneliegendes. Der Schreiner des kleinen Dorfes ist nicht bloß Verfertiger von Möbeln, sondern auch von allen Bautischlereien, er beschlägt selbst, drechselt sich manches und besorgt die tausenderlei Reparaturen, die ihm die Leute zutragen; der Landschlosser macht alles, was Eisen ist, Schlösser und Baubeschläge, repariert Gewehre, Nähmaschinen und Fahrräder, er darf sich nie verblüffen lassen, wenn er nicht verhungern will, und bringt man solche Leute zum erbrochenen Schrank, zum abgedrehten Schloß, so ist ihnen nichts fremd und sie raten verläßlich.

Am besten, weil am vielseitigsten, sind die sogenannten Tausendkünstler, die es überall gibt, die alles kennen und die gewöhnlich mit besonderer Passion dreingehen, wenn man sie vor eine schwierige Frage stellt; kennt man solche Leute, um so besser, ist man im Orte fremd, so fragt man den Bürgermeister oder sonst eine verläßliche Person um einen solchen Helfer, der dann auch in anderen Fragen von Wert ist.

Aber auch hier vergesse man nie, daß der Dieb mit der Leichtgläubigkeit der Behörden gerne und häufig mit Erfolg rechnet; er läßt Dinge (Zettel, Rockknöpfe, Kleiderfetzen, Werkzeuge ꝛc.) zurück, die er irgendwo zu diesem Zwecke aufgelesen hat, die mit ihm und der That nicht das Mindeste zu thun haben, und die dann die Erhebungen nicht bloß auf falsche Spuren von ihm weg, sondern direkt auf einen Unschuldigen leiten können. Ebenso werden die Spuren oft in einer Weise angelegt, daß auf Diebstahl von Dienstleuten oder Hausleuten veranschlagt werden soll; allerdings kommt auch das Umgekehrte oft vor: durch angelegte und recht auffällig zurückgelassene Leitern, eingedrückte Fensterscheiben, erbrochene Schlösser ꝛc., soll oft ein von Dienstleuten begangener Diebstahl so aussehen gemacht werden, als ob Fremde die Thäter gewesen wären. Auch hier hilft allein, aber sicher, recht lebhaftes, pedantisch vorgehendes Vorstellen des Herganges, wie er nach der Sachlage gewesen sein soll. Bloßes Angaffen und langweiliges Nachdenken hilft gar nichts, man muß Schritt vor Schritt, Sekunde auf Sekunde die angebliche Thätigkeit des Diebes verfolgen: „Hier hat er die Leiter getragen, dort hat er sie angelehnt". Nun steigt man selber auf die Leiter, so weit der Dieb gestiegen sein soll, und stellt sich vor, wie er die Scheibe eingedrückt und das Fenster geöffnet hat, wie er eingestiegen ist und seinen Weg weiter genommen haben soll ꝛc. ꝛc. Geht man in dieser Art sorgfältig vor, so entdeckt man etwa vorliegenden Schwindel zuverlässig, weil es plötzlich nicht recht weiter geht, weil man den Uebergang nicht findet, oder sonst auf Schwierigkeit der Weiterentwicklung stößt. Ist dies der Fall, so kann man überzeugt sein, daß etwas nicht in Ordnung ist, d. h. anders dargestellt wurde, als es sich wirklich zugetragen hat; hat man aber diesen Verdacht, ist man gewarnt, dann findet sich das Richtige leicht und fast von selbst und man ist vor einem schweren Irrtum bewahrt.

Um zu wissen, ob der Thäter ein Geübter oder ein Neuling war, hat man endlich noch darauf zu merken, wie die Sicherung gegen Ueberraschungen und für das Entweichen im Falle der Entdeckung beschaffen war — je besser und vorsichtiger dies veranlaßt war, desto erfahrener ist der Dieb — er kennt eben die großen Gefahren und will sich ihnen nicht aussetzen. Die Maßregeln betreffen das Wachenaufstellen, das Bereithalten eines zweiten oder auch dritten Fluchtausganges und den Schutz gegen Ueberraschungen. Wie das letztere von den Zigeunern durch Zubinden oder Verspreizen der Thüren gemacht wird, ist bei dem Kapitel „Zigeuner" besprochen; unsere Diebe erreichen ähnliches durch Anlehnen von Stangen, Brettern, Holzscheitern ꝛc., die dem Oeffnenden entgegenfallen und so genügenden Aufenthalt verursachen. —

Beim Eindringen durch Fenster sind verschiedene Hindernisse denkbar: Balken, Glasfenster, Gitter, Rollvorhänge und Gegenstände auf dem Fensterbrette. Balken werden wie Thüren behandelt. Sind sie fest und solid, so müssen entweder die Füllungen mit kurzen, starken Messern herausgeschnitten, oder Löcher gebohrt werden („Lewone legen"), durch die mit einem Draht, einer Zange oder mit der Hand eingegangen wird, um die Riegel zu öffnen. Die Fensterflügel werden, namentlich auf dem Lande bei liederlicher, übler Art der Schlosserarbeit, dadurch geöffnet, daß man die Angeln, Kegel, heraushebelt und dann beide Flügel abhebt. Geht das nicht, so wird eine Scheibe mit einem sogenannten „Pflaster“ überklebt und eingedrückt, damit dann die Fensterverschlüsse von außen geöffnet werden können. Das „Pflaster“ besteht am besten aus einem Leinwandfleck, etwas größer als die Scheibe, der mit Vogelleim, Schusterpech oder sonst etwas gut Klebendem, im Notfalle auch mit weichem Lehm, Kuhmist ꝛc. bestrichen ist. Durch das Klebemittel wird das Abfallen klirrender Scherben verhindert.

Beim Fenstergitter wird immer zuerst ein Fehler gesucht und in der Regel auch gefunden; die meisten Gitter sind zu weit, denn wo man mit dem Kopf samt angelegtem Arme durch kann, dort findet auch der übrige Körper Raum, und da die meisten Gitteröffnungen nicht quadratisch, sondern langviereckig sind, so sind alle Gitter, deren Sprossen weiter als 14 Centimeter voneinander entfernt sind, ganz zwecklos. Aber auch wenn sie enge sind, haben sie meistens einen Fehler. Entweder ist irgendwo die Niete zu stark und daher die Sprosse arg geschwächt, oder es ist eine Schweißung nicht gut ausgeführt, oder es ist eine Sprosse an der Einmauerung durchgerostet, oder es ist das ganze Gitter recht nachlässig oder seicht in die Mauer eingelassen, kurz, irgendwo kann man den meisten Gittern beikommen. In der Regel wird, und zwar an der schwächsten Stelle, durch Sägen mit Laubsägen, Federn oder feinsten Feilen so lange nachgeholfen, bis man eine Sprosse abbiegen kann. Darf man gar keinen Lärm machen, so werden Naturkräfte benützt: man macht sich den Umstand zu nutze, daß sich neue Stricke durch Nässe zusammenziehen, und daß Holz sich durch Nässe ausdehnt. Es werden also zwei Sprossen mit vielfach umwundenen Stricken fest zusammengebunden und die Stricke mit Wasser begossen; wiederholt man das oft, so kann eine starke Auseinanderzwängung erfolgen. Ebenso keilt man recht trockenes Holz zwischen die Stäbe und zwar nicht nach der Länge der Holzfaser, und begießt es mit Wasser.

Kann man Lärm machen, so wird entweder lediglich mit einem langen Hebebaum das ganze Gitter „ausgewogen“, oder mit Hilfe einer starken Wagenwinde gehoben. Die Kraft dieser beiden Werkzeuge ist eine ungeheuere, und wenn sie richtig angewendet werden, leistet kaum ein Fenstergitter auf die Dauer Widerstand; allerdings bedarf ihre Anwendung festen Untergrund, sodaß diese nur bei ebenerdigen Fenstern geschehen kann.

Sehr gefürchtet sind von Einbrechern Rollvorhänge (wie sie z. B. in Landwirtshäusern vorkommen, aus steifem, stark appretiertem Stoff); entweder sucht man durch die eingedrückte Glastafel zur Schnur zu gelangen und dann aufzuziehen, oder man schneidet den Vorhang mit einer Scheere oder einem scharfen Messer querüber ab. Gegenstände auf dem Fensterbrett (Blumentöpfe, Geschirre ꝛc.) müssen vorsichtig herausgeholt werden, da man das Fenster nicht öffnen kann, bevor diese beseitigt sind.

Bezüglich der Angriffe auf Thüren sind natürlich verschiedene Wege möglich. Vor allem kann eine Thüre ganz ausgehoben werden, was nicht unbedingt vielen Lärm machen muß; namentlich bei gut schließenden Thüren werden zuerst feine und dann immer gröbere Keile aus hartem, sehr trockenem Holz eingezwängt und naß gemacht: das arbeitet geräuschlos und sicher. Will man das nicht thun, so hebelt man mit einer Axt oder einer Brechstange die häufig sehr liederlich befestigten Thürangeln oder Thürkegel aus. Auch die Konstruktion der Thüre selbst bietet manchmal Gelegenheit zu Angriffen, da die sogen. eingeschobenen Thüren (Rahmen mit Füllungen) dort schwache Stellen haben, wo die Füllung in den Rahmen eingelassen ist; hier kann häufig mit einem starken Messer durchgeschnitten und die ganze Füllung herausgenommen werden. Geht das alles nicht, so wird auch hier „Lewone gelegt", d. h. es wird ein Loch gebohrt und damit durch einen Draht, ein sonstiges Werkzeug oder die Hand selbst geöffnet.

Von Wichtigkeit ist an der Thüre noch der sogen. Stemmriegel bei Flügelthüren, die überhaupt der ganzen Konstruktion nach weniger Sicherheit bieten, als die einfachen Thüren. Früher pflegte man die Stemmriegel an der Innenseite der Thüre anzubringen und mit einer sogen. Schnappfeder zu versehen, wodurch sie von außen schwer zugänglich wurden; heute sind sie fast immer in der Dicke des Holzes eingelassen, sodaß sie von außen mit jedem Bohrer erreicht und herab- beziehungsweise hinaufgeschoben werden können; dann geht jede Thüre auf, wenn sie nicht etwa ein Vorhängschloß trägt.

Diese Stemmriegel haben noch besondere Bedeutung bei den heute so oft verwendeten Vorlegeketten, die vortrefflich bei einfachen Thüren, ganz wertlos bei Flügelthüren sind. Ist bei letzteren die Kette an einem Flügel, der Laufschlitz am anderen Flügel befestigt, so kann man die Thüre stets so weit öffnen, daß man mit der Hand oder mit einem Draht die Stemmriegel erreichen und rückschieben kann; dann bringt man aber die Flügel leicht so weit auseinander, daß man auch mit der Hand den Laufknopf aus dem Schlitz bringen kann.

Was nun die Schlösser anlangt, so weiß jeder, daß mit Nachschlüsseln und Dietrichen ein förmliches Kunsthandwerk getrieben wird, und daß nur die wenigsten Schlösser einem geschickten Einbrecher zu widerstehen vermögen. Vor allem merke man, daß nicht jedes kunstvoll aussehende Schloß nur kunstvoll geöffnet werden kann: manches Schloß ist sehr teuer und hat einen höchst abenteuerlichen Schlüssel, aber mit einem krummen Draht ist es auch zu öffnen. Ebenso lassen sich die allerdings sehr sinnreichen und schönen Schlösser, die mit einem komplizierten Stechschlüssel geöffnet werden, auch durch ein Bündel hineingeschobener und dann fixierter Nadeln, oder durch hineingestopften feuchten Zwirn und ein meißelartiges Holz, ja sogar durch eine scharf treibende Wasserspritze öffnen. Man ist in solchen Fällen schon oft arg irre gegangen, weil man, vor der eröffneten und ausgeleerten Kasse stehend, immer annahm, daß es da höchst kunstreich und umständlich zugegangen ist — in den meisten Fällen urteilt man auch hier richtig, wenn man das Einfachste und Naheliegendste annimmt.

Allerdings bieten die sogen. einbruchssicheren Kassen sehr viel Arbeit, wenn einmal eine geöffnet und ausgeleert wurde: die Kassenfabrikanten ersinnen immer bessere Sicherungen, die Einbrecher immer bessere Werkzeuge. Vor kurzem bestand der ganze Trik der Einbrecher darin, daß sie mit einem einfachen Drillbohrer (meistens mit Iridium- oder wirklicher Diamantspitze) ein feines Löchelchen bohrten; dieses wurde etwas „ausgerieben“ (mit stählernen vierkantigen Bohrern) und dann wurde mit großer Hebelkraft eine kegelförmige Stahlschraube eingedreht, die immerhin ein Loch von 4—6 Centimeter Durchmesser erzeugte. Jetzt kommen Schnabelstangen, stählerne, meterlange Brecheisen, die das Kesselblech packen und so geht das Oeffnen, wie bei einer Sardinenbüchse. Aber diese einfachen Kunststücke langen nur für ältere Kassen, die allerdings noch sehr häufig im Gebrauche sind, aus; die modernen Kassen mit Compoundstahlwänden, Gußkegelverstärkungen verlangen auch modernen Angriff und dieser wird ihnen durch Knallgasgebläse, Schmelzpulver (Thermit) und ähnliches; jetzt kommt elektrische Sicherung und so geht es immer weiter, weshalb es gerade auch hier wichtig ist, sich die Hilfe entsprechender Sachverständiger zu verschaffen; freilich thut's da weder der erste beste Schlosser, noch der Kassenfabrikant, da hiezu einerseits besondere Kenntnisse, anderseits Freisein von Einflüssen der Konkurrenz, des Geschäftsgeheimnisses ꝛc. erfordert wird; raten kann jedenfalls der wissenschaftliche Fachmann an einer technischen Hochschule oder Gewerbeschule. Handelt es sich um Anwendung von Gebläsen, Schmelzpulvern oder Sprengmitteln, so muß der Chemiker, mitunter auch der Physiker heran.

Vorhängeschlösser bieten Sicherheit in den Straßen der Städte, wo Passanten und Wachen Sicherheit schaffen, sonst haben sie selten Wert, da sie soviele Angriffspunkte bieten, um mit Hebelkraft abgedreht („gewürgt“) zu werden. Interessantes ist da selten viel zu finden.

Nicht zu vergessen ist endlich, daß auch ohne Erbrechen eingedrungen wird, wenn sich der Dieb irgendwo in einem winkeligen großen Hause versteckt hat, durch den Schornstein über die Dächer eingedrungen ist, sich auf dem Dachboden einschließen ließ ꝛc. Gerade in diesen Fällen geschehen so oft falsche Beschuldigungen von Dienstboten, einfach aus dem Grunde, weil „die Sache sonst nicht zu erklären ist“.

b) Taschendiebstahl.

Alles Beiwerk bei dieser so häufigen Art des Stehlens ist in gewisser Richtung für den Kriminalisten von größter Bedeutung, in gewisser aber von gar keiner. Wir sind gewohnt, in den Tagesblättern alle möglichen Kunststücke darüber zu lesen, wie da und dort dieser und jener Taschendieb ein neues Stücklein aufgeführt hat; ob er nun mit Hilfe eines anderen arbeitete, ob er dem, der seinen Schatz in der Brusttasche fürsorglich mit der Hand hielt, einen „Mückenstich“ versetzte, damit dieser mit der Hand die „Mücke“ abwehrt, ob der Dieb eine falsche Hand hatte, ob er an dem zu Bestehlenden anstieß ꝛc. — das ist im großen und ganzen gleichgiltig. Zu merken hat man dreierlei:

1. Das Aeußere des echten Taschendiebes ist stets bezeichnend, er sieht bieder, anständig, vielleicht sogar elegant aus, denn hat er das Aussehen eines bedenklichen Menschen, so fürchtet jedermann seine Nähe und er kommt zu keinem „Geschäft“. Weiters hat er verhältnismäßig wohlgepflegte, durch keine Arbeit gehärtete, lange, schmale Hände, die meistens durch Fett, Vaselin, Glycerin ꝛc. weich und geschmeidig erhalten werden. Denn hat er keine solchen Hände, so muß er sich einem anderen Gewerbe zuwenden, er taugt nicht zum Taschendieb. In der Regel fällt auch auf, daß an seinen Händen der Mittelfinger nicht wesentlich länger ist, als die zwei benachbarten Finger (Zeige- und Ringfinger). Dies braucht er beim „Scheeremachen“ (Punkt 3). Man sagt, daß erfahrene Taschendiebe einem Anfänger nur dann zu ihrem Gewerbe raten, wenn er Hände von der genannten Beschaffenheit besitzt. Ist man im Zweifel, ob ein Verdächtigter ein Taschendieb ist oder nicht, so achte man auf die Ausbildung seiner linken Hand: ist er ein „Richtiger“ so kann er die linke so benützen, wie die rechte; er ist kein „Linkshänder“, sondern das, was der Lateiner einen Ambidexter nannte, ein Mensch, der sozusagen zwei rechte Hände hat, denn er kann es sich häufig nicht aussuchen, von welcher Seite er sich dem Opfer nahen wird, und muß daher beide Hände gleich ausgebildet haben. Da dies gewöhnlich nicht leicht vorkommt, so ist das Zeichen nicht gleichgiltig. — Selbstverständlich trägt der richtige Taschendieb weder Stock und Schirm noch Handschuhe.

2. Das Wichtigste für den Taschendiebstahl ist das Ablenken der Aufmerksamkeit des zu Bestehlenden. Eskamoteur, Taschendieb und Falschspieler haben das eine gemeinsam: sie wissen: wenn man beobachtet wird, kann man gar nichts Geheimes thun, wenn die Aufmerksamkeit abgelenkt ist, aber alles. Hierüber belehrt uns der Erstgenannte am besten, und die beiden anderen machen es auch nicht anders. Der Taschendieb stiehlt also, wenn etwas Interessantes auf der Straße los wird, wenn das Opfer gerade einen Stoß bekommt, wenn der Eisenbahngast den Schalter verläßt und fast alle der vielen Diebstähle im Straßburger Münster geschehen in dem Augenblicke, in dem der Hahn an der berühmten Uhr kräht.

3. Das eigentliche Stehlen geschieht ausnahmslos mit der vielgenannten „Scheere“; hiebei gilt es, die Hand so schmal und lang als möglich zu machen, um leicht und tief eindringen zu können; regelmäßig wird der Rücken der Hand gegen den Körper des Opfers ge-

halten und die Tasche vom Körper abgezogen, um den Körper nicht zu berühren. Es gibt zwei Formen der Scheere: entweder wird der Daumen eingeschlagen und die Börse mit der Spitze des dritten und vierten Fingers gepackt; oder es wird Daumen, vierter und fünfter Finger eingeschlagen und dann mit der Spitze des zweiten und dritten Fingers gefaßt. Welche Form der Dieb wählt, hängt davon ab, welcher Finger an seiner Hand länger ist: ist der Ringfinger annähernd so lang, wie der Mittelfinger, so stiehlt er nach der erstgenannten Form, ist der Zeigefinger länger, so wählt er die zweite Form. Sicherer ist die erste, weil bei ihr die Hand etwas schmäler und die ganze Gestalt glatter wird, aber bei den meisten Leuten ist der Ringfinger zu schwach um fest packen zu können, und gepackt muß schon werden, wenn die Börse erst zwischen den Spitzen ist.

c) Der Einschleichdieb.

Dieser braucht sicheres Auftreten, gutes Aussehen und Geistesgegenwart, um seine Anwesenheit auch am unwahrscheinlichsten Orte rasch und sicher zu rechtfertigen. So verschieden seine Thätigkeit auch ist, kommt sie doch immer auf dasselbe heraus: er benützt Abwesenheit um zu stehlen, und rechtfertigt sich, wenn er erwischt wird; wie er das macht, ist gleichgiltig: er schiebt die Thürklingel bei solchen Laden zur Seite, bei welchen die Wohnung anstößt, und wo die Leute etwa beim Mittagmahl sitzen, er schleicht in Küchen, wenn zwar keine Dienstleute, wohl aber die zu reinigenden Silberlöffel vorhanden sind, er kommt in Hotelzimmer, während die Leute noch schlafen, sagt immer leise „Guten Morgen" und nimmt, was auf dem Nachtkästchen liegt, er schleicht auf Dachböden und räumt hier auf, ja man kennt Fälle, in welchen sich der Dieb in einem Hause einsperren ließ und sich in Wohnungen einschlich, in welchen die Leute eben von einem Balle rc. gekommen waren, und reichen Schmuck lediglich auf Tischen und Kästen herumgelegt hatten, bevor sie ermüdet eingeschlafen sind. In diesen und vielen ähnlichen Fällen muß allerdings die Wohnungsthüre aufgesperrt und vorerst der innen steckende Schlüssel sicher beseitigt werden; dies geschieht entweder mit eigenen schmalen, feinen Zangen oder dünnen Blechröhrchen; mit einem dieser Werkzeuge wird der Schlüsselkopf gepackt, gedreht und dann, wenn er richtig zum Schlüsselloch steht, nach Innen gestoßen. Wacht niemand durch den Lärm auf, so wird dann die Wohnungsthüre mit einem Dietrich geöffnet. Letzteres stellt man sich viel schwerer vor, als es ist: man sehe einmal zu, wie rasch der erste beste Schlosserjunge eine (nicht ruinierte) Thüre aufsperrt — der Dieb kann das noch viel besser.

d) Markt- und Ladendiebstahl.

Daß die Marktdiebstähle deshalb abnehmen, weil der Märkte immer weniger werden, ist sicher; aber ebenso können wir wahrnehmen, daß die Ladendiebstähle nur in gewisser Richtung eine Einschränkung erfahren. In allen jenen Läden, welche mittelgroß sind, die im Rücken der Käufer eine „Kassa" aufgestellt haben, nehmen die Diebstähle sehr stark ab, weil die Person an der Kasse nebenbei auch die

Ueberwachung der Kunden besorgt, oder dies wenigstens thun kann, sodaß der Dieb immer in Sorge sein muß, er werde im Rücken beobachtet. Um so häufiger sind aber Diebstähle in kleinen Laden, wo vielleicht der Eigentümer lediglich mit einem Jungen den Verkehr besorgt, und wo ein Ablenken der Aufmerksamkeit keine Schwierigkeit bietet; dann in den Juwelierläden, wo die verhältnismäßige Kleinheit und der hohe Wert der Gegenstände Diebstähle leicht und lohnend macht, und endlich besonders die Diebstähle in den modernen ganz großen Läden, den sogen. Magazinen. Wie beim Juwelier mit allen erdenklichen Feinheiten in tausend verschiedenen Arten gestohlen wird, das weiß man aus den Berichten der Tagesblätter zur Genüge. Zu merken ist auch hier, daß solche Diebstähle in der Regel mit Hilfe eines zweiten oder dritten Gehilfen geschehen; gar zu bequem macht es ja der Händler dem Diebe auch nicht, und so kann einer allein nur ausnahmsweise stehlen. Hat man also vom Beschädigten das Wichtigste über die Person des Verdächtigten erfahren, so befasse man sich sofort und eindringlich mit den „Nebenpersonen", also jenen Leuten, welche zugleich mit dem Verdächtigten, unmittelbar vor oder nach ihm im Laden waren, und die nicht durch ihre Stellung &c. über jeden Verdacht erhaben sind. Ob diese Leute einen sichtlichen Zusammenhang mit dem Verdächtigten hatten, oder scheinbar ganz zufällig erschienen sind, das ist vollkommen gleichgiltig. Der Gehilfe kann auch nur gekommen sein, um einen scheinbaren größeren Kauf zu machen, und hiedurch den Juwelier vom ersten Käufer abzuziehen. Deshalb ist der zweite häufig eine elegante Dame, welcher der Erste artig den Vortritt im Bedientwerden überläßt, um unterdessen stehlen zu können; ebenso kann eine mitgenommene Dienstperson, ein eintretender Bettler, ein Mensch mit einer Anfrage, ein verkleideter Polizist &c. der Helfer gewesen sein, und auf diese zu achten und sie zu eruieren ist stets viel leichter und sicherer, als auf den eigentlichen Thäter.

Von eigentümlicher Bedeutung sind die erwähnten Diebstähle in den großen Magazinen; über diese ist viel geschrieben worden, man hat auch Erörterungen darüber angestellt, daß wohl die große Menge der verlockend aufgestellten Waren einen eigenen, bestrickenden Reiz auf schwache Gemüter ausüben muß, die dem Verlangen nach diesen Schätzen nicht widerstehen können. Thatsächlich wird da auch ausnehmend viel gestohlen; die Dinge müssen mehr oder minder frei oder wenigstens zur Besichtigung und Auswahl vorgelegt werden, der Andrang der Leute ist häufig und namentlich zu gewissen Tageszeiten sehr stark, die vielen Bediensteten laufen hin und her und wenn dann einer mit weggelegten Plaids, Muffs, eigens hiezu vorgerichteten Packeten, die er auf die ausgebreiteten Waaren legt, richtig manipuliert, so kann er viel mitnehmen. Man behauptet, daß in großen Städten oft in einer entlegenen Vorstadt einer einen kleinen Laden hält, der ausschließend mit Waren ausgestattet ist, die in einem einzigen solchen Magazin gestohlen werden. Freilich ist da häufig Mitthäterschaft eines Angestellten des Ladens im Spiele. Aber das eigentlich bezeichnende bei diesen Diebstählen sind die Frauen, die, oft in gar nicht schlechten Verhältnissen, dem Reiz der Spitzen, Bänder und sonstiger Schätze nicht widerstehen und stets wenig aber oft stehlen; dies gelingt ihnen umso leichter, als sie bei ehrbarem Aussehen von den Angestellten nicht scharf bewacht werden; in den gleichen Fehler darf aber vorkommenden Falles der Kriminalist nicht geraten, er muß da manche Frau solcher Diebstähle für fähig halten.

e) Hausdiebstahl.

Darunter ist freilich vorerst Diebstahl durch Dienstleute verstanden, im weiteren Sinne ist darunter auch jeder Diebstahl durch Familienmitglieder und sonstige Hausgenossen zu verstehen. Es ist nicht zu viel gesagt, wenn behauptet wird: nirgends geschehen größere und häufigere Fehlgriffe, als gerade beim Hausdiebstahl. Vor allem wird niemandem so oft unrecht gethan, als den Dienstboten: sobald man nicht recht begreift, wie ein fremder Dieb die Sache angestellt haben, wie er herein- und hinausgekommen sein soll, sobald eine Sache in etwas konfuser Weise verlegt oder verloren wurde, kurz sobald der oft höchst natürliche Hergang über den Fassungskreis des Bestohlenen und der nachforschenden Obrigkeit hinausgeht — in allen diesen, leider so oft vorkommenden Fällen, muß ein armer Dienstbote den Verdacht auf sich nehmen. Hat derselbe noch das Unglück, daß er erst seit kurzem im Hause ist und noch nicht Gelegenheit hatte, Feuerproben seiner Ehrlichkeit abzulegen, so kann es ihm schlimm ergehen.

Außerdem kommen nicht leicht sonst wo so häufige Verleumdungen und falsche Beschuldigungen vor, wie unter Dienstboten. Neid und Eifersucht spielen überhaupt im Leben eine übergroße Rolle, und nicht am wenigsten unter Dienstboten. Es kommt daher viel öfter vor, als man annimmt, daß ein Dienstbote den anderen verdächtigt und ihm auch angeblich gestohlene Dinge in seinen Koffer 2c. praktiziert, um vollen Beweis herzustellen; ist nun der Verleumdende, der den anderen fortbringen will, zufällig länger im Hause und in besserer Stellung als der Verleumdete, so ist die Lage des letzteren fast immer sehr gefährdet; man kann daher in dieser Richtung nicht vorsichtig genug verfahren.

Auf der anderen Seite ist es freilich wieder wahr, daß durch Dienstboten Unmengen, meistens in zahlreichen kleinen Angriffen, gestohlen werden. Man merke: Wirklich gefährlich ist auch ein Dienstbote als Dieb nur dann, wenn er es über sich bringt, das Gestohlene nicht sofort in irgend einer Form zu genießen, sondern es vorsichtig für spätere Zeit zu sammeln und zu verwahren. Thut er das, so versagt das eigentlich einzige Kennzeichen eines unehrlichen Dienstboten: Aufwand über die Verhältnisse, vollständig, und er kann jahrelang fortstehlen. Aber das kommt überraschend selten vor, weil in der Regel doch erst gestohlen wird, wenn ein dringendes Bedürfnis vorliegt und dies muß rasch befriedigt werden. Deshalb stiehlt das Dienstmädchen, wenn es jung und hübsch ist, meist dann, wenn es putzsüchtig ist; ist sie aber das, so will sie sich nicht erst putzen, wenn sie alt wird, sondern sofort; ist also eine sehr putzsüchtig, so wird sie dadurch immer verdächtig (wenn es nicht der Liebhaber bezahlt). Ebenso gefährlich sind alte, häßliche Weiber, wenn sie männersüchtig sind, denn sie müssen die Liebe bezahlen. Eine traurige Sache bleibt es immer, wenn eine für ein oder mehrere Kinder zu sorgen hat: der Lohn reicht nicht zur Leistung der verhältnismäßig hohen Kostgelder und so ist die unglückliche Mutter auf das Stehlen fast angewiesen: zuerst Zucker und Kaffee, später anderes.

Männliche Dienstboten stehlen in der Regel aus Trunksucht und aus Liebe. Auf letztere ist in solchen Fällen stets sorgsam zu achten: ist der Knecht jung und hübsch, so ist sie meistens mit harmlosen billigen Geschenken zufrieden; ist seine Person aber nicht begehrenswert und sie sehr anspruchsvoll, dann spielt der Mammon sein böses Spiel. Außer diesen beiden Triebfedern gibt es allerdings noch andere z. B. Spiel, Lotto, gewisse Liebhabereien 2c., sie kommen aber gegen Trunksucht und Liebe kaum in Betracht.

f) Diebstahl aus Aberglauben.

Daß aus Aberglauben gestohlen wird, ist ebenso bekannt, als meistens nicht beachtet. Ueberall gibt es Sprichwörter über den Wert gestohlener Sachen, und überall handelt man darnach; natürlich können es die anständigsten Menschen sein, die z. B. zum Fettmachen der Kühe fremdes Gras, oder zu abergläubischen Zwecken fremdes Holz, Linnen, Hunde, Schlüssel, Wein, Kleidungsstücke, Waffen von Selbstmördern und tausend andere Sachen stehlen, wobei ungerechter Verdacht auf alle möglichen Leute, nur nicht auf den Richtigen fallen kann. Es darf also auch hier, wie in vielen Fällen unserer Arbeit der so überaus wichtige Aberglauben nicht außer acht gelassen werden; namentlich ist es wichtig, sich um die Arten des Aberglaubens in seiner Gegend zu kümmern, da dieselben nach Land und Leuten sehr stark wechseln. Gerade aus dieser Richtung erhält man ebenso überraschende als wichtige Aufklärungen in sonst unverständlichen Fällen.

XIII. Abschnitt.

Betrug und Fälschung.

A. Allgemeines.

Daß diese Verbrechen dem Kriminalisten die größten Schwierigkeiten machen und, sagen wir es aufrichtig, so selten Erfolg für ihn bringen, hat seinen Grund in zwei Umständen: einerseits darin, daß ein Ungeschickter nicht leicht einen Betrug veranstalten wird, sodaß das Vorliegen eines Betruges an sich schon eine gewisse Menge von Schlauheit verbürgt, anderseits aber darin, daß beinahe zu jedem Betrug, also sowohl zur Verübung als zur Entdeckung, gewisse besondere Fachkenntnisse nötig sind, ohne welche man der Sache machtlos gegenübersteht.

Was man da an Kenntnissen braucht, ist von der verschiedensten Art, es fängt an mit jenen über die Thätigkeit des Landmannes und einfachsten Handwerkers und hört auf mit der höchsten des Gelehrten und Staatsmannes. Stellen wir uns irgend einen Fall vor — es sei z. B. in einer Mühle, bei einer Holzlieferung, bei einem Pferdehandel, in einer Weberei ein arger Betrug vorgekommen, und es seien die Erhebungen darüber zu pflegen: wenn nun einer gar keine Kenntnisse davon hat, wie es in einer Mühle, bei Holzlieferungen, beim Pferdehandel, beim Weben zugeht, so kann er unmöglich Richtiges herausbringen, er erhebt das, was ihm eben die Leute sagen, wahr oder falsch, je nachdem diese Leute ehrlich und gescheidt, oder unehrlich und dumm sind. Hieraus ergibt sich wieder die Lehre, daß ein Kriminalist alles, was er vom Leben lernt, mindestens einmal gut brauchen kann, und daß er alles, was er nicht kennt, ebenso oft schmerzlich entbehren wird. Und dabei ist es gar nicht so schwierig, sich eine Menge der brauchbarsten und wertvollsten Kenntnisse anzueignen, wenn man sich nur merkt: keine Gelegenheit vorübergehen zu lassen, ohne das zu lernen, was die Gelegenheit bietet. Wenn ich auf einem Spaziergange oder Dienstwege ausruhen muß, so kann ich mich in ein Gasthaus oder neben den Weg setzen und sinnlos ins Blaue schauen. Ich kann aber auch in eine Mühle, eine Lohstampfe, eine Schmiede, eine Ziegelbrennerei treten, mit den Leuten ein Gespräch anfangen und mir von ihnen Gang und Einrichtung ihres Werkes erklären lassen; hab ich das einmal gesehen, so weiß ich's für mein Leben lang, und brauche ich im Dienste die Kenntnis, so ist sie bequem herzunehmen. Ebenso muß man ja so oft mit Leuten beisammen sein: auf einem Wege, in Gesellschaft, auf der Eisenbahn ꝛc.; hiebei kann man allerdings vom Wetter, schlechten Zeiten, Politik und ähnlichem dummen Zeug reden, man kann aber auch ebensogut den Mann auf sein Fach bringen und sich davon erzählen und die Dinge erklären lassen; jeder redet gerne von dem, was er versteht und jeder belehrt noch lieber, es geht also immer, man lernt eine Menge, kann es gewiß einmal brauchen, und mußte hiezu weder Zeit noch Mühe verwenden.

Hat man es aber versäumt, sich solche Kenntnisse zu verschaffen, oder ist man trotz gegebener Mühe im einzelnen Falle über das Sachliche nicht unterrichtet, so unterlasse man es nie dies nachzuholen, bevor man an die eigentliche Arbeit geht. Sagen wir, es handelt sich um Erhebungen über einen großen Betrug in einer Lohgerberei — so wäre es die erste Aufgabe, sich einmal den Betrieb in einer solchen Anlage anzusehen und erklären zu lassen. Was man da an Zeit verliert, gewinnt man vielfach an Raschheit und Sicherheit der eigentlichen Arbeit. Man lasse sich nur ja nicht durch den so häufigen Gedanken irre führen: „ach das Ding ist so einfach, das verstehe ich auch, ohne es gesehen zu haben“ — dies ist eben nicht wahr, auf das erste Mal kann man nur die allerwenigsten Dinge, alles will gelernt und gesehen werden.

Das ist so ziemlich das Wichtigste, was über Betrügereien gesagt werden kann, im Nachfolgenden soll nur einzelnes über jene Fälle gebracht werden, die nicht allzu große Kenntnisse verlangen (Börsebetrug, Betrug bei Eisenbahn- und großen Fabriksunternehmungen 2c.), und wo einzelne Griffe wesentliche Erleichterungen bringen können.

B. Urkundenfälschungen.

Das Hauptmaterial bei diesen Fälschungen werden gefälschte Wanderbüchel oder sonstige Legitimationspapiere ausmachen, gleichwohl kommen uns aber genug Urkunden in die Hand, welche Verdacht auf Fälschung erregen, und es oft nötig machen, rasch darüber klar zu werden, ob eine Fälschung vorliegt oder nicht, rascher als es möglich ist, das Urteil eines Sachverständigen einzuholen. Man merke:

1. Der Stand der verschiedenen, hier maßgebenden Wissenschaften (Chemiker, Diplomatiker, Mikroskopiker, Physiker, Photograph 2c.) ist heute ein so hoher, daß man Hilfe von ihnen in Fällen erwarten darf, die dem Laien ganz verzweifelt erscheinen. Verschwundene, radierte, überschriebene, mit Tinte begossene Schrift können sie oft lesbar machen; das Alter einer Schrift absolut oder vergleichsweise bestimmen, gelingt sehr oft; die Gleichheit oder Verschiedenheit verwendeten Papieres, benützter Tinte 2c. kann erkannt werden 2c., kurz: fragen, und meistens mit Erfolg fragen, kann man da immer — allerdings nicht Dilettanten, sondern immer Leute ersten Ranges, denn meistens ist die Antwort schwer, und nur dann zu geben, wenn die letzten Feinheiten angewendet werden. Grundsatz bleibe, daß man selbst gar nichts Störendes unternimmt, daß man die betreffende Urkunde sorgfältig verwahrt und sie thunlichst bald in die Hände des Sachverständigen bringt. Erklärt derselbe, daß er einen Teil der Urkunde bei der Untersuchung gefährden oder zerstören muß, so nehme man zuvor eine beglaubigte Abschrift der Urkunde und eine gute Photographie derselben — sonst ist die Zerstörung auch eines sehr kleinen Teiles der Urkunde nicht zulässig.

2. Selbst darf man nur mit der Urkunde (auch in dringenden Fällen) solche Untersuchungen vornehmen, die an der Urkunde nicht die allergeringste Veränderung hervorbringen. So strenge dies gehandhabt werden muß, so sehr sind doch gewisse gestattete Untersuchungen so wichtig und fördernd, daß sie häufig, wenn sorgsam vorgenommen, alle fremde Hilfe überflüssig machen. Hieher gehört vor allem:

a) Die sogen. innere Untersuchung, die darin besteht, daß man den Inhalt sorgfältig und wiederholt durchliest, sich hiebei den Hergang bei der angeblichen Ausstellung der Urkunde lebhaft vorstellt, und alles miteinander vergleicht, wie es zugleich, früher oder später geschehen sein soll. Man vergesse hiebei nie den alten, oft aufgestellten Satz, daß auch der geriebenste Verbrecher bei der Verübung Eine große Dummheit macht, und daß man überraschend oft auf Widersprüche, Unmöglichkeiten und Fehler stößt, wenn man sich den Hergang, die betreffenden Leute und alles, was drum und dran hängt, recht lebhaft vergegenwärtigt. Man entdeckt z. B. daß die Schrift und Orthographie der Urkunde unmöglich zum Stande des angeblichen Ausstellers passen kann, daß Leute als handelnd aufgeführt werden, die zur Zeit der Ausstellung schon tot oder noch nicht geboren waren, daß der Aussteller das Bezeugte gar nicht wissen konnte, daß das Wasserzeichen im Papier jünger ist, als das Datum der Urkunde ꝛc. Zu solchen Entdeckungen braucht man weder besondere Kenntnisse noch besonderen Scharfsinn, sondern nur Sorgsamkeit und guten Willen.

b) Die sogen. äußere Untersuchung, die in der genauen Untersuchung der Urkunde mit Hilfe einer sehr guten Lupe (die jeder rechtschaffene Kriminalist immer an der Uhrkette bei sich tragen soll), zu bestehen hat. Dies muß verschiedene Male geschehen: zuerst im auffallenden Lichte (also während die Urkunde ausgebreitet auf einem Tische liegt), dann im durchfallenden Lichte (also während die Urkunde auf der Fensterscheibe angehalten wird); dann sowohl bei gutem Tageslicht, als auch bei der Lampe, ja selbst bei verschiedener Verfassung und Stimmung des Untersuchenden. Radierungen, Vorzeichnungen, verschiedene Tinten, Nachfahrungen ꝛc. entdeckt man zuversichtlich — der Urkunde geschieht gar nichts, die Mühe ist nicht groß und der Erfolg häufig geradezu überraschend.

c) Das Photographieren, namentlich bei wesentlicher Vergrößerung. Auch hier gilt der Grundsatz, daß vorsichtig vorgegangen werden muß und namentlich, daß die Urkunde nicht aus der Hand gegeben wird; der Urkunde geschieht auch da nichts und auf der Photographie sieht man eine Menge von Dingen, die man auf dem Original nicht gesehen hat.

Alle anderen Manipulationen, selbst Betupfen mit nassem Finger ꝛc. sind strenge zu unterlassen, man hat seine Pflicht gethan, wenn man die drei genannten Untersuchungen vorgenommen hat, auch sie führen in den meisten Fällen zum Ziele.

Eine wichtige Frage beim Urkundenfälschen ist die Art des Benehmens dessen, der die Schrift vorweist; wie er sie überreicht, was er dabei sagt, was er zu verbergen sucht und was er in den Vordergrund schiebt, das ist alles so wichtig, daß man häufig schon Verdacht bekommt, die Schrift sei nicht einwandsfrei, bevor man einen Blick darauf geworfen hat.

C. Siegelfälschungen.

1. Siegel von Arbeitsbüchern und anderen öffentlichen Urkunden.

Das Fälschen in den Büchern der Landfahrer ꝛc. nimmt in demselben Maße zu, als die Nachforschungen über Arbeitslosigkeit und Bestrafungen wegen Landstreicherei strenger werden. Dazu kommt noch fortschreitende Geschicklichkeit und Austausch der Kenntnisse, sodaß diese überaus gefährliche Kunst heute eine sehr große Verbreitung erlangt hat; sie leistet aber wieder der Landstreicherei Vorschub, die als die Pflanzstätte des eigentlichen Verbrechertums bezeichnet werden kann.

Die Verbreitung falscher Arbeitsbestätigungen ist eine enorme; ich habe in wenigen Jahren 135 falsche Siegel gesammelt, wie sie in einem einzigen, gar nicht großen Bezirke Landstreichern weggenommen wurden. Berechnet man noch, daß mit jedem dieser Siegel selbstverständlich für zahlreiche Landfahrer Arbeitsbestätigungen gemacht wurden, und daß natürlich in jedem Bezirke dasselbe geschieht, so kann man sich vorstellen, welche Unmenge von falschen Bestätigungen täglich in die Hände der Behörden gelangen und von ihnen gläubig entgegengenommen werden; — eine eifrige Nachforschung ist daher dringend zu empfehlen. Man merke namentlich:

a) Der Verwahrungsort falscher Stampiglien ist bei den Landstreichern regelmäßig irgend eine Stelle der Kleidung, wo der Stoff doppelt liegt: Rockkragen, Taschenpatten, Hosensaum, Stiefelklappen, Stiefelsohlen und Absätze, namentlich aber der Hosenschlitz.

b) Verdächtig, im Besitze eines Siegels zu sein, ist jeder Landstreicher, der eine halbwegs gute Handschrift hat, denn mit dem Siegel allein ist nicht geholfen, es muß auch ein Zeugnis geschrieben werden, und es ist zum mindesten sehr bequem, wenn derselbe Mann das Zeugnis schreibt und das Siegel beidruckt (sogen. Fleppenmachen).

c) Das Lieblingsmaterial für falsche Siegel ist Schiefer, wie er für Schreibtafeln und Dachdeckziegel verwendet wird. Er ist leicht zu haben, kann dünn gespalten und leicht verarbeitet werden. Außerdem kommt Steatit (Schneiderkreide, Taufstein, Speckstein), Holz, weiches Metall ꝛc. in Verwendung, aber alles zusammen nicht so oft, wie Schiefer allein. Das Werkzeug ist häufig bloß eine mit einem Griff versehene Nähnadel, mit der gekratzt und gearbeitet wird.

d) Bei Abdrücken in Arbeitsbestätigungen und sonstigen Zeugnissen ist schlechte Ausführung, falsche Orthographie, verkehrt gestellte Buchstaben ꝛc. nicht unbedingt verdächtig: das kommt auf echten Siegeln kleiner Landgemeinden sehr oft vor. Allerdings wird man aber zu zweifeln beginnen, wenn das Siegel einer größeren Stadt oder eines bedeutenden Unternehmens gar zu kläglich aussieht.

e) Nicht unbedenklich ist es aber, wenn irgend ein recht oft vorkommender Namen o h n e nähere Bezeichnung im Siegel erscheint: z. B. Neukirchen, Hochfeld, St. Anna, Neumarkt, Altstadt ꝛc. Man erwäge, daß jede Gemeinde, die den Namen „Neumarkt“ führt, gewiß eine Bezeichnung beifügt, z. B. a. d. Elbe, bei Wien, a. d. Ostbahn ꝛc., weil sie sonst Anstände bei vorgesetzten Behörden, auf der Post ꝛc. erfährt. Steht aber bloß „Neumarkt“, so liegt die Absicht nahe, nicht rasch dahinter kommen zu lassen, welches von den 1000 existierenden Neumarkt gemeint ist.

f) Hat man einen Verhafteten in Verdacht, daß er falsche Arbeitsbestätigungen vorweist, ohne daß man ihm das sofort nachweisen kann, so benütze man einige kleine Mittelchen: Vor allem betrachte man die Hände des Menschen; kein echter Landstreicher hat die ehrlich abgearbeiteten Hände des braven Mannes, der vielleicht wirklich durch widrige Umstände eine Zeit lang keine Arbeit bekommen kann.

Weiter bedenke man, daß sich der, der eine falsche Bestätigung in seinem Buche haben will, den Ort nicht aussuchen kann — er muß sich Arbeit in jenen Orten bestätigen lassen, die der „Fleppenmacher" gerade auf seinem Siegel hat. So laufen dann die angeblichen Arbeitsorte kurios im Zickzack herum. Scheint das verdächtig, so lasse man sich die Reise vom Betreffenden auswendig hersagen: war er dort, so kann er's, war er nicht dort, so versagt das Erzählen sofort. Auch ist das bekannte Mittel sehr gut, die „Bettelstempel" (meistens auf der letzten Seite des Arbeitsbuches) mit ihrem Datum und dem der angeblichen Arbeit zu vergleichen: er hat dann oft am selben Tage irgendwo in Süddeutschland gearbeitet und in Norddeutschland ein Bettelgeschenk bekommen.

Hat man aber Verdacht, daß der Verhaftete selbst ein Fleppenmacher ist, d. h. daß er im Besitze eines falschen Siegels ist oder noch vor kurzem war, so suche man, wenn man schon das Siegel selbst nicht findet, nach einem Schächtelchen mit „Stiefelwichse", welches ganz offen und unverwahrt getragen wird. Findet man so etwas, so wird das Büchslein echt, d. h. ein wirkliches Stiefelwichsschächtlein sein, die angebliche Stiefelwichse wird sich aber als Stempelfarbe herausstellen.

Zum Schlusse werde noch auf eine besonders gefährliche und heute schon recht verbreitete Art hingewiesen, nach welcher Siegel gefälscht werden, ohne daß man überhaupt einen Stempel besitzt. Dies geht allerdings nur mit Siegeln aus Anilinfarbe, aber diese sind heute die häufigsten, da man doch fast nur Kautschukstempel verwendet, die durch Oelfarbe ruiniert werden. Wenn man nun irgendwo einen echten Abdruck eines solchen Siegels zur Verfügung hat, welches nicht blaß, sondern recht farbstoffreich ist, und wenn man darauf fest einen elastischen und leicht feuchten Gegenstand drückt, so erhält man auf diesem einen verkehrten Abdruck des echten Siegels. Drückt man nun dieses verkehrte Siegel auf Papier, das zuvor leicht mit Wasser, oder besser mit Spiritus befeuchtet wurde, so erhält man wieder einen aufrechten Abdruck, der sich vom Original einzig und allein dadurch unterscheidet, daß er blässer ist. Als solche elastische Körper kann man glatt abgeschnittene Aepfel oder Kartoffeln, am besten den glatten Schnitt durch das Weiße eines hartgesottenen Eies benützen.

Daher sind die modernen Kautschuksiegel mit Anilinfarben so überaus gefährlich; findet man auf irgend einer Urkunde ein Siegel von einem Messingstempel mit Oelfarbe, so hat man in der eben besprochenen Richtung natürlich keine Sorge zu haben.

2. Siegel von Briefen ꝛc.

Seitdem man die sogenannten gummierten Briefumschläge eingeführt hat, sind die gesiegelten Briefe selten geworden, man findet sie nur, wenn Wichtiges, Geld oder Geheimnisvolles im Umschlage enthalten ist, ja man kann eben aus dem Umstande, daß ein Brief versiegelt ist, entnehmen, daß er Interessantes enthält. Das ist der Grund, warum heute noch immer Siegel erbrochen und gefälscht werden. Im allgemeinen gibt es nur eine beschränkte Zahl gebräuchlicher Arten für das Eröffnen von Siegeln, die alle darauf hinausgehen, daß man sich vom (positiven) Siegel einen (negativen) Stempel macht, mit dem man wieder siegelt und so wieder einen positiven Abdruck erhält. Das gewöhnlichste Verfahren geht dahin, daß man aus steifem Mehlteig oder frischer, gekneteter Brotkrume (Schmolle) einen Abdruck macht, diesen trocknet und damit siegelt. Wer sorgfältiger vorgeht, macht um das Siegel einen Rand von Wachs, gießt Gipsbrei auf und siegelt dann mit diesem. Zu entdecken sind solche erbrochene und neuhergestellte Siegel meistens schon mit einer sehr scharfen Lupe, da am heißen Siegellack Teilchen vom Teig, der Krume oder dem Gips haften bleiben, die dann die Fälschung verraten. Sieht man sie nicht mit der Lupe, so findet der Chemiker diese Teilchen.

Eine uralte, heute noch geübte Art besteht darin, daß man den fraglichen Brief, mit dem Siegel nach oben auf einen Amboß oder sonst ein starkes, glattes Eisen und auf das Siegel eine dünne Bleiplatte legt. Haut man nun mit einem flachen schweren Hammer kurz und scharf auf die Bleiplatte, so geht zwar das Lacksiegel in tausend Trümmer, hat sich aber zuvor recht deutlich in die Bleiplatte eingeprägt, sodaß diese zur Erzeugung neuer Siegel benützt werden kann. Daß so vorgegangen wurde, erkennt man sicher daran, daß sich die Bleiplatte beim Schlage ringsum recht deutlich in das Papier eingedrückt hat.

Bei solchen Siegelfälschungen versäume man nie, nachzusehen, ob sich nicht irgendwo Abdrücke der Papillarlinien finden, da der Thäter leicht den Finger auf das Siegellack oder das Papier gedruckt haben kann. Hat man dann auf eine bestimmte Person Verdacht, so kann aus den Papillarlinien ein wichtiger Anhaltspunkt für weitere Erhebungen gewonnen werden.

D. Betrug beim Pferdehandel.

Nirgends wird so viel betrogen, wie beim Pferdehandel, einzig deswegen, weil nirgends Betrug so selten gestraft wird, als bei diesem Verkehr, und gestraft wird nicht, weil niemand genügende Kenntnisse hat, um einen solchen Straffall durchzuführen. Durch diese Lässigkeit ist es auch gekommen, daß man Betrug beim Pferdehandel gar nicht als etwas Strafbares, ja sogar als eine Art von Sport ansieht, obwohl man doch nicht behaupten kann, daß sich dieser Betrug von einem anderen auch nur im mindesten unterscheidet. Diese Lässigkeit beim Verfolgen von solchen Betrügereien wird noch dadurch erklärlicher, daß man hier fast nie die richtigen Sachverständigen zur Hand hat: der Tierarzt kennt Fehler und Krankheiten der Pferde, aber nicht die verschiedenen Kunstgriffe beim Betrügen und der richtige Roßtäuscher, der die entsprechenden Kenntnisse besitzt, hütet sich, diese dem Gerichte zur Verfügung zu stellen. So ist der Kriminalist eigentlich auf sich selber angewiesen, was aus zwei Gründen möglich ist: einerseits handelt es sich in allen diesen Fragen fast nie um wirkliche Pferdekenntnis, sondern um Menschenkenntnis, denn auch der Roßtäuscher arbeitet sehr wenig mit ersterer und fast nur mit letzterer; anderseits dreht sich selbstverständlich die ganze Arbeit des Kriminalisten auch hier nur darum, den Zeugen und Beschuldigten richtig und erschöpfend zu befragen. Schließlich kommt es natürlich darauf hinaus, den Sachverständigen heranzuziehen, denn auf einen Fehler des Pferdes wird es ja immer ankommen, und diesen zu bestimmen ist seine Sache. Aber die erste Arbeit, das Material zu schaffen und namentlich: den Beschädigten richtig anzuhören, richtig zu fragen und auf das Richtige zu leiten, ist Sache der behördlichen Personen.

Wer dies so machen will, daß gedeihlicher Erfolg erzielt wird, muß sich vor allem klar machen, daß der hier fragliche Betrug nur ausnahmsweise in einem bestimmten Momente gefunden werden kann: beinahe immer liegt er im ganzen Hergange; selten ist ein einziger kräftiger und grober Betrug, sondern eine ganze Reihe kleiner Betrügereien begangen worden, die einzeln und für sich genommen gar nichts strafbares bedeuten, zusammen aber ein Verbrechen darstellen, das aber nur fixirt werden kann, wenn alle Einzelheiten untersucht und bezeichnet wurden.

Wollen wir die einzelnen Mittel, die beim Pferdeverkauf angewendet werden, näher ansehen, so teilen wir sie vor allem in die, welche gewissermaßen an der Person des Käufers, und solche die am Pferde selbst vorgenommen werden. Zu den ersten gehören auch alle jene Vorgänge, die zwar mit dem Pferde geschehen, aber doch auf die Sinne des Käufers wirken sollen. Hieher gehört also vor allem, was mit dem Stalle, der Haltung der Pferde und ihrer Vorführung zusammenhängt. Niemand wird behaupten, daß irgend ein Verkäufer verpflichtet ist, seine Sache in unvorteilhaftem Lichte zu zeigen: Wenn aber der Pferdehändler durch Beleuchtung und Haltung des Stalles, durch Stellung und Zäumung der Pferde, durch Herrichten eines besonderen Vorführungsplatzes und durch besondere Geschicklichkeit seiner Vorreiter und Kutscher und tausend kleine, hiebei angewendete Mittelchen die Pferde nicht bloß so gut als möglich, sondern besser als sie sind erscheinen läßt, dann liegt wenigstens die Vorbereitung zu einem Betruge vor. Hiebei handelt es sich noch gar nicht um das Verdecken wirklicher Fehler, sondern um die Benützung gewisser Erscheinungen bei Sinneswahrnehmungen, die der Händler kennt und geschickt ausnützt, für sich allein werden diese Dinge nicht strafbar, sie werden auch nicht genügen, um den Käufer zu einem, ihn schädigenden Kaufe zu veranlassen, kommt aber noch einiges, an sich auch „Harmloses“ dazu, so sind beide Momente erreicht. Hieher gehört z. B. das richtige Behandeln des Käufers durch Artigkeit oder Grobheit, durch einen Wortschwall oder Schweigsamkeit, durch Anpreisen oder scheinbare Aufrichtigkeit, durch Eingehen auf die Wünsche des Käufers oder Bewundern seiner Kenntnisse,

Reit- oder Fahrkunst. Natürlich kann man alles das, was nach der verschiedenen Art des Käufers verschieden angewendet wird, nicht als verboten bezeichnen, aber es kann doch alles dazu dienen, dem Käufer einen wichtigen Fehler, den er sonst nicht übersehen hätte, doch übersehen zu machen. Will man aber begreifen, wie es zu dem eigentümlichen Kaufe gekommen ist, so muß man sich den ganzen Hergang vom Anfange an nicht nur erzählen lassen, sondern man muß auch im voraus wissen, daß es derlei Dinge gibt und daß sie wichtig genug sind, um abgefragt werden zu müssen. Trotz ihrer scheinbaren Gleichgiltigkeit sind diese Mittelchen für uns gerade am wichtigsten, denn, wenn eine Krankheit, das Alter oder sonst ein wichtiger Fehler des Pferdes maskiert wurde, so bringt das schon der Tierarzt heraus — für uns besteht die Arbeit darin, zu erheben, wie es kam, daß der Käufer veranlaßt wurde, den Fehler nicht zu bemerken und weiter, wie es geschehen konnte, daß Einer ein Pferd um viel zu hohen Preis übernommen hat, das zwar keinen großen Fehler hat, aber durch die Summe seiner minderen Eigenschaften geringwertig ist; gerade diese letzteren Fälle sind die häufigsten, wichtigsten und schwierigsten.

Bezüglich der einzelnen Maskierungen der Pferdefehler, Mängel und Krankheiten sei kurz einiges bemerkt.

1. Alter des Pferdes. Die Mittel, die angewendet werden, um ein Pferd jünger erscheinen zu lassen, sind zahlreich: Ausreißen der langen und grauen Haare um Maul und Augen, Aufblasen der Augengruben, „Aufpulvern" durch füttern mit Spießglanz oder Arsen, Eingeben verschiedener narkotischer Abkochungen, und namentlich das Abfeilen oder Absägen der zu lang gewordenen Zähne und neu Eingravieren und Brennen der sogen. Kunden, Bohnen, Marken, auf deren Vorhandensein großes Gewicht bei der Altersbestimmung gelegt wird. Hieher gehören auch alle Mittel, durch welche ein altes (allerdings auch ein recht phlegmatisches oder kränkliches junges) Pferd, frisch, lustig und mutig erscheinen gemacht wird; höchst verbreitet ist das hieher gehörige „Pfeffern" der Pferde: man zerkaut schwarzen Pfeffer und praktiziert die erhaltene Pasta mit dem Finger in den After des Pferdes. Das so erzeugte Jucken animiert das Pferd unglaublich: der älteste Klepper tanzt mit hochgehobenem Schwanze herum, hebt die Beine, wiehert und sieht angeregt und feurig drein. Zeigt der Käufer dann später die traurige Mähre her und erzählt, wie mutig und schön das Tier beim Kaufe gewesen sei, so glaubt ihm das doch niemand, der nicht weiß, wie das Pferd damals behandelt wurde.

Ebenso ist auch der sogen. Zigeunersattel häufig in Verwendung, bei welchem unter den Pauschen Nägel angebracht sind, die der Reiter dem Pferde mit den Knien in das Fleisch drückt; er beruft sich darauf, daß er weder Sporen noch Peitsche braucht und trotzdem gehe das Tier frisch und mutig.

2. Größe. Im allgemeinen sind größere Pferde immer mehr wert als kleinere, meistens kommt es aber darauf an, zwei Pferde,

die sonst gut zusammenpassen (gleichständig sind) gleich groß zu machen, wenn an der Größe des einen nicht viel fehlt. Da gibt es eine Menge Mittel: zu große Pferde werden unbeschlagen, zu kleine mit Stollen vorgeführt; im Sande, auf weicher Lohe sinkt das Pferd ein und wird kleiner; die Größe des Reiters oder des angespannten Wagens macht viel aus, und am meisten kann mit dem Bandmaß gefälscht werden, je nachdem man spannt oder locker hält, gerade oder krumm mißt 2c. Läßt man diese und noch andere Mittel zusammenwirken, so können ganz erkleckliche Unterschiede ausgeglichen werden. Unerklärlich, aber wahr ist es, daß leicht ungleiche Pferde gleich groß aussehen, wenn man das kleinere als Sattelpferd, das größere als Handpferd einspannt.

3. Farbe. Ob ein Pferd diese und jene Farbe hat, kann seinen Wert unter Umständen namentlich dann erhöhen, wenn sich der Käufer auf eine bestimmte Farbe kapriziert, oder wenn ungleiche Pferde gleichfärbig sein sollen. Oft sind gewisse Farben auch modern; man wird nicht aus einem Schimmel einen Rappen machen, wohl aber kann man z. B. einen Braunen heller oder dunkler „stimmen" und so z. B. Goldfuchse, Kastanienbraune 2c. machen. Alles das geht mit verschiedenen Chemikalien leicht und recht dauerhaft, allerdings nicht auf länger, als bis zur nächsten Haarung, also bis zum nächsten Frühjahr oder Herbst. Ebenso kann man weiße Zeichnungen als häßlich beseitigen oder solche (wegen der Gleichständigkeit) erzeugen. Das alles hat keine große Wichtigkeit, wohl aber das Beseitigen von sogen. „erworbenen Abzeichen", weiße Flecke, die dort entstanden sind, wo Satteldruck oder scharfe Einreibungen vorkamen; diese deuten aber auf vielen, schonungslosen Gebrauch oder bedenkliche Erkrankungen, beides mindert den Wert des Pferdes.

4. Kleinere, sogen. Schönheitsfehler, z. B. haarlose Stellen, magere Partien, fehlerhafte Fußstellung, unschöne Kopf- und Schweifhaltung, verbildetes Rückgrat („Einsattlung", „Saukreuz", „Rosenkranz" 2c.), traurig hängende Ohren, vorstehende Zunge und hundert andere störende Dinge müssen durch Zaum, Sattelzeug, korrigierenden Beschlag und Geschirr verdeckt werden. Deshalb ist das alles beim Händler in properster Ordnung und mit größter Schnelligkeit auf dem Pferde oben, bevor man noch viel untersuchen und kritisieren kann; Sattel ist bequem und gut sitzend, Zaumzeug hebt die Ohren, drängt die Zunge zurück und stellt den Kopf richtig, Geschirr ist breit und deckt alles mögliche Häßliche und der Beschlag richtet die krummsten Beine wenigstens für eine Zeit lang gleich.

5. Sogen. Charakterfehler als: Scheuen, Bocken, Ausschlagen, Wanddrängen, Beißen und ähnliche „Unarten" müssen im Stalle die Stallburschen, beim Vorführen Kutscher und Bereiter verdecken. Sehr geschickte Leute können das auf kurze Zeit bewerkstelligen, aber der Käufer hat in der Regel solche Leute nicht und er will doch das Fehlen dieser Unannehmlichkeiten auch für die Dauer haben. Ebenso ist es aber auch Sache der vorführenden Leute, nie ihren Willen durchzusetzen, sondern das zu thun, was das Pferd thun will,

und den Anschein hervorzurufen, als ob sie dies hätten veranlassen wollen. Dann wundert sich der Käufer freilich über alle möglichen Fehler des Tieres, von welchen er beim Kaufe keinen einzigen wahrnehmen konnte, zumal auch ein bekannter Kunstgriff darin besteht, dem Käufer stets nur die Seite des Pferdes zu zeigen, welche die bessere ist.

6. Körperfehler werden mannigfach verdeckt: es gibt Augen aus Glas, sogen. Perrückenschwänze, selbst falsche Ohren sollen vorkommen und die gefährlichen, nur halbseitig kastrierten sogen. Spitzhengste werden durch Schnitte im Hodensack scheinbar zu Wallachen gemacht.

7. In Bezug auf Krankheiten sei nur bemerkt, daß eine große Zahl derselben, fast alle, auf kurze Zeit ganz gut verdeckt werden können; wenn also später der Tierarzt nicht nur die Krankheit sondern auch das lange Bestehen derselben feststellt, so ist eben, wenn sie der Käufer nicht bemerkt hat, irgend eine der geschickten Verdeckungen vorgenommen worden.

Gerade hier haben wir es am leichtesten, da der Tierarzt als Sachverständiger einspringen kann, aber es sei auch nochmals betont, daß auch hier, wie in allen anderen Fällen des Betruges von Pferdehandel jeder Kriminalist seine Pflicht thun kann, wenn er sich eine Handvoll Pferdekenntnis erwirbt, die ihm jeder Kenner in einer halben Stunde beibringen kann, und wenn er im übrigen mit Menschenkenntnis arbeitet, ebenso wie es der echte Roßtäuscher thut; ohne Menschenkenntnis kann aber keiner von uns überhaupt arbeiten.

E. Spielbetrug.

Kein Mensch weiß, welche Unsummen alljährlich durch falsches Spiel verloren werden, aber man weiß, daß viel gespielt wird und daß das Betrügen hiebei die größte Bedeutung hat. Die Entdeckung des Falschspielers ist im allgemeinen nicht leicht, weil wenig äußerlich Kennbares vorliegt, weil man stets schon Geschehenes beweisen soll und namentlich weil die Beschädigten, zum Teil aus Furcht, auch gestraft zu werden, zum Teil um nicht ausgelacht zu werden, zum Teil weil sie gar nicht wissen, daß sie betrogen wurden, selten brauchbare Angaben zu machen vermögen. Der letztere Umstand macht es hauptsächlich notwendig, daß der Kriminalist Bescheid weiß und richtig zu fragen vermag, wenn er Verdacht auf Spielbetrug bekommen hat. Vor allem muß er sich über die Person der Falschspieler klar sein, was deshalb eigentlich nicht so schwierig ist, weil einerseits alle diese Leute, gleichviel ob sie in den feinsten Salons oder den niedrigsten Schenken ihr Wesen trieben, merkwürdig viel Aehnlichkeit haben, und weil anderseits ihre Kennzeichen so deutlich und klar sind, daß man sich nicht leicht irrt, wenn man sie erst einmal wahrgenommen hat.

Sie alle stimmen darin überein, daß sie begabte Leute mit viel Geschicklichkeit und scharfen Sinnen sind; sie haben kaltes Blut, Menschenkenntnis und Unverfrorenheit, denn haben sie auch nur eine dieser Eigenschaften nicht, so finden sie ihr Brot als Falschspieler nicht, ebenso, wie sie bei ihrem Geschäfte verhungern müßten, wenn sie nicht feine, sorgfältig geschonte Hände besitzen, die sie bei der Kartenbehandlung so notwendig brauchen. Fast ebenso gleich wie ihre äußere Erscheinung ist das Vorleben dieser Leute. Etwas Anständiges waren diese Leute selten einmal: in der Regel haben sie sich auf der Schule begabt, aber unerziehbar erwiesen, wußten sich in verschiedener, aber nie rechtschaffener Weise Geld zu verdienen, hatten keinen Beruf oder nur einen zum Schein, haben es immer verstanden von Weibern oder Lüstlingen Geld zu bekommen und sind dann auf irgend eine Weise zu Falschspielern gekommen, mit denen sie dann weiter arbeiteten. Da sie also nie oder fast nie redlichen Erwerb nachweisen können, machen sie ungern Angaben über ihr Vorleben, erzählen abenteuerliche Erlebnisse, aber immer so, daß man nicht leicht zu einer Aufklärung kommen kann. Deswegen ist diese aber gerade so wichtig und darf nie unversucht bleiben — ist das Vorleben des Verdächtigten sichergestellt, so ist auch sein Falschspiel halb bewiesen, wenn es sich in der genannten bedenklichen Weise abgespielt hat.

Was das Spiel selbst anlangt, so merke man vor allem, daß der Falschspieler fast alles braucht, was der Taschenspieler kann, und da wir bei diesem manches Kunststück als „unbegreifliche Zauberei" bezeichnen, so begreifen wir auch sehr vieles nicht was der Falschspieler doch gemacht hat, auch wenn es der Betrogene kurzweg als geschehen ableugnet und als unmöglich bezeichnet. Dazu kommt noch, daß man bei geschickter Behandlung gewisser menschlicher Eigenschaften überraschend viel wagen kann. Versteht man es z. B. die Aufmerksamkeit der andern auf etwas zu lenken, so kann man unterdessen alles mögliche thun, und wenn man auf gewisse Gewohnheiten der Menschen rechnet, so darf man annehmen, daß sie das Gewohnte erwarten und es nicht merken, wenn man statt dessen etwas anderes eintreten ließ. Hinterdrein schwört der Zeuge, er habe doch das gesehen, was zu sehen er gewohnt war. Benützt der Falschspieler diese und einige andere Eigenschaften der Menschen, so braucht er gar nicht viele andere Kunststücke, aber zur Sicherheit und Bequemlichkeit macht er doch von ihnen auch Gebrauch. Die gewöhnlichsten sollen hier kurz genannt werden:

1. Maquillage heißt alles Kennzeichnen der Karten, was oft sehr grob, oft aber so fein geschieht, daß man es nur bei Kenntnis der Sachlage entdeckt: man drückt mit dem Nagel oder einer Spitze des Fingerringes Punkte oder Streifen ein, man durchsticht die Karten und deckt den Stich mit Wachs, man schleift einzelne Karten mit Bimsstein, sodaß sie rauh werden, oder beschneidet sie am Rande, bringt auf der Rückseite (im „Muster") feine Punkte an oder man macht mit einem spitzen nassen Hölzchen auf der Rückseite Zeichen, die nach dem Trocknen matt auf der glänzenden Fläche erscheinen. Außer diesen und ähnlichen Markierungen gibt es auch Karten, die

schon von der Fabrik aus ein solches Rückenmuster haben, daß man die einzelnen Karten (allerdings nur bei sehr großem Scharfblick) daran erkennen kann. So gibt es ein bestimmtes Muster, sogen. "Blitzmuster, bei welchem im Muster eine zwar sehr verzerrte, aber doch kennbare Zahl (z. B. 57) angebracht ist, die bei den Figuren, beim Aß und bei den geringen Karten stets an bestimmter gleicher Stelle erscheint.

2. Porté heißt das Einschmuggeln des gezeichneten Spieles gegen das auf dem Tische liegende unmarkierte; gewöhnlich legt der Spieler mit einer Hand das verdeckte Spiel auf, und nimmt im richtigen Augenblick das andere mit der zweiten Hand fort. Hiezu braucht er eigene innen, vorne am Rock angebrachte Taschen.

3. Transportieren heißt das Beseitigen einiger Karten aus dem aufliegenden Spiele, die für längere oder kürzere Zeit auf dem Schoß bleiben und dann ebenso unvermerkt wieder dazu kommen.

4. Salatmachen heißt falsch mischen, d. h. nur so thun, als ob gemischt wurde, während die Karten alle auf demselben Fleck bleiben; dies und die zwei folgenden Kunststücke erfordern gar keine Geschicklichkeit, sondern bloß Frechheit: man kann es ganz dreist thun, es merkt's niemand.

5. Die „falsche Coupe“ nennt man so abheben, daß es beim alten bleibt; entweder legt man eine Karte so, daß sie vorsteht: dann hebt der andere fast immer dort ab; oder man läßt ehrlich abheben, ergreift aber zuerst das abgehobene (früher obere) Päckchen und legt es auf das liegende (früher untere) Päckchen, so daß die Karten wieder so liegen wie eher.

6. Die „Filage“, wenn man statt der obersten Karte die (etwas vorgeschobene) zweite oder dritte oder gar die unterste Karte abzieht. So einfach und ergiebig diese Dinge sind, so gelingen sie, wenn man nur frech genug ist; äußersten Falles leugnet man oder schützt Irrtum vor. —

Von ebenso großer Wichtigkeit wie alle diese Fertigkeiten sind für den Falschspieler seine Gehilfen, die ihm die Opfer zutreiben, mitspielen oder durch Zeichen über die Karten des Opfers unterrichten. Der Gehilfe, steht z. B. hinter dem Opfer und gibt verabredete Zeichen z. B. mit der Zigarre: rechts, links im Munde, in der rechten oder linken Hand, Rauch wegblasen, anzünden 2c. — das kann so viele Zeichen geben, als man braucht. Aber auch der Spieler hat für sich allein seine Hilfen entweder durch wirkliche Spiegel oder spiegelnde Metallgegenstände z. B. eine metallene Theemaschine, eine blank polierte neben liegende Zigarettendose 2c. Mit Hilfe eines solchen spiegelnden Dinges kann überraschend viel beobachtet werden.

Natürlich gibt es immer wieder neue Kunsthilfen, die einmal da und einmal dort auftauchen, aber im ganzen lassen sie sich auf das Angeführte zurückbringen. —

Kein Spiel, sondern reiner Betrug sind mehrere Bauernfängereien, die sich von der Zeit der Landsknechte bis auf unsere Tage erhalten haben, und immer wieder ihr Publikum finden. Das noch immer wichtigste ist das sogen. „Kümmelblättchen", in Oesterreich „Naschi Waschi" genannt. Der Spieler nimmt drei Karten, eine Figur und zwei geringe Karten in die hohle Hand, zeigt die unterste dem Opfer und legt sie so auf den Tisch, daß er scheinbar die unterste (hergezeigte) fallen läßt; dann zeigt er wieder die untere, läßt sie neben die erste fallen, zeigt die letzte und läßt sie wieder neben die zwei ersten fallen. Das Opfer glaubt natürlich genau zu wissen, welches die Figur und welche die anderen Karten sind; der Gauner legt nun die Karten hin und her, das Opfer verfolgt mit den Augen die „Figur" und rät zuletzt immer falsch, weil der Gauner das erste und zweite Mal nicht die unterste Karte fallen ließ, sondern geschickt die oberste abwarf. Daß eine vierte Karte hiebei benützt wird, wie immer behauptet wird, ist falsch.

Aehnlich ist das „Meine Tante, Deine Tante", wobei eigentlich stets zwei Karten abgezogen und geteilt werden sollen, während der Gauner deren drei abzieht und zu eins und zwei verteilt.

Das sogen. Deckel-, Becher-, Pfefferkornspiel, auch „Kügelchen wo?" genannt, besteht darin, daß unter eine von drei Nußschalen oder Bechern ein „Pfefferkorn" gelegt wird, worauf die Becher hin und hergeschoben werden. Schließlich soll das Opfer raten, wo das „Pfefferkorn" ist, es ist aber einstweilen nirgends, sondern war ein Wachskügelchen, welches mit dem langen Fingernagel des Gauners herausgezogen worden ist, und später wieder, beliebig wohin praktiziert wird.

Sehr häufig ist heute das „Riemenstechen" oder „Kettenziehen". Eine lange endlose Uhrkette, eine (feuchtgemachte) Zwickerschnur 2c. wird in bestimmten Windungen auf den Tisch gelegt, das Opfer stellt den Finger in eine beliebige Windung und wettet, ob ihn die Schnur beim Abziehen fängt oder nicht. Der Gauner zieht ab und gewinnt immer, weil er weiß, wo er die Schnur zu fassen hat, damit nicht das herauskommt, was das Opfer geglaubt hat. Hiemit werden unglaublich hohe Summen verspielt.

Das alte Würfelspiel war in letzter Zeit fast ganz vergessen, in den letzten Jahren nimmt es auf Jahrmärkten, unter der Fabriksbevölkerung und in minderen Kneipen, aber auch in besseren Gasthäusern wieder außerordentlich zu — selbstverständlich nur als Bauernfängerei. Mit richtigen Würfeln kann niemand betrügen, wohl aber mit solchen, bei welchen das Gleichgewicht gestört ist und mit welchen man sich allerdings lange gut eingeübt hat. Gewöhnlich wird eine gewisse Kante abgeschliffen, oder es werden seitlich Bleistäbe eingezogen, oder es befindet sich im hohlen Würfel laufendes Quecksilber, loser Sand 2c., oder es werden kurze Schweinsborsten eingefügt, die sich am Tischtuch spießen 2c. In der Regel sieht sich der Gauner zuerst die Würfel an, die in einem Gasthause in Verwendung sind, beschafft sich ähnliche, fälscht sie nach seinem Bedarf und schmuggelt sie dann vor Spielbeginn ein.

F. Betrug bei Kunstsachen und Antiquitäten.

Die Fragen, um die es sich hier handelt, sind in der Regel sehr schwierig und die Summen, um die da betrogen wird, sind häufig sehr hohe, und so lohnt es sich allerdings der Mühe, wenn sich der Kriminalist um diese Dinge ernstlich umsieht. Die Hauptarbeit bleibt aber den Sachverständigen der verschiedensten Art, diese ist aber wieder vergeblich, wenn nicht der ganze, thatsächliche Hergang bei einem Kaufe oder Verkaufe klargestellt wird; ohne diesen zu kennen, sind weder die Sachverständigen noch die Richter im Stande, festzustellen, ob und welcher Betrug vorliegt. Um aber diesen Hergang aufklären zu können, braucht man gar keine Fachkenntnisse, man muß nur klar zusehen, wie es die Leute gemacht haben — auch hier handelt es sich nicht darum, die Sachen, sondern die Menschen zu kennen, auch hier muß man wissen, daß jeder, halbwegs nennenswerte Betrug doch immer mit gewissen Einleitungen verbunden wird, die dem gewöhnlichen Leben entnommen sind. Sehen wir uns zur Klarstellung ein ganz allgemein gefaßtes Beispiel an: Wenn der A dem B einen wertlosen Gegenstand als sehr wertvoll verkauft hat, so wird ein Beweis: A habe den B betrügen wollen, so lange schwer zu führen sein, als man nicht weiß, woher A die Sache bekommen hat. Ist dies festgestellt, und dies geht ohne die geringsten technischen Kenntnisse, so sind auch alle anderen Beweise leicht zu führen. Wenn wir das, was da an Wichtigem festgestellt werden kann, überblicken, so ergeben sich einige besonders nennenswerte Fragen.

1. Eine der allerhäufigsten Kunstgriffe ist das Verbessern, Verschönern, Ergänzen, Zusammensetzen 2c., welches unter Umständen ganz einwandsfrei, über einer gewissen Grenze aber Betrug ist. In solchen Fällen ist es also notwendig, den Zustand der Sache möglichst genau und verläßlich zu erheben und festzustellen, was geändert und verbessert wurde, sodaß der vorige Zustand der Sache erkannt werden mag.

2. Da das kaufende Publikum heute einen schon sehr entwickelten Widerwillen dagegen hat, Antiquitäten 2c. bei Händlern zu kaufen, so wird diesem Umstande häufig Rechnung getragen; vom Händler wird einerseits zu hoher Preis, andrerseits Betrug vorausgesetzt, man glaubt billiger und sicherer anzukommen, wenn man die Dinge selbst bei „unverdächtigen" Privaten entdeckt. Gefälschte Dinge werden daher häufig zu entfernt wohnenden Bauern, alten Witwen 2c. gebracht, der Käufer wird in geschickter Weise durch Agenten davon verständigt, daß dort etwas „Gutes" zu haben ist, und der Käufer kauft die Sache um lächerlich hohen Preis. Gewisse Dinge aus Stein, Thon, Porzellan werden sogar in alten Häusern eingemauert, Thürbeschläge, Schlösser, Griffe, Klopfer 2c. an alten Thüren angeschraubt, als ob sie seit Jahrhunderten dort wären, und so läßt sich das Publikum am leichtesten irre führen. Da es sich hier häufig um recht hohe Werte handelt, so lohnt es sich der Mühe, nach dem Herkommen eines solchen verkauften Stückes zu forschen und namentlich zu erheben, wie lange es bei

dem Bauern, der alten Witwe war, seit wann es an dem betreffenden Orte angebracht wurde ꝛc. Eine einzige derartige Erhebung bringt Klarheit in einen sonst nicht zu lösenden Fall und ist mehr wert als alle anderen, mühsamen Schreibereien.

3. Aehnlich verhält es sich mit allen sogen. Verbesserungen, Renovierungen, Zusammenstellungen ꝛc. Selbstverständlich kann man niemandem verbieten, seine Sache, auch wenn er sie verkaufen will, zu reinigen, auszubessern, ihr ein schöneres Ansehen zu geben, kurz zu trachten, daß er mehr dafür bekommt, als wenn er sie unrein, zerbrochen und unansehnlich verkauft. Aber das hat gerade bei Antiquitäten, Kunstsachen ꝛc. seine gewisse Grenze — es kann natürlich jeder mit seiner Sache thun, was er will, aber bei einem Verkaufe muß er sagen, was er damit vorgenomemn hat. Was da an sogen. Ausbesserungen geschieht, ist fast unglaublich und sehr oft kommt es vor, daß zu einem winzigen echten Stückchen das 10- und mehrfache an Unechtem dazu gemacht wird, oder daß man die verschiedensten, teils echten, teils falschen Sachen zu einem einzigen Stücke vereinigt, worauf dann die mit geringen Kosten zusammengestellte „Antiquität“ um eine große Summe verkauft wird.

So schwierig die späteren Fragen sind: Was und wie viel in dieser Richtung erlaubt und verboten ist, wie viel eine derart zusammengeflickte Sache eigentlich noch wert ist, ob und welcher Betrug vorliegt — so leicht sind die Nachforschungen darüber, wie denn das betreffende Ding entstanden ist, woher es der Verkäufer hat, was er damit unternommen hat ꝛc. Wird das genügend und sicher festgestellt, dann sind die eigentlichen juristischen Fragen nicht schwer zu entscheiden. Daß man aber mit diesen Fragen selten zurecht kommt und darin so übergroße Schwierigkeiten findet, hat seinen Grund vornehmlich darin, daß so selten der eigentliche Hergang, die Entstehungsgeschichte erhoben wurde, und daß sich niemand die Mühe genommen hat, diese an sich nicht schwierigen Nachforschungen zu pflegen. Man wird auch in vielen Fällen schon im voraus von gewissen Leuten wissen, daß sie sich mit derlei bedenklichen „Reparaturen“ gewerbsmäßig befassen und dann wird man gut thun, sich mit ihrem Treiben, ihren Verbindungen, ihren Bezugsquellen ꝛc. genauer zu beschäftigen: es kommen da wichtige Wahrnehmungen zu Tage, auch findet man gegebenen Falles viel leichtere Arbeit, wenn man sich schon früher unterrichtet hat.

4. Bei Nachforschungen über gefälschte Dinge vergesse man nicht, daß oft falsche Sachen als echte unter die Leute geraten, ohne daß gerade strafbares Vorgehen vorliegt. Viele Sammler haben schöne, echte Sachen und kommen dadurch in den Ruf, daß sie eine sehr wertvolle Sammlung besitzen. In Wirklichkeit ist es aber mit dem Werte der Sammlung nicht gar so weit her: auch vorsichtige Kenner werden getäuscht und viele von ihnen kaufen auch gute Imitationen, die sie als solche kennen und bezahlen, aber als echt herzeigen, sei es, um mit der Größe und Vollständigkeit ihrer Sammlung zu prunken,

sei es, um sich einen Scherz zu machen oder sonst einem anderen Grunde zu lieb. Wehren kann man das niemandem, er kann haben und sagen was er will. Stirbt der Mann aber und seine Sammlung wird verkauft, ohne daß seine Erben von der Unechtheit vieler Stücke Kenntnis haben, so wird auf einmal alles echt: die Sammlung ist als wertvoll bekannt, der verstorbene Sammler wegen seiner Kenntnisse und seiner Vorsicht berühmt, und so geht alles als teuer und echt in fremde Hände und von diesen vielleicht weiter, obwohl es ganz wertlose Dinge sind.

5. Aber auch der Verkäufer bedarf des Schutzes. Allerdings ist heute nicht mehr viel Gutes und Teueres im Besitze kenntnisloser Leute, aber doch noch immerhin viel mehr, als man gewöhnlich annimmt. Auch die Händler und Sammler sind noch recht zahlreich, die mit untrüglichem Spürsinn ausgestattet, in alten Städtchen und auf dem Lande herumsuchen, doch noch etwas entdecken, und es den armen Leuten um geringes Geld abdrücken, obwohl der eigentliche Wert für diese ein Vermögen bedeutet hätte. Bringen doch die Tagesblätter fast jeden Tag solche Mitteilungen, nach welchen jemand bei einer alten Frau ein unschätzbares Bild, bei einem Bauer im Gebirge eine wertvolle Schnitzerei oder auf dem Dachboden eines armen Handwerkers eine kostbare Handschrift entdeckt und um geringes Geld erworben hat.

Wie man diesfalls schützend eingreifen könnte, ist allerdings nicht leicht zu sagen. Am meisten möchte noch nützen, wenn man die Leute belehrt und darauf aufmerksam macht, daß sie sich wesentlich schädigen können, wenn sie sogen. „alte Sachen" namentlich an Unbekannte verkaufen, ohne zuvor eine vertrauenswürdige, verständige Persönlichkeit um Rat gefragt zu haben. Außerdem kann man auch auf fremde Händler und handelnde Privatpersonen ein besonderes Augenmerk richten und die von ihnen gemachten Einkäufe einer genauen Beachtung unterziehen. Allerdings ist das um so schwieriger, als die Feststellung, was da verboten und was erlaubt ist keineswegs vorliegt, sodaß übereiltes Eingreifen bedenkliche Folgen haben kann. Aber zu berücksichtigen und zu studieren sind diese Dinge immer.

XIV. Abschnitt.

Brandstiftung.

Bei gewöhnlichen Brandlegungen, bei welchen vielleicht bloß mit einem einzigen Zündhölzchen ein großes Unheil angerichtet wurde, läßt sich in der Regel nicht viel von „Thatbestand" entdecken und feststellen. Das Zündhölzchen ist mitverbrannt, und wenn man es auch findet, so ist damit nicht viel bewiesen, und selbst mit Fußspuren läßt sich nicht viel machen, da diese um die Brandstätte herum in der Regel zertreten werden, und findet man auch weiter weg Fußspuren, die in den meisten Fällen die wichtigsten sind, so können sie hier auch von Leuten herrühren, die wegen der Hilfeleistung oder aus Neu=

gierde auf große Strecken querfeldein gelaufen kamen. Allerdings soll damit nicht gesagt sein, daß den Feststellungen kein Gewicht beigelegt werden soll, denn auch außer dem Zündstoff und den Fußspuren ist noch genug wichtiges zu erheben. Vor allem muß klargestellt werden, wo der Brand begonnen hat, da hiedurch allein oft Anhaltspunkte dafür gefunden werden können, ob Unvorsichtigkeit, Zufall oder Böswilligkeit vorlag; ebenso ist daraus oft zu schließen, ob unvorsichtige Vorübergehende, heimlich Uebernachtende oder die eigenen Hausleute den Brand verschuldet haben. Hiebei ist ein besonderes Augenmerk darauf zu richten, ob der Ort, wo das Feuer begann, für dessen Weiterverbreitung sehr günstig und so gelegen war, daß das beginnende Feuer nicht leicht entdeckt werden konnte. Man wird sich die verschiedenen Möglichkeiten, wie das Feuer entstanden sein könnte, vor Augen halten, und eine derselben nach der anderen vornehmen, sie dem Thatbestande anpassen und sich fragen, ob alles Vorliegende mit der Annahme zusammenpaßt. Dieses einfache Mittel, durch welches man nach und nach durch Ausschließen der verschiedenen Möglichkeiten endlich bei einer Annahme haften bleibt, kann nicht genug empfohlen werden. Gar so viele Entstehungsursachen gibt es ja nicht: Blitz, Unvorsichtigkeit von Vorübergehenden, heimlich Uebernachtenden und Hausleuten, spielende Kinder, fehlerhafte Bauart der Feuerungsanlagen, Selbstentzündung in ihren verschiedenen Formen, Assekuranzbetrug, böswillige Brandstiftung — nimmt man diese nach und nach vor, entwickelt man bei jeder Annahme genügend viel Zeit und guten Willen, so kann man schließlich nicht gar weit fehlgehen.

Ein eigentliches, ordnungsgemäßes Nachsuchen läßt sich aber denken, wenn sogen. „Zeitzündung“, „Brandstiftung auf Distanz“ vorliegt. Diese kommt in Anwendung, wenn jemand befürchtet, daß auf ihn der Verdacht fällt, sodaß er für Alibibeweis ꝛc. im voraus sorgen muß, oder wenn jemand sein eigenes Gut anzündet, um sich die Versicherungsprämie zu erwerben, und ebenfalls für Beweise seiner Unschuld sorgen muß. Diese Art von Brandlegung kommt heute sehr oft vor, ja man kann annehmen, daß Einer nur ausnahmsweise in ganz einfacher Weise Brand legt, wenn er sich in einer der beiden genannten Lagen befindet: die Anwendung ist leicht und meistens auch billig, die Wirkung bei einiger Geschicklichkeit vollkommen sicher und der Beweis der Thäterschaft schwer zu führen; meistens bringt der Thäter die Vorrichtung an, begibt sich möglichst weit weg vom Thatort und sorgt dafür, daß nötigenfalls möglichst viele Zeugen bestätigen können, er sei zur Zeit des Brandes so und so viele Meilen weit von demselben im Wirtshause, auf dem Jahrmarkte, im Tanzsaale ꝛc. gewesen. Zudem ist die Beweisführung gegen den Thäter auch deshalb schwer, weil die Vorrichtung bei einiger Geschicklichkeit der Aufstellung mitverbrennt, sodaß im besten Falle nur Vermutungen übrig bleiben. Aber deshalb braucht man die Hände nicht in den Schoß zu legen: mitunter findet man im Brandschutt doch noch Reste der Vorrichtung, mitunter ergibt die Haussuchung beim Verdächtigten Teile der Vorrichtung oder Werkzeuge, die zu ihrer Herstellung gedient haben, ja auch sehr sorgfältige Nachforschungen über Einkäufe oder sonstige Erwerbungen, die der Verdächtigte in letzter Zeit gemacht hat, können die wichtigsten Anhaltspunkte zu weiteren Erhebungen liefern. Unter Umständen kann man sogar aus den ganzen Verhältnissen, unter welchen der Brand entstanden ist, daraus, wo und wann er seinen Anfang nahm, wie er sich verbreitet hat, was man sonst wahrnahm, endlich aus dem Wesen des vermutlichen Thäters, seiner Beschäftigung, seiner Geschicklichkeit, seinen Verbindungen und tausend anderen, scheinbar ganz gleichgiltigen Dingen, ungefähre Schlüsse dahin ziehen, welcher Art die Vorrichtung gewesen sein muß, wie sie angebracht worden sein muß, wie sie wirkte 2c. Allerdings erfordern solche Erhebungen die größte Mühe und Sorgfalt, aber sie sind oft auch ebenso ergiebig.

Im großen und ganzen sind diese Vorrichtungen, so endlos verschieden sie auch gestaltet werden können, doch auf denselben Gedanken zurückzuführen; sie erfordern vor allem eine Zündung, die sicher sein muß, aber nur eine ganz kleine Flamme zu geben braucht; weiters muß eine größere Menge von Zündstoff angehäuft werden, der einerseits mit der genannten kleinen Flamme, anderseits mit einem brennbaren Teile des fraglichen Gebäudes in Verbindung steht, sodaß, wenn die Flamme gegriffen hat, an ein vollständiges Weiterbrennen gedacht werden kann; endlich muß zwischen die Zeit der in Thätigkeitsetzung der Vorrichtung und die, in welcher die Flamme auf den Zündstoff greift, ein Hindernis gesetzt werden, welches eine längere Dauer des Vorganges sichert. Das einfachste Beispiel eines solchen Apparates bietet eine Kerze, die in irgend welchen Zündstoff — Heu, Stroh, fein gespaltenes Holz, Papier 2c. gestellt wird, wobei man Sorge trägt, daß dieser Zündstoff, wenn in Brand gesetzt, auf Strohvorräte, ein Stroh- oder Schindeldach oder ähnliches wirken kann. Zu solchen Einrichtungen wird mit Vorliebe eine recht dicke Wachskerze mit dünnem Dochte genommen, die viele Stunden, ja Tage lang brennen kann, bis sie den unten angebrachten Zündstoff erreicht, sodaß der Thäter genügend Gelegenheit hat weit fort zu gehen und sein Alibi zu beweisen. Wiederholt wurde der Beweis einer solchen That in einfachster Weise dadurch erbracht, daß bei den betreffenden Händlern (allerdings nicht in unmittelbarer Nähe) nach dem Käufer einer solchen Kerze gefahndet wurde. Einen gewissen Nachteil hat eine solche Einrichtung dadurch, daß man das Licht der brennenden Kerze oft schwer verbergen kann. Deshalb werden lieber die im Volk gerade dieserhalben so sehr gefürchteten Brenngläser verwendet. Zu haben ist ein solches (als Vergrößerungsglas, aus einem Fernrohr 2c.) leicht genug; es wird dann, etwa auf dem Dachboden neben einer Dachlucke, so festgemacht, daß es zu einer bestimmten Stunde, sagen wir um 10 Uhr vormittags, von der Sonne erreicht wird, deren Strahlen dann auf einem bestimmten Punkte vereinigt werden und die dort hingelegten Zündhölzchen entzünden können. Neben diesen liegt Papier, Heu, feines Holz 2c. und dieser Brennstoff steht mit Vorräten, dem Strohdach ꝛc. in Verbindung. Ist das alles hergerichtet, so wird das Brennglas bedeckt und so lange gewartet, bis die Sonne das Brennglas heute nicht mehr erreicht; ist das, etwa um 1 Uhr nachmittags erreicht, so wird die Bedeckung hinweggenommen und der Thäter kann sicher sein, daß der Brand nicht vor 10 Uhr des nächsten Tages entsteht, er hat also 21 Stunden Zeit sich zu entfernen. Scheint am nächsten Tage keine Sonne, um so besser für ihn, er hat noch weitere 24 Stunden Zeit, um sich noch weiter hinweg zu begeben. In einem solchen Falle können Forschungen über den Besitz oder den Erwerb eines Brennglases wichtig werden, ja in einem bestimmten Falle wurde sogar ein Klümpchen geschmolzenes Glas an einer Stelle gefunden, wo anderes Glas nicht leicht hinkommen konnte.

Einfacher, aber weniger verläßlich und nicht soviel Zeit sichernd, sind die sogen. Zündschnüre, Zündbänder ꝛc. Landleute stellen dieselben meistens so her, daß gewöhnlicher Zunder (Feuerschwamm) in schmale Streifen zerschnitten wird, die an den Enden zusammengenäht werden. Zündet man ein Ende an, so dauert es bei entsprechend langen Bändern allerdings lange, bis das andere Ende erreicht ist, aber die Gefahr des Auslöschens, besonders an den Nahtstellen ist bedeutend. Außerdem werden häufig sogen. Lunten verwendet, jene gelben Wollschnüre, die man an Feuerzeugen zu verwenden pflegt sie brennen aber rasch, sodaß der Thäter gezwungen ist, viele Meter davon (wohl in verschiedenen Läden) zu kaufen und die einzelnen Stücke zu verbinden. Uebrigens machen sich die Leute solche Lunten auch selbst, indem sie dicke Wollschnüre in starken Salpeterlösungen tränken.

Eine gewisse Verbreitung haben auch Weckeruhren gefunden, namentlich solche, die gleichzeitig mit dem Allarmgeben ein Wachszündhölzchen (durch Loslassen einer gespannten Feder und Anreiben an rauher Fläche) entzünden. Natürlich wird der Lärm machende Klöppel herausgenommen, sodaß der Wecker lediglich das Licht- beziehungsweise Feuermachen besorgt.

Die weitere Ausbildung dieses Gedankens ist in den sogenannten Thomasuhren gelegen, starke, möglichst leise gehende Uhrwerke, die so eingerichtet sind, daß sie, einmal aufgezogen, lange Zeit (bis zu mehreren Wochen) fortgehen und dann zur gewünschten Zeit eine gespannte, starke Feder auslösen. Diese Feder hat an ihrem Ende einen hammerartigen Kopf, der auf eine Zündmasse schlägt, und so nach Belieben ein Feuer oder eine Explosion verursachen kann. Diese Uhren wurden schon oft auf hochversicherten, alten Schiffen untergebracht, sodaß die Schiffe in die Luft gingen und sanken. Ebenso gut können diese Uhren aber auch zu Brandstiftungen in der gefährlichsten Weise verwendet werden.

In Städten hat man heute auch die Läutetelegraphen zu derartigen Zwecken verwendet, welches Vorgehen in mehrfacher Beziehung gefährlich ist. Aus dem Läutewerk eines gewöhnlichen Haustelegraphen wird die Glocke entfernt und statt ihr ein recht dünnwandiges Fläschchen mit Schwefelsäure befestigt, unter welches ein Gefäß mit irgend einer Substanz gestellt wird, die durch konzentrierte Säure zu brennen anfängt, z. B. ein Gemenge von chlorsaurem Kali und Zucker. Daneben kommt dann Zündstoff ꝛc., wie sonst besprochen. Läutet nun jemand, z. B. ein deshalb gesendeter Bote oder ein Telegraphenbote, so zerschlägt der Klöppel das Fläschchen, die Schwefelsäure fließt in die Mischung ꝛc. ꝛc.

In ähnlicher Weise kann derselbe chemische Vorgang selbstthätig wirkend hergestellt werden, wenn man das Fläschchen verkorkt und verkehrt über der Mischung von chlorsaurem Kali und Zucker aufhängt: die Schwefelsäure frißt den Kork durch und fließt in die Feuermischung. Dabei hat man es vollkommen in der Hand zu bestimmen, nach welcher Zeit das Feuer entstehen soll, indem man den Kork nach Bedarf dicker oder dünner wählt — wie stark er sein soll, läßt sich durch Versuche leicht feststellen.

Aehnliche chemische Wirkungen gibt es übrigens unzählige, sie sind unter den Namen „Flüssiges Feuer“, „Griechisches, Lothringer, Fenisches Feuer“ bekannt genug und in jedem Lehrbuche der Chemie beschrieben; die Hauptbestandteile sind Phosphor, Schwefelkohlenstoff, Benzin, metallisches Kalium, Wasser, Chlorschwefel, Ammoniak, Schwefelsäure, chlorsaures Kali, alle stickstoffhaltigen Substanzen ꝛc. Je nach Bedarf können die Verbindungen so zusammengestellt werden, daß entweder von selbst, d. h. durch selbstthätige Vorgänge (Verdampfen, Zerstören einer Trennungsmasse, Zersetzen ꝛc.) oder durch äußere Vorgänge (Erwärmung, Bewegung, Luftzutritt ꝛc.) Feuer oder Explosion entsteht. Die Verwertung solcher Vorgänge ist natürlich eine ebenso sichere als vielfache. Daß man von den Dingen Kenntnis hat, ist deshalb von größter Wichtigkeit, weil sorgsame Forschungen leicht etwas Verdächtigendes, mitunter sogar Beweisendes zu Tage bringen können. Freilich muß vorerst durch peinliche Erhebung des kleinsten Thatbestandes ein Anhaltspunkt dafür gefunden werden, in welcher Richtung weiter gesucht werden soll. Hat man diesfalls gar keinen Hinweis, so tappt man im Finstern, aber irgend einen Fingerzeig gibt die Thatbestandserhebung fast immer, und dann ist die Frage naheliegend, ob der Verdächtigte (oder irgend eine Person, die zur Sache Beziehungen hat), etwa eine Weckeruhr besaß oder erwarb, ob sie sich um chemische Dinge (Lehrbücher, Chemikalien ꝛc.) gekümmert hat ꝛc.; die weitere Frage um ein warum, wohin, wozu ꝛc. wird schon mehr Klarheit in die Sache bringen. Kurz, gerade in dieser Richtung kann nicht genug auf genaue Erhebung und Verwertung des Gewonnenen gedrungen werden.

So wichtig diese Erhebungen und Kenntnisse aber auch sind, und so wenig etwa zu Leichtsinn und Sorglosigkeit geraten werden soll, so sehr muß doch darauf hingewiesen werden, daß man hier nicht allzu schwarz sehen und überall eine Brandstiftung vermuten soll, wo man die Brandursache nicht gleich entdecken kann.

Vor allem ist die dumme Unvorsichtigkeit der Leute unglaublich groß und ist dadurch ein Brand entstanden, so gestehen sie ihre Schuld ebenso wenig ein, wie etwa Kinder, die mit Zündhölzchen oder glühenden Kohlen gespielt und ein Unheil angerichtet haben. Ebenso darf nicht vergessen werden, daß es zwar eigentliche Pyromanie (krankhafte Sucht, Feuer zu machen) nicht gibt, daß aber eine eigentümliche Veranlassung in dieser Richtung doch nicht geleugnet werden kann. Besonders zu berücksichtigen sind da junge Leute in der Entwicklungszeit (12—15 Jahre). Man kennt Beispiele, daß sonst vortrefflich geartete Knaben wiederholt Feuer gelegt haben, bloß um das Vergnügen zu haben, die Feuerwehr ausfahren zu sehen. Ebenso weiß man, daß Mädchen im Pubertätsalter (13—15 Jahre) aus Langweile, Liebeskummer, besonders aber aus Heimweh zu Brandstiftungen griffen, bloß um ihren gedrückten Gefühlen Luft zu machen. Solche Möglichkeiten sind stets im Auge zu behalten, es kann mancher Verdächtigung Unschuldiger dadurch vorgebeugt werden.

Endlich darf nicht vergessen werden, daß Selbstentzündungen nicht bloß möglich sind, sondern auch häufiger vorkommen, als man annimmt. Unter gewissen Umständen können manche Substanzen aus verschiedenen, nicht näher zu erörternden Gründen einfach Feuer fangen, ohne daß von außen eingewirkt wird; für uns am wichtigsten ist: feucht eingebrachtes Heu, gewisse, namentlich Schwefelkies enthaltende Kohlen, dann Gewebe, die mit Oel getränkt sind (namentlich Putzlappen, Werg, Baumwolle, die zum Reinigen schmieriger Maschinen verwendet werden), Kienruß, Torfstreu, Getreide, Guano, Knochenmehl, Sägespähne, Stroh, Tabak und ähnliche Substanzen. Wahrscheinlich findet bei denselben Selbstentzündung bloß statt, wenn die Gegenstände feucht zusammengethan (namentlich gepreßt) oder mit Fett, besonders Leinöl in Berührung gebracht wurden. Andere Gründe von Selbstentzündung liegen vor bei frisch verkohltem Papier, das bloß durch Luftaufnahme brennen kann und was besonders wichtig ist, bei Benzin. Dieses so verbreitete und höchst gefährliche Ding brennt besonders leicht, wenn sich daneben eine Flamme (auch in großer Entfernung) befindet, weil die Dämpfe des Benzins durch Zug 2c. bis zur Flamme geweht werden können. Es ist aber auch nicht zu bestreiten, daß Benzin unter Umständen ganz von selbst in Brand geraten kann. Keine eigentliche Selbstentzündung liegt vor, wenn Räume mit Mehl-, Flachs-, Jute-, Hanfstaub 2c. gefüllt sind; betritt man einen solchen Raum mit offenem Licht, so entzünden sich diese Staubathmosphären explosionsartig. Hieher gehören auch Entzündungen durch ungelöschten Kalk, der naß wurde und ähnliche chemische Erscheinungen.

Nicht übersehen darf es endlich werden, daß unter Umständen auch Sonnenstrahlen Brände erzeugen können, wenn sie durch gewisse Gläser 2c. auf einen Punkt vereinigt werden. So ist es vorgekommen, daß eine Wasserflasche als Brennglas gewirkt und den Tischteppich angezündet hat; ähnlich wirken aber viele Gegenstände, z. B. Brillen, die Linsen von Fernrohren, photographischen Apparaten, dann gewisse Glaskugeln, die als Beschwersteine oder zur Lichtverstärkung verwendet werden, die sogen. altdeutschen, kreisrunden Putzenscheiben, ja sogar gewisse Blasen und sogen. Schlieren in gewöhnlichem, ordinärem Fensterglas.

Auch als Brennspiegel können z. B. aufgehängte Schüsseln, Teller, Lampenblenden, vertiefte Metallscheiben rc. dienen, und feuergefährliche Gegenstände auf größere Entfernung in Brand setzen.

Das alles will berücksichtigt und verwertet werden, um nicht ungerecht und ohne Grund von verbrecherischer Brandstiftung zu reden.

XV. Abschnitt.

Unfälle bei großen Betrieben.

Die Schwierigkeit, die sich bei solchen Erhebungen immer für den Kriminalisten ergibt, liegt darin, daß hiezu eigentlich wesentliche technische Kenntnisse gehören, die er fast nie besitzt, und die sich durch die beigegebenen technischen Sachverständigen keineswegs vollkommen beheben lassen: einerseits hat man diese im wichtigsten d. h. ersten Augenblick selten zur Hand und anderseits kann man nicht vor jeder Frage, die man an einen Zeugen oder Beschuldigten stellt, erst den Sachverständigen zu Rate ziehen und sich von ihm belehren lassen.

Wer daher keine technischen Kenntnisse besitzt, wird sich die ersten Male, in welcher er bei einem größeren Unfalle in komplizierten Betrieben arbeiten soll, sicher schwer thun, und einen Fehler um den anderen begehen; aber das eine Gute haben diese Arbeiten doch: sie sind für den Kriminalisten sehr ähnlich, wenn sie auch äußerlich ganz anders aussehen, und wer einige Eisenbahnunfälle bearbeitet hat, der findet sich dann auch bei Kesselexplosionen, Gebäudeeinstürzen, Bergwerksunglücksfällen und ähnlichem sofort zurecht, wenn er sich nur die ersten Male genügende Mühe gegeben hat. Auch hier gilt für den Kriminalisten abermals der Grundsatz, daß er viel mehr Menschenkenntnis als Sachkenntnis braucht, zum mindesten, daß er mit ersterer sehr viel von letzterer ersetzen kann.

Im besonderen merke:

1. Das Wichtigste liegt hier in der Raschheit des Handelns: sehr oft sieht man unmittelbar nach dem Unfalle alles, kurze Zeit später gar nichts mehr. Es ist begreiflich, daß aus verschiedenen Gründen sehr bald mit der Beseitigung der Trümmer begonnen wird, wodurch das klärende Bild verwischt, die Corp. delicti beseitigt und der ganze Sachverhalt geändert wird. Außerdem wird natürlich ein solches Unglück, namentlich wenn es viel an Menschenleben gekostet hat, endlos besprochen, teils, weil das schon so im Wesen der Leute gelegen ist, teils weil gewissen Beteiligten daran gelegen ist, den ganzen Unfall und die Schuld an demselben in einem bestimmten Lichte darzustellen. Ohne daß man jemanden zu falschen Angaben

veranlaßt, glauben die Leute schließlich wirklich, daß sich alles so zugetragen hat, wie man es ihnen wiederholt und eindringlich gesagt hat, keiner weiß mehr, was er selbst wahrgenommen und zuerst geglaubt hat und was man ihm aber weiß zu machen suchte, und so kann bestimmt behauptet werden: gerade in solchen erschreckenden und aufregenden Fällen, bei welchen die Schuld nicht leicht festzustellen ist und viel von der Auffassung abhängt, sind nur solche Aussagen richtig und brauchbar, die sofort und unbeeinflußt abgegeben werden — Schnelligkeit ist daher die Hauptsache.

2. Kommt man rasch auf die Unfallstätte, so findet man Schreckliches und Verwirrendes genug: Getötete, jammernde Verwundete, erschreckte Arbeiter und Trümmer und Zerstörung — alles erschwert ruhige Beobachtung und klares Sehen. In vielen Fällen wird man sofort von unterrichteter Seite mit Darstellungen über den Hergang bestürmt und davon unterrichtet, daß niemand die Schuld trägt, oder höchstens derjenige, der dabei den Tod gefunden hat (und ohnehin nicht bestraft werden kann). Das Nächste ist dann die Versicherung, es müsse sofort mit „Sicherungsarbeiten" und „Rettungsaktionen" vorgegangen werden, weil Explosionen, Einstürze, Feuersgefahr drohen und weil noch ein „Vermißter" unter den Trümmern gesucht werden müsse. Häufig ist das alles wahr, mitunter sollen aber diese Thätigkeiten nur den Zweck haben, die Sachlage zu verwirren, bedenkliche Anlagen, fehlerhafte Konstruktionen, Corpora delicti &c. zu beseitigen, kurz die Möglichkeit eines Schuldbeweises zu zerstören. Sich gegen solche Arbeiten zu wehren ist nicht gut rätlich, da die Behauptungen doch wahr sein können und da niemand die betreffende Verantwortung auf sich nehmen will.

Was man hiebei thun kann, besteht einzig darin, daß man den auf „Räumungsarbeiten" Dringenden erklärt, was man vermutet, daß man sie für den Erfolg verantwortlich macht, daß man sich beeilt, den gegenwärtigen Zustand genau aufzunehmen und den Vorgang der angeblichen Sicherungsarbeiten Schritt für Schritt zu protokollieren und daß man endlich strenge darauf achtet, daß nichts beseitigt wird, was ein Corpus delicti darstellen kann, und daß unter keiner Bedingung die Räumungsarbeiten zu Verräumungsarbeiten werden, die nur den Zweck haben können, die Aufklärungen der später eintreffenden Sachverständigen zu erschweren oder unmöglich zu machen. Geht man so vor, so verhütet man zuverlässig wenigstens die ärgsten Vertuschungen, die so oft zur Belastung Unschuldiger werden können.

3. Nach den heutigen Erfahrungen geht die Verantwortung bei solchen Unfällen leider häufig an irgend einem armen Teufel, einem Arbeiter, Heizer, Taglöhner, Maschinenwärter, Wächter &c. aus. Thatsächlich wird das auch richtig sein, er wird derjenige sein, der den Stein ins Rollen brachte und faktisch das Unglück veranlaßte. Anders gestaltet sich aber die Sache, wenn man fragt, ob der Mann nach seiner Kraft, seiner Intelligenz, seiner Stellung und nach der

Anstrengung, der er ausgesetzt war, das Geforderte leisten und verantworten konnte, was geschehen ist; dann wird man in der Regel finden, daß nicht er der Schuldige ist, sondern der, der ihn zur Arbeit bestellte, der ihn überanstrengte, seine etwa vorgebrachten Beschwerden nicht hörte, der kurz gesagt, möglichst viel möglichst billig geleistet haben wollte. Erst dann, wenn man festgestellt hat, wer in unseliger Sparsamkeit und Geldmacherei den fraglichen Posten nicht genügend besetzt hat, erst dann hat man den Richtigen und nicht dann, wenn man bewiesen hat, daß ein armer Arbeiter vor Uebermüdung eingeschlafen ist, oder daß ein Taglöhner eine schwierig zu behandelnde Maschine nicht sachgemäß bedient hat.

Register.

FSC
www.fsc.org
MIX
Papier | Fördert
gute Waldnutzung
FSC® C083411

Kolibri 360 GmbH
Ferdinand-Jühlke-Straße 7
99095 Erfurt, Deutschland
produktsicherheit@kolibri360.de